PATRICIA CAMMARATA

Dreißig Minuten, dann ist aber Schluss!

Mit Kindern tiefenentspannt

durch den Mediendschungel

Weitere Titel der Autorin:

Sehr gerne, Mama, du Arschbombe

PATRICIA CAMMARATA

DREIßIG MINUTEN, DANN IST ABER SCHLUSS!

Mit Kindern tiefenentspannt durch den Mediendschungel

eichborn

Dieser Titel ist auch als E-Book erschienen

MIX
Papier aus verantwortungsvollen Quellen
FSC® C014496

Eichborn Verlag in der Bastei Lübbe AG

Originalausgabe

Textredaktion: Swantje Steinbrink, Berlin
Umschlaggestaltung: ZERO Werbeagentur, München
Illustrationen: Katja Berlin
Satz: two-up, Düsseldorf
Gesetzt aus der Chaparral
Druck und Einband: GGP Media GmbH, Pößneck

Printed in Germany
ISBN 978-3-8479-0049-8

1 3 5 4 2

Sie finden uns im Internet unter www.eichborn.de
Bitte beachten Sie auch www.luebbe.de
https://dasnuf.de

M^3 <3

»Anything that is in the world when you're born is normal and ordinary and is just a natural part of the way the world works.
Anything that's invented between when you're fifteen and thirty-five is new and exciting and revolutionary and you can probably get a career in it.
Anything invented after you're thirty-five is against the natural order of things.«*

Douglas Adams

---

* Übersetzung: Alles, was es schon gibt, wenn du auf die Welt kommst, ist normal und üblich und gehört zum selbstverständlichen Funktionieren der Welt dazu. Alles, was zwischen deinem 15. und 35. Lebensjahr erfunden wird, ist neu, aufregend und revolutionär und kann dir vielleicht bei deiner beruflichen Karriere helfen. Alles, was erfunden wird, nachdem du 35 bist, richtet sich gegen die natürliche Ordnung der Dinge.

Inhalt

Das erwartet euch!

Was Medienpädagogik in Deutschland bedeutet

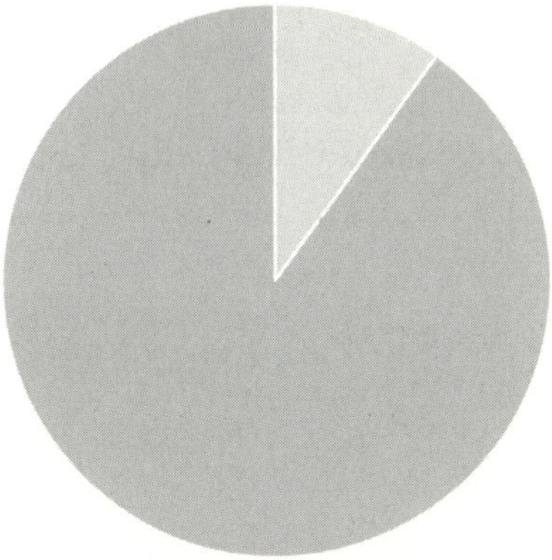

Dieses Buch wird euch eure drängendsten Fragen in Sachen »Kinder und digitale Medien« beantworten. Versprochen!

Dazu gehören:

- Machen Computerspiele und soziale Medien süchtig?
- Wie lange sollten Kinder digitale Medien pro Tag nutzen dürfen?
- Wann ist der richtige Zeitpunkt, dem Kind ein Smartphone zu kaufen?

Allerdings werden die Antworten bestimmt nicht immer so ausfallen, wie ihr es gerne hättet. Das darf hier schon gespoilert werden. Tief in jedem Vater und in jeder Mutter sitzt der Wunsch, eine einfache Regelung für das Thema »Medienerziehung« zu finden. Die eine Regel, die immer richtig ist, die bei jedem Kind funktioniert. Die eine Regel, die möglichst keine Arbeit macht, nicht mit Kosten verbunden ist und die sich bequem anwenden lässt, selbst wenn man mit digitalen Medien nichts am Hut hat, weil man Zeitunglesen und Klöppeln noch für die bedeutendsten (und vor allem hochwertigeren!) Kulturtechniken des 21. Jahrhunderts hält.

Wir wollen aber ehrlich miteinander sein, oder? Deswegen müsst ihr jetzt stark sein, denn auch wenn andere anderes versprechen: Den *einen* Weg für alle Familienkonstellationen gibt es nicht. Es gibt nicht den *einen* Tipp, der für Dreijährige genauso gut funktioniert wie für Zehn- oder Fünfzehnjährige. Und es gibt nicht die *eine* Strategie, die für Familien mit einem Kind so gut funktioniert wie für Familien mit mehreren Kindern.

Es gibt auch keinen Trick, der daran vorbeiführt, dass ihr euch mit bestimmten Themen beschäftigt, und auch keinen, der es euch erspart, das eine oder andere Medienprodukt selbst auszuprobieren und eigene Erfahrungen zu sammeln.

Zeit, das Buch enttäuscht zusammenzuklappen und zurück ins Bücherregal zu stellen?

Nein! Denn die Wahrheit ist: Es gibt diesen Tipp oder Trick einfach nicht. Nicht in diesem und auch in keinem anderen Buch. Egal, was der oder die andere Autor*in verspricht. Das ist die Wahrheit.

Die Wahrheit ist auch, dass Eltern um das Thema Medienerziehung nicht mehr herumkommen. Medienerziehung ist eine elterliche Erziehungsaufgabe. Sie darf und kann nicht (komplett) an Institutionen wie die Schule ausgelagert werden. Ich werde im Buch unterschiedliche Wege zeigen, wie man sich dem Thema Medienerziehung nähern kann. Denn eines kann ich euch versprechen: Sich nicht mit dem Thema zu beschäftigen und die Kinder unbegleitet machen zu lassen ist genauso falsch, wie einfach alles zu verbieten und zu verteufeln. Beide Wege wären für Eltern bequem, weil sie im Großen und Ganzen nichts machen müssen (außer wegzuschauen oder Verbote zu formulieren).

Ich möchte euch dazu ermutigen, die Verantwortung in puncto »Medienerziehung« wahrzunehmen. Der Weg ist mühsam und steinig, es wird Rückschläge geben, es werden Fehler gemacht, und die Digitalisierung wird euch unter Umständen immer einen Schritt voraus sein – aber ich werde euch zeigen, wie man trotzdem eine digital mündige, verantwortungsvolle und medienkompetente Familie werden kann.

Wir Erwachsenen können uns vielleicht noch vor dem Thema Digitalisierung drücken. Unsere Kinder können das nicht. Für sie ist die zunehmend digitalisierte Welt Alltag. Privat und beruflich. Und wer nicht wenigstens die Grundlagen beherrscht, wird leicht abgehängt. Das heißt: Wer Kindern keine Medienkompetenz vermittelt, der raubt ihnen letztlich die Zukunft.

Stellt sich nur noch die Frage, wie *ich* dazu komme, ein Buch über dieses Thema zu schreiben, obwohl ich selbst keine Medienpädagogin bin. So wurde ich schon in Texten erboster Kulturpessimist*innen als selbsternannte »Expertin« (in Anführungszeichen!) bezeichnet. Es ist ganz einfach, denn man muss eine Software nicht entwickelt oder Informatik studiert haben, um ihren Gebrauch schulen zu können. Es genügt, wenn man sie so viel benutzt, dass man sich mit allen gängigen Themen auskennt. Power-User*innen heißen solche Menschen, wenn es um Software geht. Und ich bin eine Power-Userin digitaler Medien. Seit Ende der 1990er Jahre bin ich im Internet unterwegs, ich blogge seit 2004 und schreibe schon mehrere Jahre lang in Kooperation mit der Initiative *SCHAU HIN!* über Kinder und digitale Medien. Das Internet ist mein zweites Zuhause. Zur allgemeinen Beruhigung kann ich außerdem vermelden, dass ich studierte Psychologin bin und viele Jahre im IT-Bereich als Projektleiterin und Strategieentwicklerin gearbeitet habe. Außerdem ist mir als Mutter die Kluft zwischen Theorie und Praxis im Alltag mit meinen Kindern wohlbekannt.

Insofern ist es mir vor allem wichtig, euch einen gut lesbaren, möglichst lebensnahen, bestenfalls unterhaltsamen Ratgeber an die Hand zu geben, der euch dazu ermutigt, euch Schritt für Schritt mit dem Thema Medienerziehung auseinanderzusetzen.

Wie ihr ja schon gemerkt habt, werde ich euch »euchen«. Das ist eine Zwischenform der beiden Anreden Du und Sie. In hippen Start-ups und bei Technologiedienstleistern duzt man sich heutzutage. Im Internet auch. Es sei denn, man streitet sich, dann macht man es wie bei Loriots »Herren im Bad«, wechselt zum »Sie« und ruft: *»Herr Müller-Lüdenscheidt! Das nehmen Sie sofort zurück! Computerspiele machen überhaupt nicht süchtig!« – »Auf keinen Fall, Herr Dr. Klöbner! Erst wenn Sie zugeben, dass sie unter bestimmten Umständen eben doch süchtig machen! Schauen Sie mal ins ICD-11!!!« – »Über Ausnahmephänomene spreche ich nicht, Herr Müller-Lüdenscheidt!«*

Jedenfalls kann ich wegen der »Herren im Bad« niemanden mehr siezen …

Bevor ihr ins Buch einsteigt …

Im Folgenden einige Fallbeispiele. Sucht euch jene heraus, die so oder ähnlich in eurer Familie eine Rolle spielen, und löst sie dann gedanklich, *bevor* ihr dieses Buch lest. Was würdet ihr tun? Wie sprecht ihr mit eurem Kind? Welche Argumente bringt ihr? Versucht auch, euch eure eigenen Gefühle vorzustellen. Macht euch das beschriebene Verhalten wütend? Fühlt ihr euch abgelehnt? Wie beeinflussen eure Gefühle eure Reaktionen?

Und dann widmet euch den Fallbeispielen noch einmal, *nachdem* ihr das Buch gelesen habt. Hat sich etwas geändert? Wenn ja: Was denn? Wie zufrieden seid ihr mit eurer Lösung?

Wenn ihr Lust habt, schaut euch zum Vergleich an, was andere Eltern geantwortet haben (→ Seite 289).

1. Euer Sohn (7) sagt, dass alle seine Freunde schon ein richtiges Smartphone haben und dass sie sich damit per Sprachnachricht zum Fußballspielen verabreden. Er fühlt sich total abgeschnitten und hätte deshalb auch gern eins.

2. Es ist 18 Uhr. Ihr ruft eure 14-jährige Tochter zum Abendessen. Vor einer Stunde habt ihr ausgemacht, dass es um 18 Uhr Abendessen gibt. Sie aber spielt gerade *League of Legends* und kommt nicht. Der Deal ist jedoch: Es wird gemeinsam gegessen. Erst reagiert sie gar nicht, und als ihr noch mal ruft, knallt sie ihre Zimmertür zu.

3. Freitag erscheint der langersehnte Teil 2 des Lieblingscomputerspiels eurer Tochter (12). Sie ist schon total aufgeregt. Am kommenden Montag schreibt sie allerdings eine wichtige NaWi-Arbeit.

4. Euer Sohn (13) geht eigentlich immer pünktlich und ohne Widerspruch um 20 Uhr Zähne putzen und schläft dann spätestens um 22 Uhr. Trotzdem kommt er morgens total schwer in die Gänge. Er ist supermüde, und immer öfter verschläft er. In der Schule ist er gereizt, und seine Noten haben sich im vergangenen Halbjahr kontinuierlich verschlechtert. Nicht dramatisch, aber die Vieren kommen jetzt nicht mehr nur sporadisch.

5. Urlaub! Ihr habt einen tollen Ausflug ans Meer geplant. Der Picknickkorb ist gepackt. Als es losgehen soll, haben eure Kinder (9 und 14) keine Lust mitzukommen und wollen lieber YouTube schauen.

6. Die Mutter einer Klassenkameradin eurer elfjährigen Tochter ruft euch an und berichtet, dass eure Tochter einen TikTok-Account hat, von dem ihr bislang nichts wusstet.

7. Ihr bekommt mit, dass durch den Klassenchat eures 17-jährigen Kindes das Foto eines euch unbekannten Mädchens geistert. Das Mädchen ist oben ohne.

8. Dein Sohn (9) will das Spiel spielen, das sein Bruder (14) spielt. Das Spiel hat eine USK-Empfehlung von 16 Jahren.

9. Euer Kind (6) hat eine App heruntergeladen, über die ihr just am nächsten Tag zufällig lest. Die App sammelt exzessiv Daten und steht im Verdacht, auf Systeme zuzugreifen, auf die sie eigentlich keinen Zugriff haben darf. Allerdings sind im Moment alle Jugendlichen ganz verrückt nach ihr. Die App verfügt nämlich über eine Greenscreen-Funktion, mit deren Hilfe man sich an die verrücktesten Orte bringen kann. Zumindest auf dem Foto.

10. Es ist 20 Uhr. Zusammen mit eurem Kind (4) habt ihr gerade auf Netflix eine Folge *Dino Dana* geschaut. Jetzt soll es eigentlich ins Bett gehen. Euer Kind will aber noch eine Folge gucken. Unbedingt. Als ihr verneint, bekommt es einen Wutanfall.

11. Euer Kind (10) hat über einen Messenger-Dienst einen Drohbrief bekommen: »Leite diese Nachricht an fünf Kontakte weiter, oder deine beste Freundin stirbt.« Ihr löscht den Brief. Daraufhin rastet euer Kind fast aus, weil es ihn jetzt nicht weiterleiten kann.

12. Es war wirklich keine Absicht, aber ihr habt mitbekommen, dass euer Kind (12) auf seinem Smartphone einen knapp dreiminütigen Hardcore-Porno-Clip hat.

1 WIE MACHT EIN DIGITAL IMMIGRANT EINEN DIGITAL NATIVE MEDIENFIT?

Viele Eltern sind total überfordert, weil es sich bei dem Thema »Digitale Medien und Kinder« tatsächlich um ein großes, beinahe unüberschaubares Gebiet handelt, das sich aufgrund der Digitalisierung zudem stetig ändert und weiterentwickelt. Das ist absolut verständlich und auch völlig normal. Das Internet bleibt nun mal nicht stehen. Es wird immer neue Plattformen und Dienste geben, die Heranwachsende begeistern. Deswegen ist es völlig unmöglich, jemals alles zu wissen. Gerade habt ihr euch mit Instagram befasst, schon nutzt das kein Jugendlicher mehr, weil Snapchat die besseren Filter hat. Was dann? Man hinkt immer hinterher.

Deswegen kann es helfen, sich von dem Anspruch zu verabschieden, als Eltern grundsätzlich einen Wissensvorsprung haben zu müssen oder generell die Wissenden mit Deutungshoheit in Sachen digitale Medien zu sein. Wir sind von der altmodischen Idee geprägt, dass es Wissenshierarchien gibt und dass wir als Eltern (oder die Lehrer*innen in der Schule) an der Spitze dieser Hierarchie stehen. Für gewisse Arten von Wissen mag das sogar stimmen. Die allermeisten lebensnahen Wissensgebiete sind aber weder statisch, noch repräsentieren sie unumstößliche Wahrheiten. Digitalisierungsthemen gehören dazu.

Warum also sollten Eltern nicht einfach gemeinsam mit ihren Kindern lernen? Sie können Prozessbegleiter werden. Das geht besonders gut, wenn sie früh anfangen, sich mit dem Thema zu beschäftigen. Wer mit Kleinkindern bei einfachen Aspekten beginnt, ist im Jugendalter der Kinder fit für die komplexeren Fragen. Das Ziel ist es, am Ende medienkompetente Kinder zu haben, die sich im Internet gut allein zurechtfinden und wissen, wo sie Hilfe holen, wenn es zu Irritationen oder Problemen kommt.

Tatsächlich sollten wir den Rahmen in Sachen Medienerziehung ruhig noch größer denken. Es geht nämlich nicht nur um den richtigen Umgang mit verschiedenen Medien oder das richtige Verhalten auf verschiedenen Plattformen. Letztlich geht es um digitale Mündigkeit. Die Digitalisierung bringt neue Technologien und zieht sich durch alle Lebensbereiche. Längst hat sie verändert, wie wir miteinander interagieren, wie gearbeitet oder konsumiert wird. Eltern und Kinder klären Schulangelegenheiten über Messenger-Dienste. Viele Kinderärzte bieten an, Termine online zu buchen. Ohne lästige Schlepperei können wir online im Supermarkt einkaufen. Schulhefte mit kryptischen Angaben wie »A5 quer, 1q« bestellen wir online, ohne verzweifelt eine halbe Stunde lang in einem Laden nach der richtigen Lineatur suchen zu müssen. Selbst sonst nicht so technikaffine Menschen stellen sich sprachgesteuerte Geräte wie Alexa in Küche und Wohnzimmer, um Nachrichten oder Musik zu hören.

Diese Veränderungen sind da – und wir müssen verstehen, wie sie unser Verhalten und unsere Gesellschaft beeinflussen. Die Vermittlung digitaler Kompetenzen ist daher elementar. Gemeinsam mit unseren Kindern müssen wir den Schritt vom ahnungslosen Konsumenten zu kompetenten Mitgestaltern der Digitalisierung machen. Sowohl Eltern als auch Kinder sollten in der Lage sein, all diese Technologien einigermaßen sachkundig zu beurteilen, um dann verantwortungsvoll mit ihnen umgehen zu können. Nur so ist es möglich, die Chancen der Digitalisierung zu nutzen, ohne die Risiken aus den Augen zu verlieren. Im Hinblick auf die digitale Mündigkeit ist es zum Beispiel weitaus sinnvoller, sich mit vermeintlich drögen Themen wie Datenschutz auseinanderzusetzen, als mit Kindern über Mediennutzungszeiten zu streiten.

Das ist natürlich leichter gesagt als getan. Denn wer hat schon

Lust, sich abends mit Fragen des Urheberrechts oder mit den Auswirkungen von Upload-Filtern auseinanderzusetzen, statt seinen Feierabend mit Netflix zu verbringen? Doch wenn wir nicht von den Ideen gewinnorientierter Großkonzerne überrollt werden wollen, wenn wir zudem ein freies Internet und eine Gesellschaft wollen, die nicht komplett überwacht ist, dann müssen wir uns Schritt für Schritt den entsprechenden Themen widmen.

Und das geht am besten auf Augenhöhe mit den Kindern, für die das Internet und die Digitalisierung einen völlig selbstverständlichen Lebensrahmen bilden. Ein erster Schritt kann sein, die Interessen und Bedürfnisse der Kinder ernst zu nehmen, sich mit ihnen auseinanderzusetzen, um dann kritisch zu hinterfragen, warum man als Erwachsener gegen die eine oder andere Plattform oder gegen bestimmte Inhalte Vorbehalte hat. Elterliche Unkenntnis lässt Freiraum für unzutreffende Fantasien – und die wiederum befeuern Ängste. Keine gute Grundlage, um Kinder medienkompetent zu machen.

In vielen Fällen werden Erwachsene außerdem feststellen müssen, dass sie persönlichen Geschmack und eigenes ästhetisches Empfinden mit einer sachkundigen Einschätzung einer Plattform oder Technologie oder einer pädagogischen Wertung verwechseln.

Als erwachsener Mensch muss man bekannte YouTube-Kanäle wie *Julien Bam* und *BibisBeautyPalace* nicht witzig oder erhellend finden, aber man sollte mit den Kindern zum Beispiel darüber sprechen, wie die Kommunikationskultur in den Kommentaren aussieht, ob Schleichwerbung in den Videos versteckt ist, wie YouTuber Geld verdienen oder was das Geschäftsmodell von YouTube ist.

Ein offenes und interessiertes Gespräch mit den Kindern stärkt außerdem die Eltern-Kind-Bindung. Die Kinder lernen: Meine Eltern interessieren sich, sie wissen auch nicht alles, doch gemeinsam können wir mit allen Herausforderungen umgehen. Ein

Kind, das mit Verboten konfrontiert ist, kann bei einem Problem (z. B. Cybermobbing) nicht ohne weiteres auf die Eltern zugehen, weil es dann zuerst gestehen müsste, ein ausgesprochenes Verbot übertreten zu haben. Ein Kind, das von seinen Eltern ständig zu hören bekommt, wie idiotisch seine Internetidole sind und dass seine Computerspiel-Interessen ebenso lächerlich wie uninteressant sind, stellt den Dialog mit den Eltern verständlicherweise irgendwann ein.

Auf dem Weg in die digitale Mündigkeit hilft es, gemeinsam Thema für Thema durchzusprechen und dauerhaft im Gespräch zu bleiben.

Das ist mühsam, kostet viel, viel Zeit und ist sehr wahrscheinlich ein endloses Unterfangen – aber anders geht's leider nicht.

Mit dem folgenden Alltagsbeispiel greife ich zwar dem Kapitel 3 etwas vor, aber WhatsApp ist nun mal zurzeit der Messenger-Dienst Nummer 1 und wahrscheinlich jedem geläufig.

Nach datenschutzrechtlichen Gesichtspunkten wäre es sachlich richtig, Kindern die Installation und das Nutzen von WhatsApp prinzipiell zu verbieten. Die Chancen, dass sich Kinder (v. a. ohne weitere Erläuterung) an ein solches Verbot halten werden, sind allerdings äußerst gering. Und selbst wenn ihr es geschafft haben solltet, die Kinder davon zu überzeugen, WhatsApp nicht zu benutzen, bleibt am Ende das Problem, dass andere Menschen bzw. Gruppen, mit denen das Kind kommunizieren oder zu denen es gehören möchte, sogar *ausschließlich* über WhatsApp kommunizieren.

Auf einem Panel berichtete ein Vater folgenden Fall: »Mein Kind möchte kein WhatsApp benutzen, allerdings kommuniziert der Fußballverein ausschließlich über einen WhatsApp-Gruppenchat. Was soll ich tun, damit wir relevante Informationen mitbekommen und mein Kind nicht von seinem Verein abgehängt ist?«

Gute Frage, oder? Was den Datenschutz betrifft: WhatsApp natürlich nicht installieren, sprich das Kind in seiner ablehnenden Haltung bestärken. Lebenspraktische Konsequenz: Es verpasst dann ständig, was wann mitzubringen ist, wer sich in welcher Fahrgemeinschaft organisiert, und es kann leider auch nicht mitbestimmen, wie die neuen Trikots aussehen sollen.

Gibt es alternative Vorgehensweisen? Ja!

- Auf der nächsten Versammlung anregen, den Chat auf *Threema* umzustellen (viel Glück dabei!). Vorher jedoch unbedingt die Einwilligung aller Beteiligten einholen.
- Darauf hinweisen, dass es im Rahmen der DSGVO nicht bzw. nur unter bestimmten Bedingungen möglich ist, WhatsApp für die offizielle Vereinskommunikation zu benutzen. Deswegen darauf pochen, dass inhaltliche Entscheidungen auf einem klar definierten und datenschutzkonformen Weg an die Mitglieder kommuniziert werden (z. B. per Einwilligung und E-Mail-Verteiler*). Im Zweifelsfall anmerken, dass das Aufsetzen einer WhatsApp-Gruppe, die vereinsrelevante Informationen verteilt, Kinder zu einem Verstoß gegen die AGB von WhatsApp animiert, da diese die Verwendung des Messengers in Deutschland erst ab 16 gestattet!
- Jemanden aus dem Gruppenchat bitten, relevante Informationen regelmäßig an das Kind weiterzugeben.
- Auf dem eigenen Smartphone WhatsApp installieren; den Messenger-Dienst aber nur für diesen einen Zweck nutzen und das eigene Telefonbuch nicht mit der App verbinden, so dass zwar die eigenen Daten gesammelt werden, nicht aber die unbeteiligter Dritter.

Für meinen letzten Tipp müsste ich einem/einer Datenschutzbeauftragten jetzt Luft zufächeln. Für mich persönlich wäre es aber

* Podcast-Empfehlung: *Rechtsbelehrung.com*, Folge 47 »WhatsApp, Messenger und Abmahnungen«

eine gangbare Variante, weil sie mir gestattet, sowohl weiterhin über Vereinsbelange informiert zu sein als auch mein Kind darin zu bestärken, WhatsApp nicht zu benutzen. Trotzdem würde ich natürlich weiterhin bei jedem Anlass predigen, dass Threema und Wire die besseren Alternativen sind, und gegebenenfalls mit der tatsächlichen Rechtslage drohen – und auf diese Weise noch ein Stempelchen auf meiner Karte »Die unbequeme, nervige Mutter« sammeln.

Darum geht's: pragmatische Lösungen finden und einigermaßen medienkompetente Entscheidungen treffen können, untermauert mit stichhaltigen Argumenten, auch auf die Gefahr hin, manchmal als nervig abgestempelt zu werden. Das gehört zum Elternsein dazu.

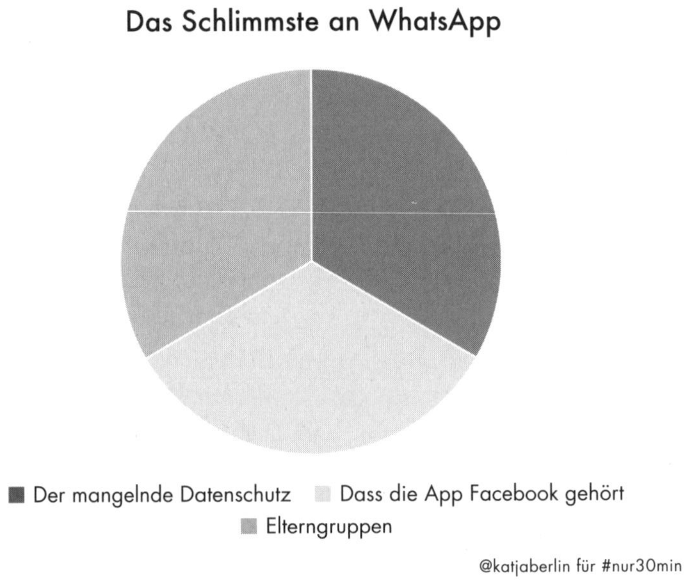

Beziehung ist wichtiger als Technik-Know-how

Katja Seide, eine der beiden Autorinnen des Bestsellers »Das gewünschteste Wunschkind aller Zeiten treibt mich in den Wahnsinn«[1], hat im Rahmen der *Blogfamiliär*-Veranstaltungsreihe Vorträge über bindungsorientierte Medienerziehung gehalten. Ich konnte mir darunter absolut nichts vorstellen, denn bislang verband ich bindungsorientierte Erziehung mit der Erziehung von Kleinkindern. Bindungsorientiert war für mich irgendwas mit Stillen, Tragen, Babys-nicht-schreien-Lassen. Was hat das mit Medienerziehung zu tun?

Aber noch bevor ich hören konnte, was Katja Seide dazu zu erzählen hatte, besuchte ich möglichst viele Veranstaltungen zum Thema »Kinder und digitale Medien«, um herauszufinden, was Eltern interessiert, welche Herausforderungen es in anderen Haushalten gibt und welche Fragen am häufigsten gestellt werden. Tatsächlich ging es eigentlich immer um dieselben drei Anliegen: Sucht, Mediennutzungszeiten und ab wann es das eigene Smartphone geben soll. Alle anderen Diskussionen drehten sich um – und da fiel es mir wie Schuppen von den Augen – Bindung und Beziehung: Was machen die Kinder da eigentlich den ganzen Tag im Internet? Warum ist das so interessant? Was ist nur aus den niedlichen Kindern geworden, die noch einige Jahre zuvor nichts lieber taten, als den einen Quadratmeter Raum zu teilen, den man selbst gerade nutzen wollte? Warum ist mir mein Kind so fremd geworden? Wieso hängt es lieber online mit Menschen ab, die es doch gar nicht kennt? Über was lachen die Kinder die ganze Zeit? Was zitieren sie da am Abendbrottisch? »Der Boden ist Lava.« Häääh???

Von totalem Unverständnis über Abwertung der kindlichen Interessen bis Angst vor Kontrollverlust war alles dabei. Mal klang es traurig, manchmal auch verzweifelt oder wütend – aber irgendwie hatte das Internet diesen Eltern offenbar die Kinder entrissen.

Groß werden mit dem Internet

Das Großwerden und das immer größer werdende Interesse an digitalen Medien fallen auf einen ähnlichen Zeitpunkt, weshalb viele meinen, das eine habe etwas mit dem anderen zu tun.

Zwischen Kindheit und Jugend sind einige Entwicklungsaufgaben zu bewältigen, denn, so der Lehrer Philippe Wampfler, »zu den zentralen psychologischen Aufgaben von Teenagern gehören zwei miteinander verbundene Aspekte: die bewusste und unbewusste Suche nach einer eigenen Identität und der Aufbau eines von den Eltern unabhängigen Beziehungsnetzes«.[2]

Zum einen sind die Kinder also auf der Suche nach eigener Identität und damit auf der Suche nach Orientierung und möglichen Vorbildern. Zum anderen lösen sie sich langsam vom Elternhaus und suchen sich eine Bezugsgruppe außerhalb der Familie. Diese Lebensphase ist also nicht zuletzt eine Phase, in der Neues ausprobiert wird. Die Kinder können sich in bestimmten Tätigkeiten verlieren und probieren – teils exzessiv – Dinge aus. Wir kommen zwar noch eingehend auf das Thema Sucht zu sprechen (→ Kapitel 7), aber eines sei schon vorweggenommen: Erwachsene verwechseln Sucht sehr oft mit enthusiastischer Nutzung. Der Psychologe Lukas Wagner nennt das »Probierkonsum« und weist darauf hin, dass dieser durchaus große Ausmaße annehmen kann.[3] Alles Neue übt erst mal eine große Faszination auf Kinder und Jugendliche aus. In den meisten Fällen verwächst sich das Interesse aber wieder.

Orientierung, Abgrenzung und das (Sich-)Ausprobieren finden mit und ohne Internet statt. Familiäre Konflikte treten in der Pubertät auch ohne digitale Medien auf. Vor diesen Spannungen würde uns nicht mal ein Umzug in eine stromlose Hütte fernab jeder Zivilisation bewahren.

Es ist also nur Zufall, dass das Internet die beschriebenen Entwicklungsaufgaben so gut bedienen kann. Das Internet ist voll von Orientierung. Auf den Video- und Bildplattformen gibt es zuhauf andere Kinder und Jugendliche. Es ist möglich, sich in zig Richtungen zu orientieren. Ob an den Älteren oder an jenen, die ähnliche Interessen haben, oder an jenen mit ähnlichen Problemen.

Außerdem ist das Internet voll von Menschen, die *nicht* die eigenen Eltern sind: Es ist viel leichter als noch vor zehn, zwanzig Jahren, Kontakt zu Gleichaltrigen zu halten, die man aus der Schule oder vom Sport kennt. Und es ist viel, viel leichter, neue Menschen kennenzulernen. Wir sind nicht mehr an räumliche Grenzen gebunden. Wir können mit Menschen reden und spielen, die Hunderte Kilometer von uns entfernt sind.

Auch ist das Internet voller neuer Erfahrungen. Die Kinder können jeden Tag ein neues Spiel ausprobieren. Sie können sich auf TikTok Videos anschauen, die so lustig und kreativ sind, dass man nichts anderes mehr machen möchte. Sie können Kartentricks bis auf Las-Vegas-Niveau lernen, einfach weil sie sich Dutzende von YouTube-Videos anschauen können. Ich kenne wirklich viele Beispiele von Kindern, die solche Dinge gemacht haben. Es ist einfach irre: Zwölfjährige backen mehrstöckige Torten und kneten aus Fondant kleine Kunstwerke. Kindergartenkinder wissen so viel über Regenwürmer wie sonst nur Biologen, die genau zu diesem Thema ihre Doktorarbeit geschrieben haben, und besagter Jugendlicher kann Kartentricks, die ich nicht mal verstehe, wenn ich 30 Zentimeter von ihm entfernt sitze. (Ich glaube, er kann wirklich zaubern.)

Kurz: Das Internet bietet Kindern und Jugendlichen ein unendliches Spektrum an Möglichkeiten. Was wäre aus mir geworden, wenn ich schon als Kind Zugang zum Internet gehabt hätte? So blieb mir lediglich die Kinder- und Jugendabteilung der Stadtbibliothek und die ewig unerfüllte Sehnsucht nach einer Freundin, die mit mir auf einer Wellenlänge ist. Weil ich aber nichts mit Barbies und Pferden anfangen konnte, blieb ich lange einsam. Irgendwann Mitte der 1980er Jahre brachte mir mein Vater einen C16 mit, und ich lernte, BASIC zu programmieren. Allerdings kam ich nie besonders weit, weil ich nur das eine Handbuch hatte. Etwas anderes war für mich als Achtjährige nicht verfügbar. Aber immerhin ermöglichte mir meine Computerbegeisterung irgendwann, Freundschaften mit Jungs zu knüpfen, die sich auch fürs Programmieren und Computerspielespielen begeisterten. Und dann, Ende der 1990er, öffnete sich für mich eine komplett neue Welt: das Internet. Ich schrieb meine Diplomarbeit über das Verlieben im Internet, verliebte mich im Internet, zog nach Berlin, fand einen Job im IT-Bereich, ohne selbst Informatikerin zu sein, und stellte mir einen ganz hervorragenden Freundeskreis zusammen, bestehend aus Menschen, die in Hamburg, Aachen, Wiesbaden und in anderen deutschen Städten leben, und der sich dank Internet trotz der räumlichen Entfernung nah anfühlt.

Schön, dass Kindern und Jugendlichen das alles selbstverständlich zur Verfügung steht und sie nicht erst zwanzig Jahre warten müssen, oder?

Und plötzlich war das Kind im Internet verschwunden

Es ist nicht verwunderlich, dass einige Eltern das Gefühl haben, dass ihnen das Kind langsam entgleitet und in die Tiefen des Internets entschwindet. Zum einen weil die kindlichen Bestrebungen zur Selbstständigkeit und Unabhängigkeit von den Eltern auf denselben Zeitraum fallen wie die Möglichkeiten, sich als Kind oder Jugendlicher im Internet umzuschauen und zu entfalten. Zum anderen weil bei einigen die Beziehungspflege ab dem vorpubertären Alter stark nachlässt.

Und bevor ihr weiterlest: Glaubt bitte nicht, dass ich besonders vorbildlich in Beziehungspflege bin und alles richtig mache. Mir sind zwar die Zusammenhänge bewusst, ich scheitere trotzdem immer wieder mal. Sobald das passiert, arbeite ich daran, es ab heute wieder besser zu machen. Ich wäre gern so gelassen wie

Gandhi, wünschte, ich könnte jede Ablehnung und jedes Angegiftet- oder Abgewiesenwerden Pubertierender mit Liebe empfangen und die dahinterstehenden Bedürfnisse wahrnehmen, um adäquat darauf zu reagieren.

Leider bin ich innerlich oft eher Daenerys Targaryen aus *Game of Thrones* und würde dann am liebsten mit Hilfe meiner Drachen für Ordnung, Respekt und Anerkennung sorgen. Glücklicherweise habe ich keine Drachen und lese viel in anderen Familienblogs. Das beschwichtigt, sobald ich feststelle, dass wir – abhängig vom Alter der Kinder – alle an ähnlichen Herausforderungen knabbern. Und dabei stoße ich immer wieder auf neue Wege, mit den anstehenden Themen umzugehen.

Meine Leitthese lautet: Eine gute, offene und vertrauensvolle Beziehung zu den Eltern zu haben ist für Kinder in Sachen digitale Medien der beste Schutz.

Die Gewissheit, sich immer an die Eltern wenden zu können, ist tausendmal mehr wert als jeder technische Filter und als jede Medienzeitbegrenzung sowieso. Deswegen ist es so wichtig, an der Beziehung zu den Kindern zu arbeiten.

Nach Martin Seligman und Franz Petermann gibt es fünf Säulen, die dazu beitragen, dass eine Beziehung erblühen kann:

1. Wahrgenommen werden
2. Den Interessen des anderen echte Beachtung schenken
3. Gemeinsames tun
4. Auf einer Wellenlänge sein
5. Sich in den anderen hineinfühlen und seine Motive und Absichten erkennen [4]

Wer Medienpädagogen fragt, was in Bezug auf Kinder und digitale Medien wichtig ist, wird immer wieder zu hören bekommen: *Interesse zeigen*, was ziemlich genau der 2. Säule entspricht. Für mich ist eben diese Säule das wichtigste Element der Beziehungsarbeit mit Kindern. Seide und Graf schreiben dazu: »Bemühen wir uns also, aufmerksam zu sein, wenn unsere Kinder für etwas brennen. Verdrehen wir nicht die Augen, wenn der nächste Trend aus der Schule zu uns nach Hause schwappt, sondern nutzen wir die Chance, uns mit dem Thema zu beschäftigen.«[5]

Das ist es! Zugegeben, der Familienalltag lässt nicht allzu viel Platz für solche Gespräche. Schule und Arbeit verlangen allen Beteiligten viel ab. Sowohl zeit- als auch energiemäßig. Dennoch: Gerade Kinder im Grundschulalter wollen uns unbedingt an ihrer Welt teilhaben lassen. Ja, mir sind manche Sachen auch fremd. Früher die *Power Rangers*, dann die *Yu-Gi-Oh!*-Karten, dann *Mia and me*, dann *Star Wars*, dann *Pokémon*, dann die *Beyblades*, dann die Ausrüstung von Link in *Zelda*, dann Bienenarten, dann die wechselnden Wappen der Berliner Stadtteile im Laufe der Jahrhunderte.

Hört zu, lernt mit!

Werdet Joker für abgefahrene Themengebiete bei *Wer wird Millionär*. Bemüht euch, an der Beziehung dranzubleiben. Ist man immer nur genervt, wenn das Kind etwas Aufregendes zu berichten hat, bedeutet das irgendwann, dass sich das Kind zurückzieht. Es hat gelernt, dass die Erwachsenen nicht an seiner Welt teilhaben wollen – vor allem wenn seine Interessen als albern und nichtig abgewertet werden. Achtet im Alltag mal darauf, wie oft Eltern auf YouTube rumhacken und sich über die Vorbilder der Kinder lustig machen …

Was wir in unseren Bürojobs erleben, ist auch nicht weltverändernd und sonderlich sinnstiftend für die Gesellschaft. Trotzdem möchte man sich doch mitteilen. Dem Partner oder der Partnerin, den Freund*innen, den Kolleg*innen. Wie schmerzhaft wäre es, wenn mein Partner jedes Mal, wenn ich etwas erzähle, das mich bewegt (»Wir haben heute endlich die PowerPoint-Präsentation für den Pitch fertiggestellt; Simone hat ein absolut genial passendes Stockfoto gefunden, um unseren Teamgeist zu repräsentieren!«), genervt die Augen verdrehte oder mir zu verstehen gäbe, dass er sich gerade totlangweilt (was sachlich nicht ganz unberechtigt wäre, denn PowerPoint-Präsentationen sind ja meistens wirklich nicht so aufregend).

Das Großartige an der Säule *Interessen des anderen echte Beachtung schenken* ist übrigens, dass sie auch umgekehrt funktioniert: Teilt euch auch euren Kindern mit. Teilt Erfahrungen eurer Kindheit, teilt das, was ihr als Kind toll fandet. Sofern ihr als Kinder und Jugendliche Computerspiele gespielt habt, lässt sich diese Säule sogar mit der des gemeinsamen Tuns verbinden, indem ihr zum Beispiel alte Spiele miteinander spielt.

Viele meiner Tipps greifen die Idee auf, Dinge zusammen zu tun oder Ansatzpunkte für ein gemeinsames Gespräch zu finden. Ihr glaubt gar nicht, wie sehr sich Kinder darüber freuen, wenn ihr auf Anhieb wisst, wer Rezo ist und was er im Vorfeld der Europawahlen 2019 zur Klimapolitik der etablierten Parteien zu sagen hatte. Ich habe auf der letzten Geburtstagsparty eines unserer Kinder sehr viele ehrfürchtige Blicke geerntet, weil ich Anni the Duck in einem Video identifizieren konnte. Wenn ihr ein über achtjähriges Kind habt und nicht wisst, wer Julien Bam ist, dann habt ihr den Anschluss an die Welt eures Kindes verpasst. Fragt 30 Drittklässler*innen, und 28 werden euch erklären können, wer Julien Bam ist. Fragt 30 Eltern, und es wird maximal 5 geben, die ihn grob irgendwo einordnen können.

Viele Erwachsene halten es für Allgemeinbildung, die Bundesländer und deren Hauptstädte zu kennen. In der Welt eurer Kinder ist das egal, weil man sowohl Bundesländer als auch Hauptstädte im Internet nachschauen kann. Für sie ist es relevanter, zehn bekannte deutsche YouTuber*innen zu kennen und zu wissen, was die machen.

Es wird Erwachsene geben, die trotzdem darauf beharren, dass die Bundesländer wichtiger sind als YouTube-Stars, und es auch immer wieder lauthals verkünden. Die müssen sich dann aber nicht wundern, wenn Kinder und Jugendliche kein Verhältnis auf Augenhöhe zu ihnen pflegen (wollen).

Es mag einigen albern erscheinen, aber es wird euch Respekt bei den älteren Kindern einbringen, wenn ihr nicht undifferenziert über YouTube schimpft, sondern eure Kritik, dass ein Großteil der reichweitenstarken YouTube-Kanäle Geschlechterstereotype bedient, mit konkreten Beispielen belegen könnt. Wenn ihr dann noch sagen könnt, welche Kanäle ihr cooler findet, könnt ihr die Jugendlichen sogar positiv überraschen. Denn natürlich gibt es solche Kanäle.

Pauschales Abwerten macht den Kindern ziemlich schnell klar, dass ihr keinerlei Erfahrung in den für sie relevanten Gebieten habt und gar nicht genau wisst, was euch stört oder gar sorgt. Wenn ihr aber mehr mitbekommt als die kruden Thesen der Regenbogenpresse (»TikTok – die neue Cybergrooming-Plattform!«), verschafft euch das die Basis für gemeinsame Gespräche und euren Kindern die Möglichkeit, euch (weiterhin) ernst zu nehmen. Auch die U25-Studie des *Deutschen Instituts für Vertrauen und Sicherheit im Internet (DIVSI)* fasst zusammen: »Eltern scheinen in einer, zum Teil dauerhaften, Alarmbereitschaft mit Blick auf die Internet-Nutzung ihrer Kinder zu sein – häufig jedoch ohne genau zu wissen, was genau zu tun wäre. Diese Unsicherheit nehmen letztendlich auch die oft schon größeren Kinder wahr: Eltern können nur schwer vermitteln, warum sie beständig zur Vorsicht im Umgang mit dem Internet warnen. Solange die Kinder noch klein sind, akzeptieren sie bis zu einem gewissen Alter die gesetzten Regeln, auch wenn sie nicht nachvollziehen können, warum bestimmte Dinge verboten und andere erlaubt sind. Spätestens ab 14 Jahren betonen die Jugendlichen jedoch, dass ihnen die pauschalen Warnungen der Eltern nicht viel bedeuten und sie sich als deutlich überlegen hinsichtlich ihrer Internet-Kompetenz fühlen.«[6]

Wenn Jugendliche, die nach Orientierung und Antworten suchen, feststellen, dass ihre Eltern auf einem Gebiet, das für sie elementar ist, keine Ahnung haben, dann fragen sie sich verständlicherweise: Wieso sollte ich tun, was meine Eltern sagen, wo ich mich doch gar nicht auf ihre Einschätzung verlassen kann? Als Digital Native ist es doch naheliegend, Eltern nicht für voll zu nehmen, die Medienzeitbegrenzungen und Nutzungsregeln in erster Linie infolge von Unkenntnis und Vorurteilen aufstellen. Kein Wunder also, wenn der familiäre Dauerstress damit förmlich vorprogrammiert ist.

Werden Kinder zu Teenagern, wird es zunehmend schwieriger, die Beziehung zu ihnen zu pflegen. Entweder weil man die Beziehung vorher bereits vernachlässigt hat oder weil es eine Mission des Erwachsenwerdens ist, sich von den Eltern zu lösen und Beziehungen außerhalb der Familie aufzubauen. Manchmal auch, weil die kontrollsteuernden Instanzen des jugendlichen Gehirns durcheinandergeraten, so dass man gelegentlich angebrüllt wird.

Wenn ihr merkt, dass ihr den Kontakt verloren habt, dann sagt es euren Kindern in einem ruhigen Moment. Räumt ein, dass ihr möglicherweise etwas versäumt habt, es euch aber anders wünscht. Natürlich will kein Teenager die Mutter oder den Vater ständig neben sich sitzen haben, wenn er oder sie *Overwatch* spielt. Aber schaut euch doch ein paar *Let's Plays* an, und bittet dann um eine Einführung. Euer Interesse wird noch glaubhafter, wenn ihr vorher schon ein paar Infos sammelt, so dass ihr konkretere Fragen stellen könnt als nur »Was machst du da?«. Auf diese Weise arbeitet ihr gleichzeitig an der fünften und letzten Säule: *sich in den anderen einfühlen und seine Motive und Absichten erkennen.*

Ihr könnt durch Gespräche verstehen, warum euer jugendliches Kind sich für ein bestimmtes Spiel interessiert, was es fasziniert, welche Bedürfnisse damit befriedigt werden – und umgekehrt ermöglicht ihr es euren Kindern, eure Motive und Absichten zu erkennen (»Ich sorge mich, aber wahrscheinlich deshalb, weil ich noch so wenig weiß«). Indem ihr ehrlich signalisiert, dass ihr nicht wirklich Ahnung habt, dreht ihr das gewohnte Expertenverhältnis um.

Gönnt es den Kindern, auch mal Experte auf einem Gebiet zu sein. Das fühlt sich für beide Seiten gut an und wirkt positiv auf ihr Selbstbewusstsein.

Für jede der beschriebenen Säulen lässt sich etwas finden, das dazu beiträgt, die Eltern-Kind-Beziehung zu stärken. Auch «Gemeinsames tun« verbindet. So haben wir zum Beispiel vor einiger Zeit mit den Kindern ausgemacht, dass wir einmal im Monat einen Familien-Kinoabend machen. Schon im zweiten Monat sagte eines der Kinder: »Ich hab mir überlegt, dass wir beim Filmschauen immer so passiv sind. Klar, wir sitzen zusammen und können auch hinterher über den Film sprechen, aber irgendwie fände ich es schön, wenn wir was machen, das wir wirklich zusammen machen. Ich fände es schöner, zusammen zu spielen.« Da ich als Mutter bereits viele Nachmittage mit unendlich langen und vor allem langweiligen *Monopoly*-Partien mit meinen Kindern verbracht hatte, zuckte sofort mein Auge. Erleichtert nahm ich jedoch zur Kenntnis, dass das Kind Computerspiele meinte. Und tatsächlich! Es gibt Computerspiele, die man zusammen spielen kann, ohne Vorkenntnisse haben zu müssen. Sie sind so einfach, dass man sie spielen kann, selbst wenn man noch nie einen Controller in der Hand hatte.

Spieletipps für Menschen ohne Computerspieleerfahrung

Auf der Switch gibt es beispielsweise *Tricky Towers*, ein Spiel, das wie *Tetris* aussieht. Allerdings baut man aus den herunterfallenden Steinen tollkühne Türme. Man kann dieses Spiel mit bis zu vier Personen spielen und um die Wette bauen. Dabei gibt es kleine Extras, die den eigenen Turm stabilisieren oder den Turm des Gegners zum Wackeln bringen. Ein sehr lustiges Spiel!

Unterhaltsam ist auch *1-2-Switch*, bei dem man gegeneinander antritt, um Kühe zu melken, Luftgitarre zu spielen oder möglichst schnell einen klingelnden Telefonhörer abzunehmen. Ein super Partyspiel ist *Spaceteam*, das auf dem Handy gespielt wird. Alle gemeinsam müssen ein Raumschiff steuern, wobei man sich Anweisungen zubrüllt wie: »Den Konkrulator drei Mal um den Exparier döngeln.« Mein Raumschiff explodiert dann leider immer, weil ich so lachen muss.

Kurzweilig und witzig ist auch das Handyspiel *Ready, Steady, Bang*. Hierbei treten zwei Spielfiguren gegeneinander an, und es geht darum, sich nach dem zufallsgesteuerten »Bang!«-Signal möglichst schnell zu erschießen. Ein Killerspiel also ... Aber keine Sorge: »It makes violence cute.*«[7]

Neben den reinen Computerspielen gibt es auch Gesellschaftsspiele mit digitalen Anteilen. Unsere Familie liebt zum Beispiel *Beasts of Balance*. Dabei werden Tierformen und andere Gegenstände, die bestimmte Aktionen repräsentieren, physisch auf einem Sockel gestapelt, bis alles umfällt. In der App passieren parallel Dinge, weil man die Tiere miteinander kreuzen kann. So hat

Strafen, die Kinder fürchten

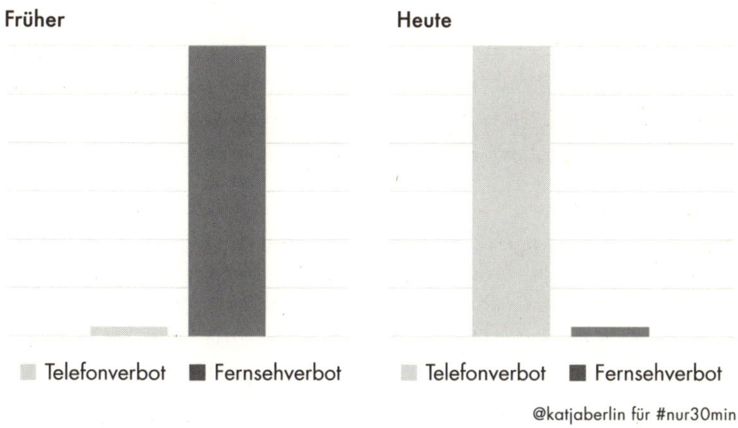

* Übersetzung: Es [das Spiel] macht, dass Gewalt niedlich aussieht.

man am Ende zum Beispiel einen Flughai, einen paddelnden Schwimmbären oder einen niedlichen Himmelseber.

Mit Kindern gemeinsam Computerspiele zu spielen bringt viele erhellende Momente mit sich – und sei es »nur«, dass man versteht, wie viel Spaß es machen kann. Eine echte Chance, dass sich einige Konfliktfelder in Wohlgefallen auflösen.

Mein Tipp: Behaltet die fünf Säulen im Kopf, und überprüft im Alltag, ob ihr sie bedient.

Cyber, Cyber! – Das Internet, ein Ort wie jeder andere

»Immer wenn ein Kind vor einem Smartphone sitzt, stirbt irgendwo auf einem Baum ein Abenteuer.« Kennt ihr den Satz? Die Quelle konnte ich nicht ausfindig machen, aber wer auch immer diesen Spruch erfunden hat, der ist a) vor den 1980ern geboren, hat b) sehr wenig vom Internet verstanden und ist c) dafür umso fantasieloser. Denn: Das Smartphone in der Hand des Kindes *ist* das Abenteuer, und zwar ein großes, nicht endendes, geselliges und facettenreiches Abenteuer. Es gibt nicht das Internet auf der einen und die echte Welt auf der anderen Seite. Es gibt auch nicht echte und virtuelle Freude. So wie es keine Cybergefühle, sondern nur Gefühle gibt. Diese Unterscheidung zwischen »echt« und »unecht« gibt es nur für Menschen, für die das Internet nicht zu ihrem Lebensalltag gehört, weil sie nicht damit aufgewachsen sind. Wer auf dieser Unterscheidung beharrt, macht sich vor denen, für die das Internet selbstverständlicher Bestandteil des Lebens ist – pardon, dass ich es so direkt ausdrücke –, lächerlich.

Ein Blick in die Statistik zeigt: Rund 57 Prozent der Bevölkerung in Deutschland sind älter als 40 Jahre (Stand: Dezember 2017[8]). Das heißt, deutlich mehr als die Hälfte der Menschen in Deutschland ist ohne Internet aufgewachsen. Für die ande-

So sieht das Internet aus. Bildquelle: nastya_gepp, Pixabay.

ren sind das Internet und die damit verbundenen Technologien genauso normal wie für die Älteren Elektrizität und Autos. Für sie, aber auch Teile der Ü40-Jährigen, ist eine Unterscheidung zwischen echt und virtuell schlichtweg Quatsch. Wer diesen Umstand akzeptiert und versteht, dem wird nicht nur beim Thema (Cyber-)Mobbing und Co. (→ Kapitel 4) ein Licht aufgehen.

Felix Schwenzel hat auf der re:publica 2012 einen Vortrag mit dem Titel »Soylent Green, äh, the Internet is people!«[9] gehalten, in dem er darauf aufmerksam macht, dass die Unterscheidung zwischen der echten Welt und dem Cyberspace unsinnig ist.

Wer *Soylent Green* nicht kennt: Es handelt sich um einen 1973 erschienenen Science-Fiction-Film, der im fernen Jahr 2022 spielt und eine überbevölkerte Welt zeigt, die mit den uns bekannten Lebensmitteln nicht mehr versorgt werden kann. Deswegen werden verschiedene Arten von Kunstnahrung hergestellt, die Soylent* heißen. Ganz neu und besonders wohlschmeckend ist

* abgeleitet vom englischen »soy« (Soja) und »lentil« (Linse)

das Soylent Green, das angeblich aus Meeresplankton gewonnen wird. Allerdings stellt sich im Laufe des Films heraus, dass dem gar nicht so ist. Ihr ahnt es. Soylent Green wird aus Menschen gewonnen. »Soylent Green is people«, ruft der Protagonist entsetzt aus, als er versteht, was Soylent Green wirklich ist.

Ja, auch das Internet besteht aus Menschen; es ist in erster Linie keine Technologie. Das Internet ist die junge Frau auf dem Foto und nicht das Handy, das sie in der Hand hält. Wenn man das verstanden hat, wenn man nicht mehr zwischen virtueller Welt und Kohlenstoffwelt unterscheidet, dann wird es mit der Medienerziehung plötzlich ganz einfach. Dann gibt es nämlich plötzlich naheliegende Antworten auf einige Fragen, allen voran: »Wie soll ich denn meinen Kindern Dinge beibringen, mit denen ich mich selbst im Zweifelsfall gar nicht oder gar nicht gut auskenne?« Die Antwort wird euch erstaunen, denn sie lautet: Die wesentlichen Dinge wisst ihr schon.

Für sehr viele Menschen ist das Internet eben ein weiterer Ort, an dem die gleichen Regeln gelten wie an anderen Orten auch. Ob nun in der U-Bahn, im Café, im Kaufhaus oder im Internet: Man beleidigt einander nicht, man nimmt aufeinander Rücksicht, man sagt Fremden nicht bei der ersten Begegnung, wo man wohnt, und überlässt ihnen auch nicht seine Kreditkartennummer.

An einigen Orten gibt es allerdings auch ein paar Extraregeln. In der Kirche spreche ich nur leise mit meinem Banknachbarn, im Swimmingpool rauche ich nicht (nein, auch nicht im Berliner Freibad, wo ich tatsächlich schon die Ansage vom Bademeister gehört habe: »Wennse bitte dit Rauchen im Wasser einstellen könnten, wäre dit äußerst freundlisch!«), in der Sauna bin ich nackt, im Büro bin ich angezogen.

Also egal, ob online oder offline: Menschen sollten einander weder bedrohen noch beleidigen noch bloßstellen. Man plauzt sich nicht einfach drauflos. Man achtet auf die Gefühle anderer Menschen. Man geht respektvoll miteinander um, diskriminiert Menschen mit Behinderungen oder Menschen anderer Religionsgemeinschaften nicht.

Wenn ihr euren Kindern den grundlegenden, zwischenmenschlichen Umgang vermittelt und ihnen klarmacht, dass der auch für alles gilt, was sie im Internet tun, dann habt ihr schon sehr viel erreicht. Ich glaube, viele Probleme im Internet entstehen, weil manche Menschen meinen, das Internet ticke anders als die normale Welt. So halten sich doch recht viele Menschen glücklicherweise mit ihrer rassistischen und frauenverachtenden Meinung zurück, wenn sie in der Tram, im Büro oder im Restaurant sitzen. Im Internet lassen sie jedoch alles raus. Diese Ekelhaftigkeiten entstehen also nicht durch das Internet, sondern durch die Menschen – online wie offline ... Die Menschen verhalten sich offline nur anders. Innen sind sie (leider) genauso hässlich.

Ihr klärt eure Kinder auf, wie sie mit Fremden, die sie auf dem Spielplatz oder dem Schulweg ansprechen, umgehen sollen. Dasselbe gilt für persönliche Nachrichten auf Instagram oder in den Chats von Computerspielen.

Ihr habt schon lange gelernt, dass man skeptisch werden muss, wenn jemand einem eine Dienstleistung oder Sache kostenlos zur Verfügung stellen will. Sehr wahrscheinlich habt ihr noch nie an einer Kaffeefahrt teilgenommen, weil ihr keine Lust hattet, mit drei überteuerten Lama-Wolldecken und einer Waschmaschine nach Hause zu kommen.

Auch App-Hersteller haben ein Geschäftsmodell. Das wisst ihr, ohne die App zu kennen. Wird also eine App wie WhatsApp kostenlos zur Verfügung gestellt, dann hat das einen Grund. Auch das wisst ihr bereits, bevor ihr euch mit WhatsApp auseinandergesetzt habt. Ist dieses Wissen nicht beruhigend? Ihr habt tatsächlich schon einen Wissensvorsprung, der es euch erleichtert, Lernbegleiter für eure Kinder zu werden, und wisst zudem schon alle wesentlichen Dinge über die Interaktion von Menschen. Den Rest könnt ihr dazulernen – und ihr könnt ihn gemeinsam mit euren Kindern lernen.

2018 habe ich einen Text zum Thema »Kinder und Computerspiele« gelesen, der mich immer und immer wieder berührt. Die Autorin Julia Karnick möge mir verzeihen, dass ich so oft Bezug auf ihn nehme. Aber sie hat nun mal einen Nerv getroffen. Den Nerv der verzweifelten und hilflosen Eltern, denen das Internet und Computerspiele scheinbar die Kinder entreißen. Der Text heißt: »Jungs und Computerspiele: Wenn Mütter von Vorschlaghämmern träumen«.[10]

BUCH ZU! Die 30 Minuten Lesezeit sind um!
Angenommen, ihr habt vorne angefangen und dann Seite für Seite weitergelesen. Dann sind jetzt ungefähr 30 Minuten vergangen, denn ein geübter Leser kann im Durchschnitt 200 bis 300 Wörter pro Minute erfassen, sofern der Text nicht unverhältnismäßig kompliziert ist. Bei »BUCH ZU!« waren es 7.492 Wörter. Bei gedruckten Büchern ist die Lesegeschwindigkeit übrigens höher als bei elektronischen Büchern. Lest ihr gerade das eBook, bin ich vermutlich zu früh mit meiner Warnung.
30 Minuten ist auch die Zeitspanne, die von den meisten Quellen als Orientierung für maximale Medienzeit pro Tag empfohlen wird. Deswegen jetzt bitte – ohne Diskussion (und ich meine *ohne* Diskussion!) das Buch weglegen. Findet ihr doof? Insbesondere weil Bücherlesen und Dinge-im-Internet-Machen nicht dasselbe ist? Da möchte ich widersprechen – springt gerne zum Abschnitt »Wie lange sollten Kinder digitale Medien pro Tag nutzen dürfen?« (→ Seite 261). Natürlich erst morgen. Na ja, oder einfach heimlich weiterlesen. Gegen meine Vorgabe. Das ist auch okay.

Darin beschreibt die Autorin die Sinnlosigkeit der gängigen (medien-)pädagogischen Tipps wie »Medienzeit vereinbaren«, »Medienkonsum konsequent begrenzen«, »Interesse signalisieren«, »Alternativen anbieten«. Sie und andere Eltern hätten versucht, sich an die Tipps zu halten, seien aber gescheitert. »Ja, tatsächlich, ich hasste ihn, diesen Scheißcomputer. Weil er mir den Sohn weggenommen hatte, den ich mal hatte – diesen süßen, aufgeweckten, begabten, kontaktfreudigen, fröhlichen, neugierigen Jungen, der er gewesen war, bevor ihn diese Scheißcomputerspielwelt aufgesaugt hatte wie ein schwarzes Loch. Und wenn ich Hass sage, dann meine ich Hass. Aus Ohnmacht gespeisten, von Wutanfällen und Zerstörungslust begleiteten blanken Hass. Manchmal träumte ich davon, den Scheißcomputer mit einem Vorschlaghammer zu zertrümmern.«

Auf Elternabenden höre ich ähnlich Verzweifeltes, und manchmal sagt jemand: »Ich hab's verpasst, mich mit alldem zu befassen, wie hole ich das Kind jetzt zurück?« Zuallererst: Ich bin überzeugt davon, dass Eltern nicht allein an der Sogwirkung von Computerspielen oder Ähnlichem scheitern. Wenn diese Themen aufkommen, dann geschieht dies sozusagen unter erschwerten Bedingungen, denn zeitgleich findet die Pubertät statt. Insofern sind es nicht die Onlinezeiten, sondern die fragil gewordene Beziehung zum Kind, die die Lebensphase oft mühsam machen. Genau deshalb ist es auch so wichtig, schon deutlich vor der Pubertät die Chance zu nutzen und die »medienpädagogischen Scheißtipps« zu befolgen. Jedes Grundschulkind wird ehrliches Interesse und ehrliche Neugierde dankbar annehmen und euch von *Minecraft* erzählen, bis euch die Ohren bluten.

Sich dem Kind und seiner Begeisterung zu öffnen, weil man etwas über dessen Lebenswelt erfahren will – nicht um es zu kontrollieren! –, lohnt sich.

»Neugierde als ehrliche Zuwendung zeigt Interesse am Gegenüber und seiner Welt. Kontrolle dient der Überwachung und der eigenen Sicherheit. Wenn eine Person Neugierde vom Gegenüber spürt, fühlt sie sich dazu eingeladen[,] sich zu öffnen. [...] Das Gefühl der Kontrolle hingegen löst eine Art Beklemmung aus und bewirkt, dass man sich vor der Bewertung vom Gegenüber fürchtet. [...] Das bedeutet nicht, dass wir alles gut finden müssen, was unsere Kinder tun. Es heißt, dass wir uns Mühe geben sollten, zu verstehen, worum es geht, und ohne Bewertung zuzuhören.« [11]

Das ist nicht immer leicht. Aber man kann es üben – und es

ist ein Weg, um die etwas entrückten Kinder wieder ein wenig näher heranzuholen. Kinder haben sehr feine Antennen, was das Bewerten und Kontrollieren angeht. Sofern es einen zweiten Erwachsenen in ihrem Haushalt gibt, sprecht mit ihm oder ihr und vereinbart, dass ihr euch gegenseitig kleine Signale gebt, wenn trotz aller Vorsätze (Ab-)Wertungen oder Verhörfragen euren Mund verlassen. Gegebenenfalls besprecht ihr die kritischen Punkte, wenn das Kind bzw. der Jugendliche nicht mehr dabei ist.

Es gibt zwei Hebel, um das Thema »Kinder und digitale Medien« in den Griff zu bekommen

1. Bindung bzw. Beziehungspflege
2. Aufklärung bzw. Informiertheit

Beides bedeutet, dass ihr Zeit investieren müsst. Die gute Nachricht lautet aber: Ihr könnt das schaffen. Und wie bei allen Erziehungsthemen geht es nicht um Perfektion, um das hundertprozentige Wissen, nicht darum, nie Fehler zu machen. Es geht darum, einen soliden Grundstock zu schaffen. Es geht ums Gutgenug-Machen.

2 »MAMA, KANN ICH YOUTUBE?«

tl;dr *YouTube*

- Weltweit: 1,9 Milliarden eingeloggte Nutzer*innen pro Monat
- Deutschland: 6 Millionen Nutzer*innen pro Monat
- Mindestalter zur Nutzung laut AGB: 16 Jahre
- Kinder und Jugendliche schauen in ihrer Freizeit gerne YouTube-Videos. Das ist ein wichtiger Aspekt ihrer Freizeitgestaltung. Erwachsene sollten YouTube deswegen ernst nehmen und nicht runtermachen.
- Die reichweitenstarken Kanäle bedienen oft Geschlechterstereotype. Doch YouTube ist nicht mit den großen Kanälen gleichzusetzen.
- YouTube-Stars haben für Kinder und Jugendliche Vorbildcharakter. Deswegen müssen sie lernen, Werbung zu erkennen.
- Kinder unter sechs Jahren, die nicht von Erwachsenen begleitet werden können, lässt man besser DVDs oder Videos auf Streaming-Plattformen wie Netflix und Amazon Prime schauen.
- Inadäquate Inhalte können Kinder verstören. Allerdings hilft hier Aufklärung mehr als jeder technische Filter.

Videoplattformen gibt es einige im Internet, so zum Beispiel Vimeo, Twitch TV und Clipfish. Allerdings wird es eher selten vorkommen, dass Kinder sich auf einer anderen Plattform als auf YouTube aufhalten. Schon 2016 hatte YouTube rund 81 Prozent Marktanteil.[12] Tendenz steigend.

90 Prozent der 12- bis 19-Jährigen schauen sich mehrmals pro Woche Videos auf YouTube an.[13] Im Schnitt verbringt diese Altersgruppe täglich drei Stunden im Internet – den Großteil davon auf YouTube. Dabei wird die beliebte Plattform hauptsächlich mobil genutzt, also per Smartphone abgerufen.

Wie man Kinder konsequent von Smartphones fernhalten kann

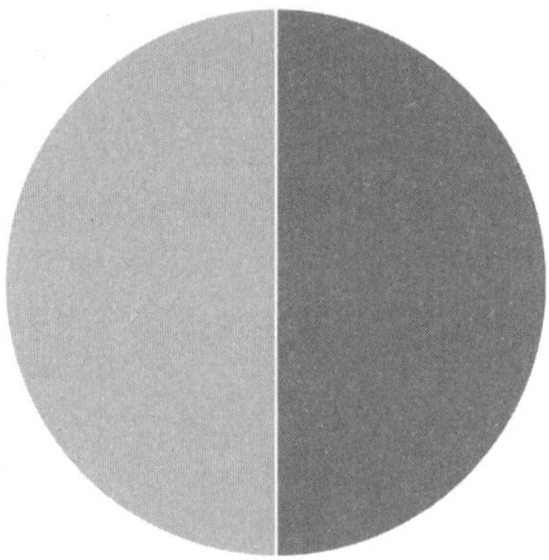

Wenn man kein Smartphone hat ■ Wenn man keine Kinder hat

@katjaberlin für #nur30min

Würde ich gefragt, über welche Plattform ich gerne krückstockwedelnd schimpfen möchte, käme die Antwort wie aus der Pistole geschossen: YouTube!

Allerdings habe ich den festen Vorsatz, mich nicht in die Reihe der Kulturpessimisten einzureihen. Damit mir das gelingt, musste ich erst mal der Frage nachgehen, warum ich mich mit YouTube so unwohl fühle.

Die erste Teilantwort ist ganz einfach. YouTube ist einfach nicht meine Plattform. Als Jahrgang 1975 bin ich schlichtweg zu alt. Mit Computerspielen, Messengern, Chats und Blogs bin ich aufgewachsen. YouTube gibt es erst seit 2005. Doch selbst 14 Jahre später habe ich noch nie aktiv etwas auf dieser Plattform gemacht, habe noch nie kommentiert, folge dort niemandem und schaue lediglich sporadisch kurze Clips. Aktuelle Entwicklungen bekomme ich von alleine gar nicht mit. Mein Zugang sieht bildlich übersetzt so aus, dass ich im Ohrensessel sitze und dort in einer Zeitung lese, dass YouTuber*in XY gerade sehr angesagt ist, weil er oder sie drei Fantastillionen Follower*innen hat.

So war es zumindest bis 2014. 2014 ist das Jahr, in dem Simon Unge das YouTube-Netzwerk *Mediakraft Networks* verließ, was für unser ältestes Kind ein ernstzunehmendes Ereignis in seinem Lebensalltag darstellte. Erst jetzt wurde mir klar, welch große Vorbildwirkung YouTube-Stars haben und dass deren Inhalte auch in unserer Familie regelmäßig konsumiert werden.

Also habe ich gemacht, was ich regelmäßig empfehle: Ich fragte mein Kind, was es sonst noch so schaut und warum. Danach quälte ich mich stichprobenartig durch die Videos und fühlte mich unendlich alt: Was reden die da? Warum reden die so schnell? Wieso blinkt und wackelt alles? Und muss man wirklich alle drei Sekunden einen Schnitt machen?

Hauls, Schminktutorials, Pranks und Challenges …

Engagiert, wie ich bin, habe ich dann mal geschaut, welches die YouTuber*innen mit der größten Reichweite sind, mir exemplarisch deren Beiträge zu Gemüte geführt und mich plötzlich in längst überwunden geglaubten Klischeewelten wiedergefunden. Frauen reden über Lifestyle, gehen shoppen, zeigen dann, was sie eingekauft haben (Hauls), geben Schmink- und Stylingtipps und reden darüber, wie man die Boys klarmacht, ohne zu bitchy rüberzukommen. Große Teile der Jugendsprache musste Oma Patricia übrigens im Urban Dictionary nachschlagen.

Die Jungs wiederum erzählen ihre Heldengeschichten, stellen sich irgendwelchen haarsträubenden Herausforderungen (Challenges), verarschen sich gegenseitig (Pranks) oder unterhalten sich darüber, was an Mädchen nervt oder wie kurz der Rock sein darf.

Plötzlich wurde mir klar: Die großen YouTube-Kanäle transportieren inhaltlich eigentlich nichts anderes als früher *Bravo Girl!* und *Mädchen*, nämlich widersprüchliche Botschaften (»So kaschierst du deine Problemzonen« und »10 Regeln, damit ER dich wahrnimmt« versus »Sei ganz du selbst«) sowie widerliche Körperbilder (»Mit dieser Diät zum Beach-Body«, »Diese 5 Tricks lassen deine Cellulite verschwinden«).

Mit über vierzig weiß ich natürlich, was für ein Unsinn das alles ist. Mit 13 war das anders. Da war ich unsicher und empfänglich für solche Botschaften. Am Ende blieb das Gefühl: Ich bin auf jeden Fall falsch. Zu aktiv, zu passiv, zu dick, Nase zu groß, Haare zu zottelig, Style kacke. Die nächsten anderthalb Jahrzehnte habe ich damit verbracht, diese Komplexe zu überwinden. Dabei hat es mir sehr geholfen, keine Mädchen- bzw. Frauenmagazine mehr zu lesen und den Fernseher abzuschaffen. Denn dort wird nichts anderes vermittelt: Für Frauen zählt vor allem das Aussehen, und wenn das nicht perfekt ist, hilft es vielleicht noch, gut kochen zu können. Ansonsten sind Hopfen und Malz verloren. Allein die Werbung! Ohne Werbeeinblendungen würde ich zum Beispiel niemals die sieben Zeichen der Hautalterung kennen:

- Trockenheit!
- große Poren!
- Fältchen!
- Pigmentflecken!
- Schlaffheit!
- Verlust an Lipiden! (OMG! WOHIN GEHEN DIE???)
- Verlust an Collagen! (Auch sie: einfach fort?)

Die Werbung macht mir klar: Ich bin ein einziger Makel. Eine Schande. Der Archetyp des Unperfekten.

Genau da habe ich verstanden: YouTube ist nichts anderes als Fernsehen. Die Rückkehr der Mädchenmagazine, der Untergang des Abendlandes!

Ob die meisten Erwachsenen, die noch altmodisch Fernsehen

schauen, YouTube vielleicht deshalb gar nicht so schlimm finden und sich eher um computerspielende Kinder sorgen?

Doch Moment mal! Hat da etwa Manfred Spitzer Besitz von mir ergriffen? Ich blase gerade voll in das Erwachsenenhorn: »YouTube ist dumm, oberflächlich und niveaulos!«

Die Befunde der MaLisa-Studie 2019[14] – »Weibliche Selbstinszenierung in den neuen Medien« – bestätigen diese Einschätzung auf den ersten Blick: In den Top 100 von YouTube, Instagram und Musikvideos sind feinste Genderstereotype vertreten: »Während Frauen sich überwiegend im privaten Raum zeigen, Schminktipps geben und ihre Hobbys präsentieren (Basteln, Nähen, Kochen), bedienen Männer deutlich mehr Themen: von Unterhaltung über Musik bis zu Games, Comedy und Politik.«

In den Musikvideos sieht es nicht anders aus. Frauen als Eye-Candy, sexy inszeniert, passiv. »Auch auf Instagram sind insbesondere die Frauen erfolgreich, die einem normierten Schönheitsideal entsprechen. Sie sind dünn, langhaarig und beschäftigen sich hauptsächlich mit den Themen Mode, Ernährung und Beauty. Weibliche Selbstinszenierung findet hier nur in einem sehr begrenzten Korridor statt.« Weil die Influencerinnen das selbst so wollen? Mitnichten. In der anschließenden Befragung einzelner YouTuberinnen gibt eine von ihnen zu Protokoll: »Eine starke eigene Meinung schmälert deinen finanziellen Wert, weil sich dann bestimmte Firmen nicht mehr mit dir zeigen wollen.« Werbepartner erwarten von Frauen also keine inhaltlichen Statements, sondern ein schön inszeniertes Bild.

Wer tiefer in das Thema »Rollenklischees auf YouTube« einsteigen möchte, dem sei der hörenswerte Beitrag von Almut Schnerring und Sascha Verlan im Deutschlandfunk empfohlen: »10 Dinge, die an Mädchen nerven. Geschlechterklischees in der YouTube-Szene«.[15]

Allerdings ist YouTube nicht gleichzusetzen mit den 100 meistabonnierten Kanälen. Im Übrigen gibt es selbst unter denen

Ausnahmen wie den Broadcaster *LeFloid*, der diese rückwärtsgewandte Entwicklung reflektiert, unter anderem in dem Beitrag »Schw*nze, Är*che & Geld – SO WIDERLICH SIND DIE YOUTUBE-TRENDS & was sonst noch so abgeht«.[16] Also bitte nichts über einen Kamm scheren!

Über die Reproduktion von Geschlechterklischees sollten sich Eltern allerdings Gedanken machen und ihre Kinder dafür sensibilisieren, damit diese nicht einfach alles für bare Münze nehmen, sondern hinterfragen. Für jene Eltern, die sich noch nicht damit auseinandergesetzt haben und immer noch rätseln, was eigentlich so problematisch ist, wenn Mädchen Rosa mögen, hier die Erläuterung in Kürze:

Natürlich ist es überhaupt kein Problem, wenn Mädchen die Farbe Rosa, Barbies und Prinzessinnenkleider mögen oder YouTuberinnen Schminkvideos machen. Das Problem liegt in den Konnotationen, die transportiert werden (süß, niedlich, hübsch, zart, sensibel, passiv), und dass diese gegenüber den typisch männlichen Eigenschaften (durchsetzungsstark, mutig, cool, aktiv) als weniger wertvoll gelten.

Dazu ein Gedankenexperiment: Wie begegnen Menschen in der Regel einem Jungen, der als Fee verkleidet Nagellack tragen will? Und wie finden dieselben Menschen es, wenn sich ein Mädchen als Astronautin, Feuerwehrfrau oder Polizistin verkleiden will?

Der Junge wird abgewertet, weil er ein weibliches Klischee übernimmt (»Oh Gott! Wie unmännlich! Verweichlicht gar. Ist das normal?«). Das Mädchen hingegen wird aufgewertet (»Die ist ja cool! Das ist ja eine ganz Aufgeweckte!«).

Seid ihr an YouTube-Kanälen interessiert, die diese Rollenklischees nicht reproduzieren, so schaut euch zum Beispiel den Vortrag von Lilith[17] an, die auf der *Tincon* etwas dazu erzählt und zum Beispiel *Honigball*[18], *Simone Giertz*[19] oder *Liza Koshy*[20] als Alternativen empfiehlt.

Tatsächlich hat YouTube noch ein paar Dinge mehr zu bieten als ermüdende Geschlechterklischees, denn …

YouTube ist Vielfalt

Wenn meine Kinder auf ein Problem stoßen, suchen sie nicht die Antwort in Suchmaschinen, sondern geben ihre Frage auf YouTube ein und erhalten Antworten in Form von Video-Tutorials. Diese sind, vor allem was komplexe Inhalte angeht, um vieles hilfreicher als ein reiner Text. Mit dieser Strategie sind meine Kinder nicht allein. Suchen Jugendliche im Internet nach bestimmten Informationen, ist die Suchmaschine Google mit 85 Prozent zwar die wichtigste Quelle, mit 61 Prozent ist YouTube aber schon dicht dran. Wikipedia folgt erst auf Platz 3.[21]

Und noch ein Hinweis in diesem Zusammenhang: Viele gut gemeinte Kinderangebote sind unnütz, wenn sie sich nicht an dem tatsächlichen Verhalten von Kindern ausrichten. Für mich ist die bekannte Suchmaschine *fragFINN* ein solcher Fall. *fragFINN* wurde eigens für Kinder bis zwölf Jahre entwickelt und gibt nur von Medienpädagogen überprüfte Internetseiten als Ergebnis aus. Das ist schön, wenn die Kinder tatsächlich Suchmaschinen benutzen. Wie die Statistik oben zeigt, machen das aber sehr viele Kinder gar nicht mehr, denn auf YouTube lassen sich Tutorials zu jeder Fragestellung und zu jedem Hype finden. Was hätte ich bloß in den Hochzeiten von Loomgummis oder Fidget-Spinnern ohne YouTube gemacht? Wie würde ich mich ohne YouTube über neue Computerspiele informieren? Wer hätte mir die ganzen Pokémon-Go-Tricks verraten?

Genauso hilfreich finde ich Kanäle, die mir bei komplexen Serien mit mehreren Staffeln (an deren Inhalt ich mich kaum erinnere) Plot-Theorien erläutern. Serien wie *Game of Thrones*, *The Leftovers* oder *Lost* hätte ich ohne YouTube nicht ansatzweise verstanden.

Nicht zu vergessen die ganzen lustigen Katzenvideos! Was wäre die Welt ohne niedliche Tiervideos? Faultiere, Pandas und Skateboard fahrende Hunde. Dagegen kann man nun wirklich nichts haben, oder?

In puncto YouTube hilft also Differenzierung. Auch wenn ihr selbst nicht viel YouTube konsumiert: Lasst euch von euren Kindern zeigen, was sie schauen. Sprecht mit ihnen darüber, wie *ihr* das findet, und begründet eure Bedenken, sofern ihr welche habt.

Um der Kinder willen sollte man hier jedoch nicht allzu penetrant agieren und ab einem gewissen Alter des Kindes auch darauf vertrauen, dass die jahrelange Erziehung zu kritischem Denken bereits Wirkung zeigt. Das Schauen der Videos heißt nicht unbedingt, dass alles kritiklos hingenommen wird.

Im Übrigen hilft es oft, schneller als die Kinder zu sein. Wenn ihr euch also schon mit YouTube befasst, bevor die Kinder auf YouTube stoßen, könnt ihr ihnen gleich ein paar gute Kanäle vorschlagen. Ergiebige Quelle ist Funk.net, das Onlineangebot von ARD und ZDF für Jugendliche und junge Erwachsene zwischen 14 und 29 Jahren. Da gibt es zum Beispiel *Y-Kollektiv*[22], *Auf Klo*[23], *Jäger & Sammler*[24] und das Politikformat *Deutschland3000*[25], dessen Moderatorin Eva Schulz erst 2019 den *25 Frauen Award* erhalten hat. Diese Kanäle sind übrigens auch alle auf YouTube vertreten.

Superinteressant ist die Jugendserie *DRUCK**, in der es um alles geht, was im Leben von Teenagern eine wichtige Rolle spielt, um die erste Liebe, Freundschaften, Outings, Abgrenzung, Mobbing und natürlich um den Leistungsdruck in der Schule.

Auf YouTube gibt es viele spannende Wissens- und Lernkanäle, die keine Klischees bedienen, unter anderen *maiLab*[26], der Wissenschaftskanal der Chemikerin Mai Thi Nguyen-Kim, sowie *DorFuchs*[27], der Mathe vermittelt, indem er zum Beispiel mathematische Formeln mit leicht sächsischem Einschlag singt – und was kann es in einer Mathearbeit Hilfreicheres geben als einen nicht wegzubekommenden Ohrwurm der entsprechenden Formel?

Apropos Ohrwurm. Ich bin ein großer Fan davon, dass For-

---

*DRUCK ist die deutsche Adaption der norwegischen Erfolgsserie SKAM.

mate auch einfach Spaß machen und unterhalten dürfen. 2011 habe ich wirklich Tränen über die *Misheard Lyrics »Ismail YK«* (Stichwort »Keks, alter Keks!«) von *Coldmirror* gelacht, die Kinder und Jugendliche übrigens auch wegen ihrer Harry-Potter-Neusynchronisationen lieben.

Misheard Lyrics *Ismail YK*

Speaking of lieben: Eltern, die sich in Sachen Medienkompetenz schlaumachen wollen, empfehle ich den YouTube-Kanal *Handysektor*, auf dem man sich alle für Kinder relevanten Apps und deren sinnvolle Konfiguration anschauen kann. Am besten gleich zusammen mit dem Kind. Um ein bisschen auf dem Laufenden zu bleiben, was die Kinder und Jugendlichen gerade auf YouTube bewegt, hier noch eine letzte Empfehlung: die Wochenschau des Kanals »Ultralativ!«.[28] Woche für Woche nehmen die beiden Betreiber Paul Schulte und Fynn Kröger die wesentlichen Themen der YouTube-Szene kritisch unter die Lupe.

Noch mehr Empfehlungen geben euch die Medienpädagoginnen Kim und Natascha vom *Medially-Podcast* in Folge 16 (»Gute YouTube-Kanäle«) und Folge 17 (»Genderstereotype in digitalen Medien«).[29]

Nehmt euch die Zeit, die eigenen Vorurteile gegenüber YouTube abzubauen.

Paw Patrol? Ja! *So schrecklich sehen Bisswunden aus?* Nein!

Abgesehen von meinem fortgeschrittenen Alter, das mein Verhältnis zu YouTube ein wenig trübt, verspüre ich YouTube gegenüber immer so ein Gefühl von Kontrollverlust.

So denke ich jedes Mal, wenn meine Kinder mich fragen, ob sie sich etwas auf YouTube anschauen dürfen: »Hmmm na jaaaa grrrhhh uff«, und frage: »Was denn?« Antworten die Kinder dann mit *Anni The Duck*[30], bin ich erst mal nicht schlauer. YouTube ist so groß und unüberschaubar. Jede Minute werden 400 Stunden Videomaterial hochgeladen.[31] Ändert man nichts an den Standardeinstellungen von YouTube, wird am Ende des einen Videos einfach das nächste abgespielt. Im rechten Bereich des Browserfensters wird eine unendliche Reihe weiterer Empfehlungen eingeblendet.

Will sich ein Kind im Frühling zum Beispiel über das harmlose Thema Feuerwanzen informieren, weil die überall auf dem Gehweg zu sehen sind, werden sofort Videos wie »29 erstaunliche Fakten über Katzen«, »12 Tiere, die dein Blut gefrieren lassen« und »Wenn du das siehst, renn und hol Hilfe!« angeboten.

Habe ich das Feuerwanzen-Video erlaubt, heißt das noch lange nicht, dass das Video »Wenn du das siehst, renn und hol Hilfe!« meinem Kind keine Albträume beschert.

Grundsätzlich plädiere ich dafür, dass man mit Kindern über solche Dinge redet: Warum hat man als Erwachsene/r ein ungutes Gefühl? Was ist die konkrete Bitte? (z. B.: »Bitte nicht einfach andere Videos anklicken, auch wenn sie dir interessant erscheinen«). Das setzt jedoch ein gewisses Alter bzw. eine bestimmte geistige Reife voraus. Kinder bis fünf Jahre sollte man meines Erachtens gar nicht alleine YouTube schauen lassen. Da sehe ich keinerlei Unterschied zum Fernsehen. Bis Kinder dann elf oder zwölf Jahre alt sind, kann man durchaus einige einfache technische Maßnahmen ergreifen. So gibt es in den Einstellungen auf YouTube beispielsweise die Möglichkeit, einen eingeschränkten Modus zu aktivieren. Dabei handelt es sich um einen halbwegs funktionierenden Filter, der Inhalte, die nicht jugendfrei sind, ausblendet. Der eingeschränkte Modus muss jedoch für jedes Endgerät und jeden verwendeten Browser einzeln aktiviert werden! Einen hundertprozentigen Schutz vor verstörenden Inhalten bietet ein solcher Filter allerdings nicht. Unser damals dreijähriges Kind hat zum Beispiel Videos von Haussprengungen gesehen, weil das ältere Geschwisterkind diese angeschaut hat. Das Kleinkind bekam furchtbare Angst. Es wollte umgehend die Wohnung verlassen und bat weinend darum, dass wir alle mitkommen, denn unser Haus könnte schließlich auch einstürzen.

Seine kleinkindliche Verzweiflung hat mich damals kalt erwischt. Immerhin hatte ich dem älteren Kind erlaubt, diese vermeintlich unschädlichen Videos zu schauen, und nicht daran gedacht, dass ein jüngeres Kind fast ein Trauma davontragen könnte, weil das Weltwissen »Häuser aus Stein sind stabil und können nicht einfach kaputtgehen« durcheinandergerät. Der eingeschränkte Modus hätte an dieser Stelle nicht geholfen, weil Videos von Haussprengungen nicht als jugendgefährdend eingestuft werden. Machen wir uns außerdem nichts vor: Kinder können solche Einstellungen auch wieder rückgängig machen, indem sie auf YouTube zum Beispiel »Eingeschränkten Modus ausschalten« eingeben.

Dennoch würde ich immer das »Autoplay«, also das automatische Abspielen weiterer Videos deaktivieren. Das geht vergleichsweise einfach: Neben dem eigentlichen YouTube-Video befinden sich im rechten Bildbereich die Vorschläge für weitere Videos. Darüber gibt es einen kleinen Schalter namens »Autoplay«. Beim Anklicken wechselt er in die Aus-Stellung.

Neben den Einstellungen auf YouTube selbst lassen sich bestimmte Inhalte auch per Software ausblenden. Das schützt euer Kind vielleicht in den eigenen vier Wänden an den Geräten, die ihr selbst verwaltet. Es sei denn, es ist technisch ziemlich clever, denn mit ein bisschen Recherche können Kinder solche Sperren leicht umgehen – und sollte ihnen das gelingen, dürft ihr ruhig ein wenig stolz auf die Technikkompetenz eurer Kinder sein. Auf das, was Kinder bei und mit ihren Freund*innen machen, habt ihr am Ende ohnehin keinen Einfluss. Das ist auch der Grund, warum dieses Buch kein ausführliches Kapitel zu dem Thema »Filter und technische Möglichkeiten der Kontrolle von Medieninhalten« enthält. Denn entweder hält sich euer Kind an Vereinbarungen oder nicht. Entweder ist es einsichtig und ihr sprecht offen über die verschiedenen Themen oder nicht. Software und Filter vermitteln nur Pseudosicherheit. Wie oft sitze ich mit Eltern an einem Tisch, die eine Benachrichtigung bekommen, sobald ihre Kinder sich eine App herunterladen. Sie schauen auf die Nachricht, sehen »Aha, App XY« und unterhalten sich weiter. Ein paar Mal habe ich nachgefragt, ob sie sich später mit dem Kind die App anschauen, ob darüber gesprochen wird, welche Daten die App sammelt und was sie sonst noch so tut, erntete in den allermeisten Fällen aber nur verlegenes Kopfschütteln.

Selbst wenn das Abschotten problematischer Inhalte gelänge, handelt es sich doch immer nur um eine Übergangslösung für ein gewisses Alter. Den richtigen, weil verantwortungsvollen Umgang mit Medien lernt das Kind auf diese Weise nicht.

Außerdem gibt es auf YouTube immer wieder Phänomene, die kein Filter technisch ausblenden kann. So gibt es zum Beispiel nachsynchronisierte Kinderserien. Nichtsahnend stellt ihr für euer Kind eine Folge *Caillou* an, die auch normal beginnt, verlasst den Raum – und entdeckt dann zufällig oder bestenfalls weil euer Kind sich meldet, dass die Folge neu synchronisiert wurde, und zwar mit Fäkalsprache, Nazi-Jargon oder irgendeinem anderen Inhalt, der garantiert nicht für euer vierjähriges Kind geeignet ist.

Mein Plädoyer an dieser Stelle lautet:

Kleine Kinder auf YouTube nichts allein machen lassen! Begleitet eure Kinder vor allem zu Anfang im besten Sinne von »die Dinge gemeinsam machen«!

Sprecht über alle Themen! Dabei die eigenen Bedenken und die daraus abgeleiteten Regeln begründen und mit Argumenten hinterlegen – und auch die Kindersicht anhören und ernst nehmen.

Hinterfragt ernsthaft, warum ihr manche Dinge nicht wollt oder warum sie euch Sorgen bereiten, und behaltet im Hinterkopf, dass eigene ästhetische Empfindungen nicht mit pädagogischer Wertigkeit gleichzusetzen sind!

Wie oft sitzen meine Kinder kichernd vor YouTube-Videos und machen mich neugierig, was sie denn da Lustiges schauen. Ich kann mich dann eine halbe Stunde danebensetzen, ohne ein einziges Mal zu lachen. Ich sitze einfach nur mit einem großen Fragezeichen im Kopf da wie eine langweilige Statue. Für über 40-Jährige gelten eben andere Unterhaltungsmaßstäbe als für Zehnjährige. Etwas ist nicht per se schlecht oder gar schädlich für mein Kind, nur weil ich es persönlich doof oder albern finde.

Oberstes Ziel muss sein, dass ein Kind nach und nach lernt, was gut für es ist und was nicht. Welche Inhalte okay sind und welche nicht. Es muss lernen, sich selbst zu schützen, indem es bestimmte Inhalte nicht anschaut, ein Video stoppt, wenn es gruselig wird oder eine unangenehme Wendung nimmt, und dass es bestimmte Inhalte auch nicht mit anderen teilt. Bereitet eure Kinder darauf vor, dass es inadäquate Inhalte gibt, und sagt ihnen, wie sie reagieren können. Im einfachsten Fall mit »Hand drauf« und das Gesehene abdecken. Ein super Tipp von Thomas Schmidt *(@wapoid)*, der für *teachtoday* Vorträge zum Thema »Medienkompetenz« hält.

Kinder nicht darauf vorzubereiten, dass es problematische Inhalte gibt, zum Beispiel im blinden Vertrauen auf technische Filter, ist auch deshalb schwierig, weil ein Kind viel geschockter ist, wenn es dann tatsächlich mal etwas Unangemessenes sieht, als wenn es vorher schon weiß, dass es solche Inhalte gibt und wie es damit umgehen soll. Ein harmloses Video ist eben manchmal nur wenige Klicks von einem wirklich schrecklichen Video entfernt – und letztlich können wir Erwachsenen gar nicht einschätzen, was bei Kindern Angst auslöst und was nicht.

Ich habe als Kind sehr viel allein fernsehen dürfen. Doch sobald die Musik bedrohlich wurde und andeutete, dass gleich etwas passieren wird, habe ich das Fernsehgerät ausgeschaltet. Alles, was ich als Kind gesehen habe und was mich mehr oder minder traumatisiert hat, habe ich bei anderen Kindern zu Hause gesehen. Dort wollte ich nie uncool wirken und habe dann einfach weitergeschaut, obwohl ich ein unangenehmes Gefühl dabei hatte. Nein zu sagen fällt mir bis heute schwer. Auch wenn ich genau weiß, dass Nein die richtige Antwort ist. Unsere Kinder können wir im Neinsagen unterstützen, indem wir ein Nein auch im normalen Alltag zulassen. Wenn sie zu Hause in ihren Bedürfnissen und Einschätzungen ernst genommen werden, fällt es ihnen leichter, in Situationen, in denen sie sozialem Druck ausgesetzt sind, Nein zu sagen.

Am Ende ist es vor allem wichtig, dass ein Kind seine Eltern als Vertrauenspersonen wahrnimmt, an die es sich mit allen Fragen, Empfindungen und Unsicherheiten wenden kann.

Wo viel Geld fließt ... – Authentizität und Wirtschaftlichkeit

Im Jahr 2015 sollen die YouTube-Umsätze nach Schätzungen von *Evercore ISI* bereits bei 9 Milliarden Dollar gelegen haben.

Laut *Forbes*[32] war *Ryan ToysReview*[33] 2018 der bestbezahlte YouTube-Kanal mit 22 Millionen Dollar Jahresumsatz. Dahinter verbirgt sich ein siebenjähriger Junge mit 19 Millionen Abonnenten. Doch nur ein geringer Teil des Geldes kommt direkt von YouTube. Haupteinnahmequelle sind Sponsorings, Produktwerbungen und Merchandising. Auch in Deutschland liegt der Umsatz der Top 10 inzwischen mindestens im sechsstelligen Bereich.

Sensibilisiert eure Kinder deshalb auch für das Thema »Werbung und Authentizität«. Letztere dürfte bei den reichweitenstarken YouTuber*innen vermutlich irgendwann nur noch zu einem gewissen Maße vorhanden sein. Denn wo viel Geld fließt – und das ist ab einer gewissen Zahl an Follower*innen beinahe zwangsläufig der Fall –, da stehen die Chancen nicht schlecht, dass die Authentizität abnimmt, weil die dahinterstehende Vermarktungsmaschinerie eigene Interessen verfolgt.

Ich habe lange überlegt, warum es für mich gefühlt gar nicht soooo schlimm ist, wenn bestimmte Computerspiele Geschlechterklischees reproduzieren (der starke, handelnde Actionheld und die zu rettende sexy Frau, die nicht redet), ich aber ein ganz anderes Gefühl habe, wenn es um YouTube geht. Meine Antwort: Bei Computerspielen habe ich (auch schon als Kind und Jugendliche) einen ganz anderen Abstand zu den Charakteren; mir ist jederzeit voll und ganz bewusst, dass es sich um Fiktion handelt.

Anders sieht es aus bei den nahbar erscheinenden YouTube-Stars. Das sind letztlich einfache Menschen, die (vorgeblich) authentisch über ihr Leben berichten. Sie haben ein ganz anderes Identifikationspotenzial.

Auch in dem bereits erwähnten Feature von Almut Schnerring und Sascha Verlan geht es um das Thema Authentizität: »YouTube verspricht Authentizität. (...) Und viele Videos verdanken ihren Erfolg allein diesem Authentizitäts-Versprechen. (...) Allerdings investiert das Unternehmen Millionen in die Förderung und Beratung seiner aktuellen und zukünftigen Stars und richtet weltweit YouTube-Spaces ein mit Büros, Studios, Video-Schnittplätzen und kostenlosen Fortbildungsangeboten, in denen Interessierte lernen können, wie man erfolgreiche Videos dreht.«[34]

Dass die Sache mit der Authentizität am Ende eine Illusion ist, ist vielleicht nicht jedem Fan und jeder Followerin klar. Wurde diese Differenzierung jedoch deutlich gemacht ebenso wie der Wirtschaftsfaktor, der hinter den großen Formaten steht, dann ist YouTube wie alle anderen digitalen Medien kein Teufelszeug mehr – und auch ich kann meinen Krückstock wieder einpacken und meine Kinder YouTube-Videos schauen lassen.

Sodom oder doch lieber Gomorrha?

Zugegeben, die Überschrift ist ein bisschen reißerisch. Schließlich habe ich ja schon festgestellt, dass YouTube nicht unbedingt zu verteufeln ist. Jedoch möchte ich an dieser Stelle ergänzen, dass es – in gewissem Rahmen – sinnvoller ist, die Kinder »fernsehen« zu lassen. Das gilt natürlich nicht für die Kanäle der YouTube-Stars und die Tutorials, aber für die (nachsynchronisierten!) Serien und Kinderunterhaltung (bis ca. 8 Jahre). Ich habe fernsehen übrigens in Anführungszeichen gesetzt, weil ich nicht das klassische Fernsehprogramm meine, sondern werbefreie Streaming-Portale.

Wir schauen kaum lineares Fernsehen, was in erster Linie daran liegt, dass wir seit Jahren keinen Fernseher mehr besitzen. Ich kann mich nicht mal erinnern, ob wir nach der Geburt des ersten Kindes jemals einen hatten. Die Idee, dass man genau dann schaut, wenn etwas ausgestrahlt wird, passt überhaupt nicht zu unserem Familienalltag, und sehr selten machen wir Gebrauch von den Mediatheken.

Meine eigene Fernsehkarriere sah wie folgt aus: Im zarten Alter von ca. 14 Jahren (1988) bekam ich von meinem Großvater, seines Zeichens Radio- und Fernsehtechniker, einen Fernseher geschenkt. Den habe ich angeschaltet und gefühlt erst 1999 wieder ausgemacht. Bis dahin hatte ich im Sommer von Sendebeginn bis Sendeschluss das ZDF-Ferienprogramm angeschaut und Weihnachten natürlich die Serien des ZDF-Weihnachtsprogramms (*Anna*, *Silas*, *Die rote Zora*, *Timm Thaler* ...). Aber ich guckte auch den schlimmsten Schund. *Germany's Next Topmodel*, *Popstars*, *Big Brother*, alle möglichen Talkshows und sämtliche entsetzlichen Realityshows der Privatsender. Nennt eine – ich hab sie gesehen.

Tatsächlich brauchte ich das als Mentalhygiene. Ein wunderbarer Ausgleich. Denn parallel dazu machte ich ein Einserabi und verbesserte den Schnitt im Diplom sogar noch ein bisschen – und trotz des exzessiven Fernsehkonsums meiner frühen Adoleszenz gelang es mir schließlich, einen guten Job zu finden und eine Familie zu gründen. Fernsehen macht wohl doch nicht allzu dumm.

Dennoch habe ich das lineare Fernsehen irgendwann aus meinem Leben verbannt. In erster Linie weil mir die Werbeunterbrechungen kolossal auf die Nerven gingen.

Da soll man sich mal beschweren, dass Twitter und Co. kurze Aufmerksamkeitsspannen bescheren. Werbeunterbrechungen finde ich viel (ver-)störender. Da kreischt, grölt, glitzert alles, und es werden Bedürfnisse geweckt, auf die ich gerne verzichte. Außerdem gibt es nicht wie früher drei TV-Sender, sondern je nach Satellitenanlage Hunderte, die zu jeder Tages- und Nachtzeit den größten Blödsinn ausstrahlen, auch die furchtbarsten, für Kinder gänzlich unpassenden Sendeformate. In diesen Dingen steht YouTube dem linearen Fernsehen in nichts nach.

Deswegen ein Hoch auf die Streaming-Dienste! Zudem ermöglichen sie es, Inhalte für Erwachsene per PIN für Kinder zu sperren. Auch gibt es hier weder schrecklich nachsynchronisierte Fassungen von Kinderserien noch so etwas wie die *Momo Challenge*, ein Phänomen, das von WhatsApp auf YouTube übergeschwappt ist. Momo ist ein gruselig aussehendes Wesen, das Kinder zum Suizid aufruft oder sie dazu auffordert, den Herd anzustellen, wenn die Erwachsenen schlafen.[35]

Wenn wir zu Hause streamen, dann meist Tier- und Naturdokus. Was ich mittlerweile über seltene Tierarten und seltsame Gesteinsformationen gelernt habe, ist ganz erstaunlich. Manchmal gucken wir natürlich auch Filme oder Kinderserien.

Regelmäßig wird bei uns jedoch nichts geschaut. Kein Sandmännchen und auch sonst kein ritualisiertes »Fernsehen«.

Sind die Kinder allerdings krank und müssen ruhig liegen bleiben, dann wird auch schon mal ein bisschen mehr geglotzt. (Die Kinderärztin hat uns das empfohlen, ich schwöre!)

Offenbar stellt unsere Familie eine Ausnahme dar. In der Broschüre »Geflimmer im Zimmer« des Bundesministeriums für Familie heißt es: »Das Fernsehen spielt in den bundesdeutschen Familien immer noch eine herausragende Rolle. In vielen Familien sorgt es für Information und Unterhaltung, zudem bietet es eine Kulisse für familiäre Zusammenkunft. Jeder bundesdeutsche Haushalt besitzt durchschnittlich ein Fernsehgerät. Dazu kommt, dass in fast jedem zweiten Kinderzimmer und in etwas mehr als der Hälfte der Jugendzimmer heute ein Fernsehgerät steht. Obwohl Computer und Internet zunehmend an Bedeutung gewinnen, ist das Fernsehen für Kinder nach wie vor das Medium Nummer eins und bleibt auch für die meisten Jugendlichen noch sehr wichtig.«[36]

Von den durchschnittlichen Fernsehzeiten pro Tag – drei- bis dreizehnjährige Kinder schauen im Schnitt 90 Minuten täglich fern – sind wir Lichtjahre entfernt. Wenn wir zusammen fernsehen, merke ich immer wieder, dass die Grundschulkinder noch sehr sensibel sind, was Inhalte angeht. Habe ich sie im Alter zwischen drei und fünf frei wählen lassen, wollten sie nicht selten dieselbe Folge einer Serie immer und immer wieder sehen. Die *Biene-Maja*-Folge »Maja bei den Ameisen« habe ich inzwischen gefühlte zwei Millionen Mal gesehen, knapp gefolgt von *Bob der Baumeister* und seinem »Abenteuer auf der Ritterburg«. (Es fällt mir schon schwer, die Serientitel zu schreiben, eigentlich möchte ich mich am liebsten auf dem Boden einrollen und »Nein, nein, nein« wimmern.) So oder so: Wir haben keinen Bedarf, Fernseh- bzw. Streaming-Zeiten zu regulieren.

Ich weiß aber, dass das Fernsehthema in vielen Familien ein Dauerzankapfel ist, und möchte deswegen einige Anregungen geben, die mir in solchen Fällen helfen:

- Sich an die eigene Nase packen und dann feststellen, dass man (ich) trotz übermäßigen Konsums sein Leben gut im Griff hat.

- Nachdenken, was man als Kind gerne mochte und warum, und dann mit dem Kind reden, was die Faszination der Lieblingsformate ausmacht.
- Verstehen, dass die Kinder oft ganz andere Vorlieben haben als man selbst (→ ständige Wiederholungen oder aus Elternsicht komplett spannungslose Sendungen).
- Kinder von Werbung fernhalten und keine Trailer anschauen lassen, wenn man nicht kontrollieren kann, um welche es sich handelt.
- Das schlechte Gewissen abschalten, wenn man den Fernseher ausnahmsweise mal einschaltet, um ein bisschen Ruhe zu haben. Entspannung tut allen gut.
- Wenn es um das Schauen von Dokumentationen, Serien und Filmen geht, sind Streaming-Dienste deutlich besser zu kontrollieren als YouTube. Sollte man also mal kleinere Kinder beschäftigen wollen, sind Netflix & Co. die sichereren Varianten.

YouTube Kids, die Lösung aller Probleme?

Seit Ende 2017 gibt es *YouTube Kids*. Hierbei handelt es sich um eine App für Smartphones und Tablets, die die Inhalte der YouTube-Plattform speziell für Kinder bis 13 Jahre einschränkt. Mitte 2018 wurden die Kontrollmöglichkeiten für Eltern weiter differenziert: Eltern haben unter anderem die Möglichkeit, die Angebote und Themen, die ihre Kinder sehen dürfen, selbst auszuwählen und per Timer festzulegen, wie lange sie schauen dürfen, und können die Suche bei Bedarf komplett deaktivieren.

Solltet ihr für euer Kind einen Google-Account angelegt haben, in dem ihr das echte Geburtsjahr hinterlegt habt, kommt es bis zu seinem 13. Geburtstag nur an *YouTube Kids*. Wahrscheinlich gibt es für Kinder zwischen acht und 13 wenig Frustrierenderes. Denn viele Kinder schauen spätestens ab acht Jahren begeistert die Kanäle von YouTuber*innen wie Joey's Jungle und Paluten. Die meisten YouTube-Stars sind aber nicht auf *YouTube*

Kids. Was also sehr wahrscheinlich passieren wird, ist Folgendes: Irgendwann wird euer Kind herausbekommen, wie es das normale YouTube anschauen kann. Bei meinem Großen hat es fünf Minuten gedauert. Man installiere die *DuckDuckGo*-App und gebe dort einfach »YouTube« ins Suchfenster ein. Fertig.

Für kleinere Kinder (bis sechs Jahre) ist *YouTube Kids* aber eine ähnlich gute Alternative wie Streaming-Dienste.

»Geh sterben, Du Nutte!« – Hate-Speech und Kommentarkultur

Seit 1997 verbringe ich sehr viel Zeit im Internet. Und seit 2004 habe ich mein eigenes Blog als Plattform. Bis auf eine bedauerliche Ausnahme, bei der es sich aber um einen mir persönlich bekannten Menschen handelt, habe ich noch keine schlimmen Erfahrungen in Sachen Beleidigungen, Anschuldigungen oder Hate-Speech gemacht. Daher hat mich Anne Wizoreks Vortrag »Ihr wollt also wissen, was #Aufschrei gebracht hat?«, den sie auf der *re:publica* 2013 gehalten hat, völlig unvorbereitet getroffen. Mir war bekannt, dass es um die Kommunikationskultur mancherorts nichts besonders gut steht, dass es aber so übel ist, war mir tatsächlich nicht klar. Als Anne Wizorek Ausschnitte einiger Hass-Mails zeigte, die sie im Laufe der Zeit bekommen hat, kamen mir die Tränen. Aus vielen Gründen. Weil es mich unendlich traurig macht und schockiert, dass es Menschen gibt, die so viel Hass in sich tragen. Weil sie sowas ertragen muss (und ich spreche hier nicht nur von Beleidigung, sondern von grauenhaften, brutalen und detaillierten Drohungen). Weil ich begriff, dass so viele Frauen öffentlich nicht sichtbar sein wollen, weil sie sich genau vor solchen Angriffen fürchten.

Seitdem setze ich mich mit dem, was anderen Frauen widerfährt, mehr auseinander. Inzwischen könnte ich ohne Probleme eine lange Reihe von Frauen aufzählen, für die es Alltag ist, Hass ausgesetzt zu sein. Das betrifft übrigens sowohl die Frauen meiner Altersgruppe als auch jüngere Frauen wie Sophie Passmann. Sie selbst brachte während ihres Vortrags »Ich war ein Jahr ohne Pause im Internet, und das habe ich gelernt« auf der *Tincon* 2019 einen wichtigen Punkt zur Sprache: »Es gibt keinen Hass im Netz. Es gibt nur Hass.« Es ist lächerlich, so zu tun, als wären Beleidigungen und Bedrohungen, die im Internet stattfinden, die in Kommentaren stehen oder per E-Mail verschickt werden, eine eigene Kategorie, die weniger verletzend oder beängstigend für die Adressat*innen ist. Menschen, die sich so benehmen und andere angreifen, tragen den Hass in sich. Sie zeigen ihn vielleicht mehr im Internet, aber das ändert nichts an ihrem schlechten Charakter, an den unsäglichen Umgangsformen und den zum Teil menschenverachtenden Haltungen. Die Kommentare auf Facebook und Co. kommen von echten Menschen. Von Menschen aus Fleisch und Blut. Der Hass ist real. Aussagen, das sei ja bloß ein Internetkommentar, bagatellisieren das Problem des Hasses im Netz. Wer es aushält und sich ein wenig in die dunkle Seite der Kommentarkultur vertiefen möchte, der sollte mal einen Blick auf die Seite Hatr.org werfen. Dort ist zu lesen, was normalerweise wegmoderiert wird.

Sprecht mit euren Kindern über angemessene, respektvolle Kommunikationskultur im Internet und über Hate-Speech.

Hate-Speech betrifft natürlich nicht nur Frauen, sondern Menschen, die aufgrund ihrer Herkunft, Religion, ihrer sozialen Zugehörigkeit, wegen einer Behinderung oder wegen ihres Geschlechts einer Minderheit angehören. Da Hate-Speech ein politischer Begriff ist, wird die genaue Definition stark diskutiert. Im Kontext dieses Buches halte ich es nicht für zielführend, sich an einer solchen Definition abzukämpfen. Hier möchte ich vor allem dafür sensibilisieren, dass es Hasskommentare, Beleidigungen, Bedrohungen und alle Facetten von ekelhaften Kommentaren im Netz gibt.

Die *forsa*-Umfrage der Landesanstalt für Medien NRW 2018[37] zeigt, dass es viel Hate-Speech, aber glücklicherweise wenige Hassredner*innen im Netz gibt. Was zudem erfreulich ist: Rund 26 Prozent derjenigen, die Hate-Speech wahrgenommen haben, haben gleichzeitig Kommentare als Hate-Speech gemeldet. Gegenüber der Untersuchung des Vorjahres ist das immerhin ein Prozent mehr an Menschen, die sich aktiv gegen Hate-Speech engagieren. Laut *JIM**-Studie 2018 kommt rund jeder fünfte der 12- bis 19-Jährigen häufig mit Hate-Speech in Kontakt. Aber immerhin 35 Prozent geben an, dass sie bisher noch nie mit Hass im Internet konfrontiert wurden.[38]

Im Kapitel über (Cyber-)Mobbing werden wir ausführlich darüber sprechen, was zu tun ist, wenn man von Angriffen dieser Art betroffen ist (Kommentare auf der entsprechenden Plattform melden, Täterprofile blocken, ggf. zur Anzeige bringen). Wichtig ist allerdings, dass jene, die nicht selbst betroffen sind, hinschauen und im Idealfall Verteidiger*in werden, insbesondere wenn jemand, den man persönlich kennt, Hate-Speech-Attacken ausgesetzt ist. Das nennt man Counter-Speech: Ergreift Partei, stellt klar, dass der Täter bzw. die Täterin mit seiner Ausdrucksweise und Meinung nicht toleriert wird. Was genau unternommen werden kann, ist unter anderem auf der Seite *No-Hate-Speech*.de nachzulesen. Sehr wichtig ist es auch, Hasskommentare zu melden. Extreme Fälle können sogar zur Anzeige gebracht werden. Damit das klappt, müssen Beweise gesichert werden. Dabei ist auf folgende Details zu achten:

1. *Kontext*: Versucht möglichst, den Kontext, also vorangehende Kommentare oder Fotos zu sichern.
2. *Datum und Uhrzeit*: Dem Screenshot selbst sollte die Information zu entnehmen sein, wann der Kommentar gepostet wurde.
3. *User-ID*: Im Screenshot muss der Internetname des Täters oder der Täterin zu sehen sein. Am besten, man klickt zusätz-

* Jugend, Information, Medien

lich auf das Profil und macht einen Screenshot inklusive URL im Browser.

4. *Eigene Daten ausschwärzen:* Die eigenen Daten sowie die von Freundinnen und Freunden im Screenshot ausschwärzen, so dass keine Rückschlüsse gezogen werden können.

Sollten die Kommentare also so heftig sein, dass sie strafrechtlich relevant sind, scheut euch nicht, sie zu melden, zum Beispiel beim *Demokratiezentrum Baden-Württemberg*[39], wo ihr auch Unterstützung erhaltet.

Bei einem Verstoß gegen deutsches Recht verlangt die Meldestelle *respect!* vom Netzwerkbetreiber die Löschung des Beitrags und zeigt Fälle wie Volksverhetzung konsequent an.

HateAid.org wiederum bietet Hilfe in Form kostenloser Opferberatung. Je nach Schwere des Falls können auch Therapeut*innen oder Anwält*innen hinzugezogen werden. *HateAid* geht spendenfinanziert gegen potenzielle Täterinnen und Täter vor und trägt im Fall der Fälle sogar die Gerichtskosten. Wird erfolgreich Schadenersatz oder Schmerzensgeld erstritten, wird es für das nächste Opfer verwendet bzw. in die dort entstehenden Kosten investiert.

Sollten eure Kinder selbst Inhalte erstellen, auf die sie Hasskommentare bekommen, macht ihnen klar, dass sie diese Kommentare rigoros löschen und die Verfasser*innen blocken können. Auch wenn es vielleicht ein wenig altmodisch erscheint: Erarbeitet mit euren Kindern eine sogenannte Netiquette zur Orientierung. Macht ihnen klar, dass einfach ausgeschlossen werden kann, wer gegen diese Netiquette verstößt. Es ist weder Zensur noch Einschränkung von Meinungsfreiheit, wenn man Hasskommentare löscht.

Unterstützt eure Kinder, und wendet euch an die genannten Stellen, um gegen die Täter*innen vorzugehen. Kinder wie Jugendliche sind überfordert, wenn es zu solchen Attacken kommt. Sie brauchen eure Unterstützung.

Victim-Blaming oder: Wenn Opfer zu Täter*innen gemacht werden

Was ist das nun schon wieder? Mit Victim-Blaming oder auch Täter-Opfer-Umkehr ist gemeint, dass die Verantwortung für eine Straftat dem Opfer in die Schuhe geschoben wird. Ich selbst kenne den Begriff erst seit einigen Jahren und musste feststellen, dass ich in der Vergangenheit oft leichtfertig Dinge gesagt habe, die unter Victim-Blaming fallen. Einiges davon habe ich sogar für wahr und richtig gehalten, so zum Beispiel, dass Frau sich einfach nicht so aufreizend anziehen sollte, weil sie sonst im Grunde sexuelle Übergriffe provoziert. Ich schäme mich heute zutiefst für das, was ich gedacht und gesagt habe, weil ich mit dem einen oder anderen witzig gemeinten Spruch dazu beigetragen habe, dass bestimmte Haltungen Normalität werden. Es ist nämlich nicht witzig, zu den Eltern eines kleinen Mädchens zu sagen: »Die ist so hübsch, die müsst ihr später bestimmt wegsperren.«

Ich könnte ein ganzes Buch damit füllen, wie das Internet meine Einstellung zu vielen Themen verändert hat. Was ich definitiv gelernt habe: Wenn jemand im Internet bedroht oder beleidigt wird, dann ist er oder sie nicht schuld.

Ich erwähne Victim-Blaming an dieser Stelle, weil ich immer wieder lese, dass XY doch selbst schuld sei, wenn sie ihr Leben so im Internet ausbreitet, dass Eltern doch selbst schuld seien, wenn ihren Kindern etwas passiert, weil sie ja deren Fotos gepostet haben, dass XY selbst schuld sei, weil er oder sie Fotos von sich in Unterwäsche gemacht hat.

Das ist in allen Fällen falsch. Schuld ist der Täter oder die Täterin. Schuld ist derjenige, der Hasskommentare schreibt und andere bedroht. Schuld ist diejenige, die andere beleidigt. Schuld sind die, die private Fotos anderer in Messenger-Diensten verbreiten.

Weil das Thema nicht unmittelbar mit Medienerziehung zu tun hat, möchte ich es hier nicht vertiefen. Ich möchte lediglich den Anstoß gegeben haben, über bestimmte Formulierungen nachzudenken, sie nicht zu verwenden und andere anzusprechen, wenn sie sich auf eine Art äußern, die das Täter-Opfer-Verhältnis umkehrt. Bringt das auch euren Kindern bei.

Meine konkreten Empfehlungen

Kinder bis 3 Jahre

Kleinkinder sind oft auch mit anderen Dingen als (YouTube)-Videos zufriedenzustellen. Das gilt insbesondere für Kinder, die keine älteren Geschwister haben, und für Kinder, deren Eltern in ihrer Gegenwart kaum Videos schauen. Hängen die Erwachsenen ständig am Tablet oder Smartphone, ist es auch für kleine Kinder naheliegend, dass sich in diesen Geräten höchst spannende Dinge abspielen.

Wenn es aber nicht anders geht – und Situationen gibt es genug, ich denke da zum Beispiel an den Fall, dass ein alleinerziehender Elternteil krank ist oder man ein kränkelndes Kind hat und unbedingt geschäftlich telefonieren muss –, solltet ihr den Kindern Inhalte vorsetzen, die ihr kennt und gut kontrollieren könnt (Film auf DVD z. B.). Ansonsten gilt: Kleinkinder beim Videoschauen begleiten.

Kinder zwischen 3 und 6 Jahren

In dieser Zeit würde ich auf *YouTube Kids*, auf DVDs und das Angebot von Streaming-Portalen zurückgreifen, sofern der Alltag es erfordert, dass die Kinder ohne Erwachsene Videos anschauen. Ab jetzt würde ich mit Kindern auch über Inhalte sprechen. Was ist gut und was nicht? Was ist altersgemäß und was nicht? Wie sind die persönlichen Empfindungen des Kindes? Was denkt es selbst? Eltern sollten sich unbedingt mit den reichweitestärksten Kanälen auf YouTube vertraut machen und sich schon mal Formate suchen, die für die Kinder später interessant sein könnten.

Kinder zwischen 7 und 12 Jahren

Es sollte eine Vereinbarung geben, was die Kinder ohne Rücksprache schauen dürfen. Wir Eltern haben uns von den Kindern eine Liste mit Kanälen erstellen lassen, die sie schauen möchten. Jeden Kanal haben wir dann stichprobenartig geprüft, indem wir vier bis fünf Videos angeschaut haben. Danach haben wir den Kanal jeweils freigegeben oder darüber gesprochen, warum wir den Kanal nicht gut finden und ihn noch nicht freigeben. Die Liste kann jederzeit erweitert werden, wenn die Kinder Kanäle oder Themen entdecken, die sie interessieren.

Möchten die Kinder etwas anderes schauen, als freigegeben ist, müssen sie jedes Mal fragen. Die Kinder sagen: »Das nervt!« Das glaube ich sofort. Ich finde es auch anstrengend, YouTube-Kanäle anschauen und beurteilen zu müssen, deren Zielgruppe ich nicht bin. Jeder hat sein Päckchen zu tragen.

Kinder ab 13 Jahren

Die Kinder können frei entscheiden, was sie schauen, sofern es sich um altersgemäße Inhalte handelt. Ich verlasse mich darauf, dass sich zwischen uns eine Kommunikationskultur entwickelt hat, die es erlaubt, bei Unsicherheiten auf uns Eltern zuzukommen. Ich weiß außerdem, dass sie nur schauen, was ihnen tatsächlich altersgemäß erscheint – entweder weil es eine Kennzeichnung gibt oder weil sie selbst nach wenigen Minuten eine Einschätzung gewonnen haben.

Außerdem sprechen wir über die Kommentarkultur unter den Videos und über einen respektvollen Umgang miteinander im Internet. Die Kinder haben jetzt verstanden, dass sie selbst Teil dieser Kultur sind, wenn sie zum Beispiel kommentieren.

Kulturoptimist*innen schauen auf YouTube und sehen …

- Vielfalt. Für jedes Spezialinteresse gibt es einen Kanal.
- die größte Lernplattform der Welt.
- einen unerschöpflichen Pool an Problemlösungen in Form von Tutorials, die viel anschaulicher sind als schriftliche Beschreibungen.
- Unterhaltung, die ihr – genauso wie ich – als Kind selbst gerne gehabt hättet.

3 *Pling pling pling plingplingpling* oder: Wie viele Nachrichten pro Minute bekommt euer Kind?

tl;dr *WhatsApp*

- Weltweit: 1,5 Milliarden Nutzer*innen pro Monat
- Deutschland: 40 Millionen Nutzer*innen pro Monat
- Mindestalter zur Nutzung laut AGB: 16 Jahre
- Den Messenger WhatsApp sollte man besser nicht verwenden.
- Wire, Threema und iMessages sind empfehlenswerte Messenger-Alternativen.
- Das Geschäftsmodell hinter kostenloser Software beruht oft auf dem Sammeln und Weiterverkauf persönlicher Daten.
- Unabhängig vom Messenger-Dienst: Kinder sollten miteinander Regeln vereinbaren, bevor sie einen Gruppenchat starten. Das ist vor allem im Schulkontext sehr wichtig.
- Sprachnachrichten nerven Erwachsene. Da sie aber viele Vorteile haben, benutzen Kinder und Jugendliche sie lieber, als lange Nachrichten zu tippen.
- Über Kommunikationskultur kann man in einem gewissen Rahmen diskutieren. Nichts zu diskutieren gibt es bei Hasskommentaren. Die sollte man prinzipiell melden und löschen.

Ich liebe es, zu chatten. Nie war es einfacher, in Verbindung zu bleiben. Sei es mit dem Partner oder der Partnerin, den Kindern, lieben Freund*innen oder Kolleg*innen. Beim Stillen, während langweiliger Pflichtveranstaltungen (Tante Friedel wird 77) oder mitten in der Nacht, wenn der Geburtstagskuchen, in den man Stunden investiert hat, gerade in sich zusammengesackt ist.

Mir haben Chats immer sehr geholfen, mich nicht allein zu fühlen. Egal, wo ich bin und was ich mache. Gerade neu umgezogen, allein im Urlaub, seit Stunden verzweifelt wartend bei der Kinderärztin ... Egal, denn in meinem Handy warten Trost, Zuversicht, Unterhaltung und auch Ablenkung.

Wofür Eltern dankbar sind

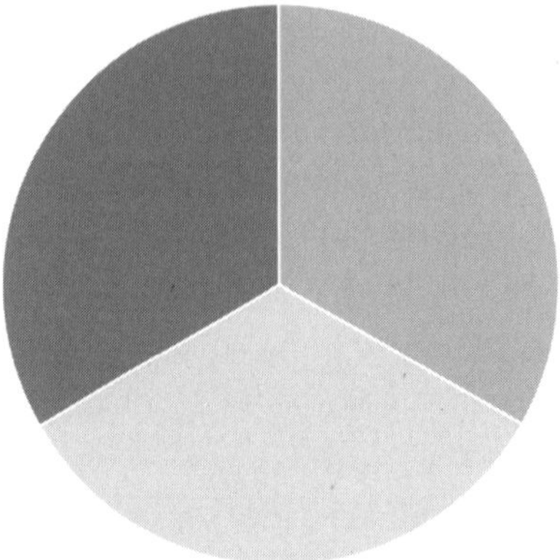

Ich freue mich auch für meine Kinder, dass sie so unkompliziert Kontakt zu ihren Freund*innen halten können.

Für mich waren die Sommerferien früher ein Graus. Fast sieben Wochen ohne Freundinnen, weil alle *irgendwo* waren. Oder Umzüge! Zog die geliebte Freundin nur ein Dorf weiter, war sie quasi für immer verloren. Oder das unendliche Auslandsjahr!

Das ist heutzutage total anders. Selbst wenn die Freundin in Vietnam ist, kann man in Kontakt bleiben, sich nah sein und Alltag teilen.

Deswegen wäre es für mich bizarr, Kindern das Chatten zu verbieten. Nur die Wahl der richtigen App ist leider ziemlich kompliziert.

Muss es unbedingt ein WhatsApp-Klassenchat sein?

Elternabend in der Schule. Kurz vor Schluss kündigt die Lehrerin an: »Beim nächsten Mal können wir darüber sprechen, ob wir einen WhatsApp-Klassenchat machen oder nicht.» Sofort steigt Empörung in mir hoch, und ich melde mich – wohlwissend, wie andere Eltern es finden, wenn sich eine Mutter am Ende des Elternabends noch mal schnell mit hochrotem Kopf meldet. »Ich hätte gerne, dass wir vorher darüber diskutieren, ob es ein WhatsApp-Chat sein muss oder ob nicht eine andere App geeigneter wäre.« Der Blick der Lehrerin sagt *whatever*, ihr Mund: »Ja, natürlich.« Die Blicke der Eltern sagen: »Bitte, bitte, wir wollen nach Hause, nerv doch nicht.« Ich atme leise durch die Ohren aus.

WhatsApp wird leider meistens als gesetzt angesehen. Warum ich denke, dass es einen Unterschied macht, welchen Messenger man verwendet? Messenger sind unterschiedlich sicher, und sie gehen unterschiedlich mit unseren Daten um. WhatsApp sammelt Daten, gibt sie weiter – und in der Vergangenheit kam es immer wieder zu Zwischenfällen, die nahelegen, dass der Facebook-Konzern (zu dem WhatsApp gehört) ein, sagen wir mal, spezielles Verständnis von Datenschutz hat.

WhatsApps Leidenschaft: Daten sammeln

Viele von euch wissen vermutlich, dass WhatsApp seit April 2016 die Daten Ende-zu-Ende verschlüsselt. Diese Verschlüsselung der Inhalte, die hin- und hergeschickt werden, schützt jedoch nicht vor der Weitergabe und der Auswertung von Metadaten. Das sind sämtliche Daten, die neben den eigentlichen Nachrichten anfallen, beispielsweise wann man wie oft von wo mit wem chattet. Daten über Daten also, die WhatsApp fröhlich sammelt und an alle Dienste des Facebook-Konzerns sowie an »vertrauenswürdige Drittanbieter« (wie auch immer das definiert sein mag) weitergibt.

In den Allgemeinen Geschäftsbedingungen sind übrigens alle Informationen, die gesammelt, weitergegeben und ausgewertet werden, genannt. Dazu zählen neben Telefonnummer, Ländervorwahl, App-Version, Netzwerkcode sowie Geräteinformationen wie Modellnummer und Betriebssystemversion auch Nutzungsdaten wie Registrierungsdatum sowie Art und Häufigkeit der Nutzung. Besonders unschön: Es werden nicht nur eure eigenen Daten gesammelt, sondern auch die von anderen, nämlich die Telefonnummern eures Telefonbuchs – und zwar alle. Wenn ich also in eurem Telefonbuch stehe, meine Daten aber nicht an den Facebook-Konzern geben möchte, dann tut ihr es trotzdem, sobald ihr WhatsApp verwendet und euer Telefonbuch mit der App verknüpft.

Neben den Metadaten gibt es Daten, die von den Nutzer*innen selbst hinterlegt werden, zum Beispiel der angezeigte Name, der Geburtstag, der Status und das Profilbild. Auch diese werden weitergegeben.

Wie Daten zu Geld gemacht werden

Stand August 2019*: Die Dienste WhatsApp, Facebook und Instagram vervollständigen ihre Informationen gegenseitig. Konkret bedeutet das, dass beispielsweise Facebook alle Profile mit den Account-Informationen von WhatsApp kombiniert, um sich so ein vollständigeres Bild von den User*innen zu verschaffen, und zwar ohne dass diese zugestimmt haben. Übrigens gibt WhatsApp die Daten auch dann an Facebook weiter, wenn ihr gar kein Facebook-Profil habt.

Gesammelte Daten werden unabhängig von ihrer genauen Herkunft unter anderem dazu verwendet, Profile der einzelnen Nutzer*innen zu erstellen, um ihnen dann passgenaue Werbung anzuzeigen.

* Das Bundeskartellamt geht derzeit dagegen vor, dass dies ohne explizite Zustimmung der User*innen geschieht.

Was so harmlos klingt, ist ein Milliardengeschäft. Durch Facebooks Monopolposition kann der Konzern schalten und walten, wie er möchte, kann frei bestimmen, wem und zu welchem Preis er Zugang zu den gesammelten Daten gewährt. Was sonst noch mit den Daten passiert, welche Daten überhaupt erfasst werden, bleibt völlig im Dunkeln. Darum ist es auch schwer, detailliert zu schildern, welche Gefahren es mit sich bringt, wenn Daten derart exzessiv gesammelt und ausgewertet werden. Derzeit sprechen wir hier von hypothetischen Szenarien. So könnten unter anderem Listen erstellt und verkauft (!) werden, in denen zum Beispiel Menschen einer bestimmten Religion oder einer bestimmten sexuellen Orientierung zusammengefasst sind. Mir bereitet der Gedanke großes Unbehagen, denn wer wird solche Listen aus welchen Motiven kaufen? Und wie korrekt sind diese Listen? Wie leicht rutschen unbescholtene Bürger*innen auf eine Liste von Personen mit krimineller Vorgeschichte, weil irgendein Algorithmus das kategorisiert?

Ob nun staatliche Institution oder Wirtschaftsunternehmen: Sollen wirklich andere über mich wissen, wen ich liebe, wie gesund ich bin, für welche Partei ich mich engagiere? Welche Folgen kann das haben? Wie realistisch ist es, dass im Internet passiert, was man von manchen Touristenorten kennt: Hört der Kellner, dass ich Deutsch spreche, legt er mir die Karte mit den »deutschen« Preisen auf den Tisch. Ich zahle also mehr, weil bekannt ist, dass ich als Deutsche über ein Einkommen verfüge, das durchschnittlich x Prozent höher ist als das der Einwohner*innen des Landes, in dem ich gerade Urlaub mache. Übertragen auf das Internet, hieße das: Aufgrund meiner Daten wird mir ein maximaler Preis angezeigt, den ich in der Lage (oder bereit) bin zu zahlen, wenn ich einen bestimmten Gegenstand kaufen möchte.

Wenn ich dann nach China und auf das dortige Social-Scoring-System schaue, wird mir noch mal ganz anders. Dabei handelt es sich keineswegs um eine düstere Science-Fiction-Vision à la *Black Mirror*, sondern um Realität: In China gibt es ein *Sozialkredit-System*, das auf verschiedene Datenbanken zugreift, um aus den Daten einen Zahlenwert (einen sogenannten Score) für jeden Menschen zu erstellen. Dieser bestimmt, ob ich kreditwürdig bin, wo ich arbeiten darf, welche Gesundheitsversorgung ich bekomme oder ob ich im Zug die erste Klasse buchen darf.

Das folgende Video zeigt ein bisschen lustiger, wie absurd es ist, dass wir akzeptieren, dass all diese persönlichen Infos gesammelt und verwertet werden, nur weil wir nicht persönlich danach gefragt, sondern die Daten automatisiert erhoben werden:

Stiftung-Warentest-Video »Wenn die Verkäuferin eine App wäre (Versteckte Kamera)«

Ich gehe mal – positiv gedacht – davon aus, dass diese Zusammenhänge vielen Menschen gar nicht klar sind. Auf Elternabenden begegne ich immer wieder Eltern, die stolz berichten, dass sie keine Social-Media-Accounts haben und deshalb natürlich auch nicht auf Facebook sind! Dieselben Eltern schicken ein paar Tage später Fotos vom Schulsommerfest über WhatsApp herum. m(

Das Märchen vom geläuterten Facebook-Konzern

Wer glaubt, dass WhatsApp bzw. der Facebook-Konzern zukünftig die Privatsphäre seiner Nutzer*innen besser schützen wird, sollte mal einen Blick in die Vergangenheit werfen: Diverse Versprechen wurden bereits gebrochen. So hieß es beispielsweise 2014 noch, WhatsApp werde *keine* Daten an den Mutterkonzern

Facebook weitergeben. Zwei Jahre später wurden die Nutzungsbedingungen angepasst und die Daten doch weitergegeben.[40]

WhatsApp-Gründer Jan Koum verließ 2018 das 2014 von Facebook aufgekaufte Unternehmen, weil man sich weder über das zukünftige Geschäftsmodell noch über Fragen rund um den Datenschutz verständigen konnte. Im Mai 2018 schrieb die Süddeutsche Zeitung: »Facebooks Versuch, die persönlichen Daten der WhatsApp-Nutzer zu verwerten und seine Verschlüsselung zu schwächen, hätte laut hausinternen Quellen zu Streit zwischen Koum und dem Facebook-Management geführt. [...] Ein weiterer Konfliktpunkt zwischen Koum und Zuckerberg könnte möglicherweise die Einführung von Werbung auf WhatsApp sein. Ob und wann Facebook in dem Messaging-Dienst Anzeigen zulassen will, ist nicht bekannt. Doch Koum und Acton hatten den Usern einst versprochen, in ihrem Geschäftsmodell Werbung niemals zuzulassen.«[41]

In seiner Ansprache auf der Developer-Konferenz in San José im Mai 2019 hat Facebook-Gründer Mark Zuckerberg sein Pfadfinderehrenwort gegeben, den Schutz der Privatsphäre in den Mittelpunkt des Onlinenetzwerks stellen zu wollen. Ich möchte darauf wetten, dass sich das Verständnis von Datenschutz bereits zur Veröffentlichung meines Buches erneut gedehnt hat. Nachzulesen in den AGB: https://de-de.facebook.com/legal/terms.

Apropos AGB *nicht* lesen ... Um sich WhatsApp installieren zu dürfen, muss man in Deutschland 16 Jahre alt sein.[42] Und Apropos Überwachung: Apple, Google und Amazon stellen sprachgesteuerte Dienste zur Verfügung, die auch viel von Kindern genutzt werden, zum Beispiel weil sie noch nicht sicher schreiben können. Das Problem ist nur: Damit diese Sprachassistenten tatsächlich auf Zuruf anspringen, müssen die Systeme die ganze Zeit mithören. Also konfiguriert die Geräte wenigstens so, dass diese Dienste bei Bedarf aktiviert werden müssen, damit sie eben nicht *jedes* Wort mitschneiden. Systeme, die mithören, stören euch nicht? Schön. Nun ist es so, dass manchmal auch Menschen mithören, die für die Dienste arbeiten. 2019 wurde beispielsweise bekannt, dass Amazon seine Mitarbeiter aufgezeichnete Unterhaltungen von Kunden mit der Assistenzsoftware Alexa anhören und abtippen lässt. Natürlich nur, um die Spracherkennung zu verbessern. Is' klar ...

»Aber Omi hat WhatsApp!«

Im Zusammenhang mit WhatsApp möchte ich zwei weitere Argumente beleuchten, die oft genannt werden:

1. Oma, Karl, Silke und Thorsten sind halt schon bei WhatsApp ...
2. WhatsApp ist kostenlos!

Ich knüpfe gleich mal an Argument 2 an. Stimmt, für WhatsApp bezahlt man tatsächlich nicht in Euro, aber mit seinen Daten – und mit sämtlichen Infos aus eurem Telefonbuch, also mit Daten anderer. Es ist zwar möglich, dieser Verknüpfung mit dem Telefonbuch bei der Installation der App zu widersprechen. Doch statt des Namens seht ihr dann nur die Nummer und das Profilbild eures Chatpartners, was insbesondere in Gruppenchats sehr unübersichtlich ist, weil man über die Nummer zuordnen muss, wer was schreibt. Solltet ihr euch für diese Variante entscheiden, dann bittet eure WhatsApp-Kontakte, ihren Namen direkt in WhatsApp zu hinterlegen. Dieser wird dann immerhin angezeigt.

Es ist auch möglich, eine App zu nutzen, die es einem erlaubt, zusätzliche Telefonbücher anzulegen. WhatsApp greift allerdings ausschließlich auf das Hauptadressbuch des Systems zu. Das lässt sich leider auch nicht anders konfigurieren. Das heißt, all jene Kontakte, die WhatsApp nutzen, müsst ihr dann im Telefonbuch des Systems ablegen, und jene, die WhatsApp *nicht* nutzen, im anderen Telefonbuch. Umständlich und aufwendig wird das

Ganze spätestens dann, wenn man das Adressbuch (bzw. die Adressbücher) des Telefons mit anderen Systemen synchronisieren möchte.

Oder ihr schafft euch ein separates WhatsApp-Handy an, auf dem nur die WhatsApp-Kontakte zu finden sind.

Beide Alternativen sind im Alltag wenig praktikabel. Mein persönlicher Kompromiss ist tatsächlich das nicht verknüpfte Telefonbuch. Meine Eltern zum Beispiel sind nur auf WhatsApp (→ Argument 1), und wenn ich über das Telefonieren hinaus Kontakt zu ihnen haben möchte, geht das nur über WhatsApp. Da ich mein Telefonbuch nicht verknüpft habe, muss ich mir eben merken, dass Mama das Bildchen mit der grünen Landschaft ist und Papa das Hundeprofilbild, denn beide haben keine Nicknames in WhatsApp hinterlegt. Wird das Profilbild gewechselt, habe ich bis zum Nachlesen des Chatverlaufs keinen Schimmer, wer mich anspricht, weil ich die Telefonnummer nicht sofort zuordnen kann.

Dennoch bin ich weiterhin missionarisch unterwegs, um Menschen auf die Probleme in Zusammenhang mit der Weitergabe und Weiterverwendung persönlicher Daten hinzuweisen. Was bei den eigenen Eltern vielleicht wirklich vergebene Liebesmühe ist, zeigt bei Kindern noch Wirkung. Wenn ihr euren Kindern ein Smartphone gestattet und es gemeinsam einrichtet, sprecht auch unbedingt über das Thema.

- Schritt 1 in Sachen »Medienerziehung und Messenger«: Sagt den Kindern, dass es unterschiedliche Messenger-Arten gibt und dass diese unterschiedlich gut bzw. vertrauenswürdig oder datensensibel sind. Sehr viele Kinder (vermutlich auch Erwachsene) wissen das nämlich gar nicht.
- Schritt 2: Installiert Alternativen!

Das Geld-Argument (»WhatsApp ist kostenlos!«) spielt für Kinder eine große Rolle. Als Eltern könnt ihr dem relativ leicht begegnen, indem ...

- ihr den Kindern einfach das Geld für eine datensensible App gebt
- und mit ihnen über Geschäftsmodelle sprecht. Auch Kindern leuchtet das ziemlich schnell ein. Stellt die Frage, wie eine Firma Geld verdient. Kinder können sich durchaus vorstellen, dass Menschen, die für ein Unternehmen arbeiten, irgendwie Geld bekommen müssen und dass es unterschiedliche Wege für Unternehmen gibt, Geld zu generieren.

Wer mit dieser Frage im Hinterkopf auf neue Dienste schaut, hat schon viel über Medienkompetenz gelernt. Denn die Frage nach dem Geschäftsmodell ist nicht nur bei WhatsApp, sondern bei jeder anderen App und jedem anderen sozialen Netzwerk relevant.

Das Oma-Argument (»Oma, Karl, Silke und Thorsten sind halt schon bei WhatsApp ...«) lässt sich schlecht entkräften – bestenfalls, indem man das Thema schon sehr früh in der Familie diskutiert und auch andere Eltern einbezieht. Wenn eure Kinder die ersten mit einem alternativen Messenger sind, ist es möglicherweise leichter, auch andere davon zu überzeugen, WhatsApp nicht zu benutzen. Wehret den Anfängen gilt daher auch für Aufklärungsarbeit an Elternabenden: Ich schätze, dass 80 Prozent der Eltern sich noch nie Gedanken über dieses Thema gemacht haben.

Unglaublich – aber ein Leben ohne WhatsApp ist möglich!

Okay, Oma, Karl, Silke und Thorsten verwenden WhatsApp, aber müsst ihr auch aus dem Fenster springen, nur weil Susi, Peter, Jerome, Marla ... das tun? Nein! Es ist möglich, mitten in Gallien ein kleines Widerstandsdorf zu errichten, also ist es auch einfach, einen anderen, einen datenschutzkonformen Messenger zu nutzen. Die drei folgenden Messenger-Dienste halte ich nach derzeitigem Stand für empfehlenswert.

Threema

Eine sichere App, die gewissenhaft mit euren Daten umgeht. Threema kostet einmalig 3,49 Euro im iTunes Store und 2,99 Euro im Google Play Store.

Warum Threema?

- Threema kostet Geld, womit das Geschäftsmodell auch langfristig klar ist.
- Man kann Threema benutzen, ohne das Telefonbuch hochzuladen. Genauer: Dank Threema-ID ist die App komplett anonym nutzbar.
- Die Chats haben eine Ende-zu-Ende-Verschlüsselung.
- Es werden kaum Metadaten gespeichert.
- Es werden keine Daten weitergegeben.
- Es gibt einige Zusatzfeatures wie »Umfragen«, die recht nützlich sind.
- Es gibt eine einfache Desktop-Variante.

Nachteile:

- Threema ist nicht Open Source und somit nicht sehr transparent und überprüfbar, weshalb man sich auf die Aussagen des Unternehmens verlassen muss.
- Threema hat – im Vergleich zu WhatsApp – sehr geringe Nutzerzahlen (derzeit 5 Millionen Privatnutzer*innen weltweit); die Wahrscheinlichkeit, dass ihr zufällig Oma dort findet, ist also eher gering.

Wire

Unter uns gesagt: Als Mutter finde ich Threema aus den genannten Gründen super, und wenn ich im Bekanntenkreis herumfrage, gibt es wenigstens vereinzelt Menschen, die Threema nutzen. Die Kinder haben Threema installiert und (bitte nicht weitersagen!) benutzen es kaum.

Darum hier noch eine Alternative zur Alternative, die Wire heißt, aber noch viel geringere Nutzerzahlen hat als Threema. Wire für den Privatgebrauch ist kostenlos und wird laut Aussage des Unternehmens über die geschäftliche Variante mitfinanziert. Ob das Geschäftsmodell langfristig trägt, bleibt also abzuwarten.

Warum Wire?

- Wire lässt sich nutzen, ohne das Telefonbuch hochladen zu müssen.
- Die Chats verfügen über eine Ende-zu-Ende-Verschlüsselung.
- Es werden keine Daten weitergegeben.
- Wire hat eine Desktop-Variante.
- Wire ist Open Source.
- Wire hat Sprachfilter.

Nachteile:

- Wire speichert Metadaten.
- Nur sehr wenige Menschen nutzen Wire.

Vor allem die Sprachfilter sind ein Top-Verkaufsargument für Kinder, denn mit den Sprachfiltern kann man ebenso viel Spaß haben wie mit Videofiltern von Snapchat & Co. Die Stimme durch einen Helium-Filter schicken, sie beschleunigen oder wie ein Alien klingen lassen? Alles möglich – und verlockend!

iMessage

Viele Eltern überlassen ihren Kindern ihre abgelegten iPhones. Sofern dem Unternehmen Apple und deren Aussagen in Sachen Datenschutz zu trauen ist, stellt iMessage die dritte akzeptable Alternative zu WhatsApp dar. Da iMessage aber an Apple-Produkte gebunden ist, sind sie für Kinder wohl eher eine Möglichkeit, mit den Eltern zu kommunizieren. Einen iMessage-Klassenchat bekommt man wahrscheinlich nur an Schweizer Privatschulen zusammen.

Warum iMessage?

- Bietet eine sichere Verschlüsselung der Inhalte.
- Metadatenwerden werden nicht erhoben.
- iMessage ist geräteübergreifend nutzbar (sofern es sich um Apple-Produkte handelt).
- Ab dem iPhone X gibt es *Animojis* (die verwandeln den eigenen Gesichtsausdruck in ein animiertes Emoji, das man verschicken kann = Top-Argument für Kinder).

Nachteile:

- Apple lässt sich nicht in die Verschlüsselungstechnologien schauen. In der Vergangenheit wurden schon Sicherheitslücken aufgedeckt.
- iMessage lässt sich nur innerhalb des Apple-Universums verwenden.

Alle anderen Alternativen wie Telegram und Signal möchten ebenfalls Daten aus dem Telefonbuch hochladen bzw. haben schon den einen oder anderen Datenskandal hinter sich.

Am Ende müsst ihr euch entscheiden:

Alternativen zu WhatsApp benutzen, sprich auf unkomplizierte Kontaktmöglichkeiten zu bestimmten Menschen verzichten, dafür aber seine und die Daten anderer Menschen schützen.

WhatsApp nutzen – aber die App nicht mit dem Telefonbuch verknüpfen. Dafür mehr oder minder kryptische Chats und die Weitergabe der Metadaten akzeptieren.

Oder WhatsApp »normal« benutzen, die Daten aus dem Telefonbuch hochladen und die (Meta-)Daten dem Facebook-Konzern überlassen.

Ich verwende übrigens iMessage, Threema, Wire und WhatsApp ohne ein verknüpftes Telefonbuch, denn warum soll man nur einen einzigen Messenger-Dienst verwenden? Wo ich sicher kommunizieren kann, tue ich es. Mir sind solche Kompromisse lieber, als an dem Anspruch zu verzweifeln, alles immer 100 Prozent richtig machen zu müssen. Denn allen Datenbedenken zum Trotz: Für Kinder bleibt es nicht folgenlos, wenn man ihnen WhatsApp komplett verbietet. »Schreibt euch doch E-Mails oder SMS«[*] ist keine realistische Alternative. Die meisten Kinder nutzen nämlich weder das eine noch das andere.

Der lebensnahe Kompromiss lautet:

WhatsApp ohne verknüpftes Telefonbuch erlauben, aber immer wieder auf Alternativen hinweisen.

»Wenn du deine Mama liebst, schicke diese Nachricht an 20 Leute!«

Ein weiteres Argument gegen WhatsApp ist für mich als Mutter das Thema Kettenbriefe bzw. Kettennachrichten. Da gibt es wirklich unsägliche Dinge. So habe ich zum Beispiel folgende Nachricht von meinem Teenagerkind bekommen. Bis ich am Ende angelangt war, war mir schon ganz heiß, und ich fragte mich: *Was hab ich falsch gemacht?*

Es ist erstaunlich, was man als Mutter eines Teenagerkindes in weniger als einer Sekunde alles denken kann.

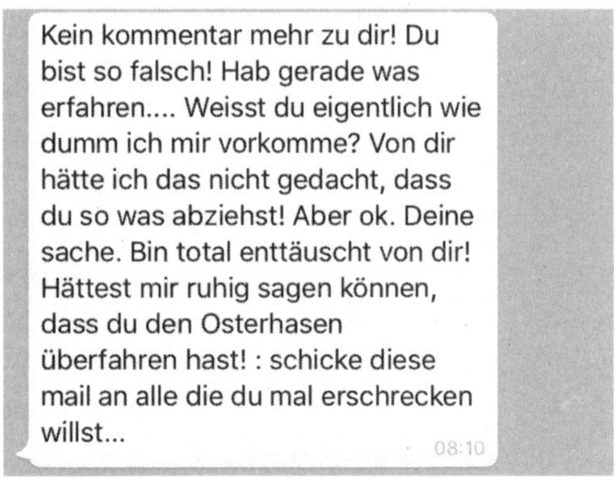

* Das Fass »Wie sicher sind SMS?« mache ich nicht auf. Ich spoilere: nicht sicher.

Oder folgende Kettennachricht, die eher das Kind erschreckt:

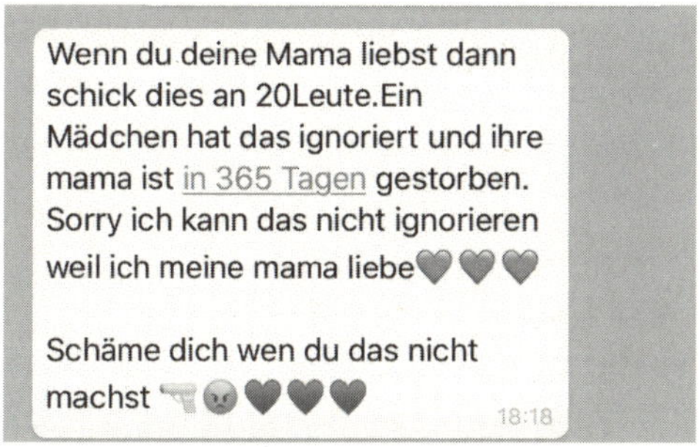

Je nach Alter setzen solche Nachrichten Kinder wahnsinnig unter Druck. Fragt eure Kinder mal, ob sie bereits ähnliche Nachrichten erhalten haben. Viele Kinder sprechen aus Angst gar nicht erst darüber. Redet mit euren Kindern über diese Ängste, und kontaktiert ggf. das versendende Kind und deren Eltern, um auch dort ins Gespräch zu kommen. Vielleicht wissen die ja auch nichts von diesen Kettennachrichten, und das Kind hat noch nicht gelernt, dass man diese Nachrichten nicht weiterverbreitet.

Kürzlich machte eine noch drastischere Audionachricht die Runde; sie soll seit 2013 auf WhatsApp kursieren. Darin wird den Kindern mit dem eigenen Tod und dem der Mutter gedroht, sofern die Nachricht nicht in kürzester Zeit an zwanzig weitere Empfänger verschickt wird. Leider kann die Polizei hier wenig ausrichten: Bei solchen Kettennachrichten, vor allem bei ausländischen Providern, ist es schwierig, an die Ursprungsabsender zu kommen.

Natürlich hilft es, über das Verbreiten von Lügen und Gerüchten zu sprechen und darüber, dass es Menschen gibt, die Spaß daran haben, anderen Menschen Angst zu machen. Meinen Kindern half es außerdem, diese Nachrichten in eine Suchmaschine einzugeben, denn wir gelangten unter anderem auf Seiten der Polizei, die sozusagen offiziell bestätigen, dass es sich um Gruselgeschichten handelt. Das beruhigt die Kinder mehr, als wenn nur Mama sagt, dass diese Nachrichten nicht echt sind.

Darüber hinaus existieren Seiten wie *Mimikama.at*, die sich explizit mit sogenannten Hoaxes, Falschmeldungen, Abo-Fallen und Fake-Gewinnspielen auseinandersetzen. Abonniert man dort den (zugegeben etwas trashigen) Newsletter, bekommt man das eine oder andere Phänomen automatisch mit und kann es proaktiv mit den Kindern besprechen.

»Alter! Als ob! ... Wie reden die denn mit mir?«

Datenschutz ist vermutlich nicht das Thema Nummer eins, wenn Eltern mit ihren Kindern über Messenger diskutieren. Vielmehr wird es um Fragen der Kommunikationskultur gehen.

Die Top-4-Sätze, die ich von Eltern in Bezug auf Chat-Gruppen höre, lauten:

1. »Das nervt total. Die schreiben bis spät in die Nacht Nachrichten.« (Natürlich die anderen Kinder; die eigenen nie, is' klar!)
2. »Das nervt total. Die schicken sich ständig komplett sinnfreie Nachrichten! So *höhö* oder *lol*.«
3. »Das nervt total. Die machen gar nichts anderes mehr.«
4. »Das nervt total. Die sind zu faul zum Tippen und benutzen ständig Sprachnachrichten!«

Ja, früher war alles besser: Da haben wir uns noch Briefe mit vollständigen Sätzen geschrieben. Haben noch ordentlich miteinander geredet. Von Angesicht zu Angesicht. Nur über relevante und wichtige Themen. Mit Tiefgang und so ...

Ehrlich? Also ich hab' das früher nicht gemacht. Ich hab' früher stundenlang telefoniert, und zwar mit der Freundin, von der ich mich kurz vorher an der Schule verabschiedet hatte. Ständig wurde ich von meinen Eltern aufgefordert, *eeendlich* mal aufzulegen, niemand könne uns erreichen, weil die Leitung andauernd belegt sei. Dabei gab es wirklich wichtige Themen zu klären. Wie süß die Zahnlücke von Patrick Bach ist! Wie megatoll Pierre Cosso aussieht und ob wir wegen Silvia Seidel jetzt mit Ballett anfangen wollen. Abgesehen davon kann ich mich lebhaft daran erinnern, dass meine Mutter mir erklärte, wie hohl es eigentlich sei, als Ausruf der Begeisterung das Wort »cool« zu verwenden, denn das bedeute, sollte ich es noch nicht wissen, nichts anderes als »kalt«.

Sprache wandelt sich. Früher fand meine Mutter es unmöglich, dass wir uns »geil!« und »cool« zugerufen haben. Heute rümpfen einige Erwachsene die Nase, wenn sie »lol« oder »Alter! Als ob!« hören (oder im Chat sehen). Wenn mich bestimmte Ausdrücke stören, dann bitte ich meine Kinder, sie in unserer Kommunikation nicht zu verwenden. Welche Gepflogenheiten sie unter Gleichaltrigen haben, ist mir egal. Wer sich von der Hochsprache schlechter trennen kann, der liest eifrig nickend Bastian Sicks »Der Dativ ist dem Genitiv sein Tod«, amüsiert sich auf Instagram über Fotos, die den #Deppenapostroph dokumentieren, und tauscht sich in den passenden Internetforen mit anderen über den bedauernswerten Verfall der deutschen Sprache aus. Den Kindern kann man gestatten, Jugendsprache zu verwenden ohne den allgemeinen Sittenverfall befürchten zu müssen.

So oder so: Hätte es damals Messenger gegeben, ich hätte Punkt 1 bis 4 mit Sicherheit erfüllt. Das gehört einfach zum Kind- und Jugendlichsein dazu – und der Kontakt zu Freundinnen und Freunden, zu der eigenen Peergroup, ist in einer bestimmten Phase des Erwachsenwerdens zentral.

Chatten zu verbieten kann also nicht der richtige Weg sein. Dennoch gibt es einige Aspekte, die man mit den Kindern besprechen sollte; und sicherlich gibt es auch Regelungen, die dabei helfen, den Familienalltag zu entspannen.

Digger, isch schwöre: Die Punkte 3 und 4 nerven uns auch ab und zu, aber wir ertragen das als Erwachsene einfach. Wohl wissend, dass wir als Kinder/Jugendliche im Grunde nicht anders waren. Und falls doch: Schade, dass man das nicht ausleben durfte, oder?

In puncto »Die schreiben bis spät in die Nacht Nachrichten« haben wir beschlossen, dass die Kinder ihre Endgeräte an Schultagen nach dem Abendessen, das bei uns meist gegen 18.30 Uhr stattfindet, in das Wohnzimmer bringen und dort über Nacht aufladen. Abendessen, gemeinsam den Esstisch abräumen und das Saubermachen der Küche dauert meist bis 19.30 Uhr. Dann machen sich die Kinder bettfertig und liegen um 20.00 Uhr im Bett, wo noch gelesen werden darf. In Büchern oder eBooks. Diesen zeitlichen Ablauf haben die Kinder an ihre Freund*innen kommuniziert und verabschieden sich kurz nach 18 Uhr in die Nachtruhe. Das nimmt ihnen die Unruhe, es könnten immer noch Nachrichten kommen, die doch irgendwie dringend sind, weil die anderen Kinder denken, sie seien noch ansprechbar. Auf die Angst dahinter, die *Fear of Missing Out*, werde ich später noch eingehen (→ Seite 206).

In Schulzeiten klappt diese Regel bei uns ganz gut, weil die verabredeten Zeiten zum Alter unserer Kinder passen. Sind die Kinder älter, wird sich vermutlich alles nach hinten verschieben. Wir Erwachsenen versuchen uns derzeit noch gegenseitig zu motivieren, das Telefon auch zu einer bestimmten Uhrzeit wegzulegen.

Darüber hinaus versuchen wir, den Kindern zu vermitteln, was wann der richtige Kommunikationskanal ist. Fällt einem Kind zum Beispiel um 18.00 Uhr ein, dass es noch für die Musikarbeit am nächsten Tag lernen muss, aber gar nicht genau weiß, was, dann eilt die Antwort offensichtlich. In dem Fall ist der Klassenchat nicht der geeignete Kommunikationskanal. Es gibt nämlich das Phänomen Verantwortungsdiffusion. Stellt man eine Frage zu den Hausaufgaben in einem Klassenchat, so gibt es womöglich 30 Kinder, die die Frage beantworten könnten, aber jede/r denkt, dass bestimmt jemand anderes antworten wird. Niemand fühlt sich (zumindest akut) zuständig, weshalb die Frage unter Umständen unbeantwortet bleibt. »Ruf bitte deinen Klassenkameraden auf dem Festnetz an, und kläre das direkt«, ist also die sehr viel zielführendere Ansage in so einem Fall.

(Das ist übrigens auch ein super Tipp für Erwachsenenchats.

Manchmal ist es so viel einfacher, Dinge persönlich zu regeln. Aber hey, warum nicht einen Kuchenbasar per Chat und 234 Nachrichten organisieren?)

Unbedingt solltet ihr mit Kindern über Onlinekommunikation sprechen und darüber, wie sie wirkt (oder wirken kann). Einerseits lässt sich so manches online viel leichter sagen, andererseits kommt es keineswegs abgeschwächter oder irgendwie »virtuell« rüber. Ein tolles Beispiel könnt ihr euch in der Netflix-Serie *Kids mit Köpfchen* (Folge *Soziale Netzwerke*) anschauen. Da werden zwei Gruppen von Kindern aufgefordert, ein Mädchen zu bewerten, das sich auf einen Gesangswettbewerb vorbereitet. Der einen Gruppe Kinder wird gesagt, dass sie dem Mädchen ihr Feedback persönlich geben müssen, der anderen Kindergruppe, dass sie ihre Bewertung schriftlich und anonym hinterlassen sollen. Die Bewertungen der ersten Gruppe fallen viel weniger drastisch und eher konstruktiv-freundlich aus. Doch als der zweiten Gruppe auf einmal mitgeteilt wird: »Regeländerung, ihr müsst jetzt doch direkt mit der Bewerberin sprechen«, schlucken die Kinder und formulieren ihre Worte schnell um.

Hätten diese Kinder auf dem Schirm gehabt, dass die Unterscheidung zwischen Internet und echtem Leben nicht existiert, dass eine verletzende Formulierung gleichermaßen wirkt und eine Beleidigung so oder so weh tut, hätten sie ihre Worte bestimmt von Anfang an anders gewählt.

Kinder für die Wirkung ihrer Worte zu sensibilisieren ist also sinnvoll. Hilfreich ist es, einen Verhaltenskodex für Klassenchats (und Gruppenchats im Allgemeinen) zu entwickeln, und zwar *bevor* sie eingerichtet werden. Die Kinder können zum Beispiel in einer Art Klassenrat Umgangsregeln miteinander vereinbaren und besprechen, dass *alle* Kinder, die Zugang zum Internet haben, auch Teil des Klassenschats sein dürfen. Und damit Einzelne nicht willkürlich über die Köpfe anderer hinweg entscheiden können, sollten alle Kinder Adminrechte haben.

Klicksafe.de stellt eine sehr empfehlenswerte Unterrichtseinheit »Klassenchat-Regeln« zur Verfügung, aus der eine Reihe von Regeln übernommen werden können:

- In die Klassengruppe gehört nur, was auch wirklich alle aus der Klasse wissen müssen.
- In der Klassengruppe wird über niemanden gelästert; niemand wird beleidigt.
- Ernste Themen wie Streit oder Ärger werden persönlich und offline besprochen. Niemals im Chat.
- Kettennachrichten werden gelöscht und nicht weitergeleitet.
- Bevor ein Bild verschickt wird, werden alle auf dem Bild gefragt, ob sie einverstanden sind.
- Niemand, der sich an die Gruppenregeln hält, wird aus der Klassengruppe geworfen.
- Es gibt nur eine Klassengruppe, in der alle sein dürfen, die Mitglied sein wollen. (Teilnahme ist freiwillig!).
- Wer sich nicht an die Regeln hält, wird nach drei Ermahnungen aus dem Klassenchat entfernt.
- Bei Mobbing, Streit oder Drohungen werden Vertrauenspersonen eingeschaltet.
- Es werden keine gelösten Hausaufgaben zum Abschreiben versendet.

Darüber hinaus bietet *Klicksafe.de* entsprechende Plakatvorlagen[43] an, die die Kinder ausfüllen können. Am Ende unterschreiben sie ihre Regeln und betonen so deren Verbindlichkeit. Wenn das Lehrpersonal es nicht als seine Aufgabe sieht, solche Regeln mit den Schüler*innen zu entwickeln, kann man das auch privat organisieren, beispielsweise indem man mit einigen Schüler*innen und/oder den Klassensprecher*innen das Thema vorbespricht und dann dabei hilft, eine Projekt-AG zu gründen. Das erspart einem vor allem außerhalb der Schulzeiten sehr viele Diskussionen, Frust und Ärger.

Bleibt noch der vierte »Nervpunkt«: Sprachnachrichten – ein Thema, das selbst meine Gefühle mitunter in Wallung bringt. Denn auch ich erhalte von meinen Kindern Sprachnachrichten. Nachvollziehbar, vor allem bei Kindern, die noch nicht sicher und gut schreiben können. Erreichen mich Sprachnachrichten im Büro bzw. in Meetings, sorgt das in 99 Prozent der Fälle für Genervtheit. Denn weil ich mich jedes Mal sorge, dass etwas passiert sein könnte, verlasse ich die Sitzung, um die Nachrichten abzuhören und dann zum 200. Mal festzustellen, dass es lediglich darum geht, ob ein Schulfreund mit nach Hause kommen darf (Antwort ist immer Ja) oder ob sich die Kinder ein Eis aus dem Gefrierfach nehmen dürfen (auch hier ist die Antwort immer Ja).

Lautet die Frage kurz und bündig: »Mama, kann ich mir ein Eis nehmen?«, schätze ich mich glücklich. Denn meistens ist es eher so, dass die Kinder die Nachrichten beim Laufen, auf dem Weg zwischen Schule und U-Bahn, aufnehmen, weil es ihnen gerade eingefallen ist, so dass ich vor lauter Straßenlärm und Atmen kaum etwas verstehe und nur Fetzen zu hören bekomme: »Äh … Mama … ähm … wollte fragen, ob … ach so, hier ist Emma … also ich wollte … EY LASS DAS! Boah ey. Da war wieder Finn. Der nervt echt voll. Also ach so ja. Mama. Wollte ähhhhh fragen, ob **Straßenlärm im Hintergrund** ist.«

Zu Hause erkläre ich erneut, dass es für mich schwer ist, Sprachnachrichten abzuhören, und dass ich auf getippte Nachrichten viel dezenter reagieren kann. Die Kinder stellen sich dann einige Zeit auf meine Bedürfnisse ein, nur um dann doch wieder in die bequeme Lösung zurückzufallen.

Letztlich ist es einfach eine andere Art der Kommunikation, die nun mal nicht so gut ins Büroleben, wohl aber in das Kinderleben passt.

Hier geht es also um Befindlichkeiten. Einziges Sachargument, das ich gegen Sprachnachrichten gelten lasse: Sie lassen sich nicht nach Inhalten durchsuchen. Das ist manchmal wirklich ein Nachteil. Hat man sich zum Beispiel verabredet, hat Ort und Uhrzeit aber vergessen, dann ist es leichter, die Details in Textnachrichten zu reproduzieren. Theoretisch können hier sogenannte Transkribier-Apps helfen, doch mir ist keine bekannt, die richtig gut funktioniert und den Text dann in der Messenger-App ablegt, so dass ich ihn problemlos finden kann.

Fazit: Sprachnachrichten sind bequem. Spätestens, wenn wir altersfehlsichtig sind und die Finger nicht mehr so gut die Buchstaben treffen, wird uns das auch klar werden.

Kulturoptimist*innen schauen auf Messenger-Dienste und sehen …

- eine Möglichkeit für Kinder, unabhängig von ihren Eltern Kontakt zu Freundinnen und Freunden, aber auch zu Verwandten wie Oma und Opa zu halten.
- das Potenzial, dass auch Kinder, die noch nicht gut schreiben und lesen können, mit Hilfe von Sprachnachrichten kommunizieren können. Abgesehen davon ist es für viele – unabhängig vom Alter – persönlicher, eine Sprachnachricht zu schicken.
- ein Übungsfeld für Kinder und Jugendliche in Sachen »Verhaltensregeln der Kommunikation«, die unabhängig vom Medium gelten. Sind diese Regeln geklärt, gibt es viel weniger Ärger, und zwar nicht nur im Klassenchat.

4 (CYBER-)MOBBING

tl;dr

- Gemobbt zu werden kann zu jahrelangem Leid und sogar zu Suizid führen.
- Das »Cyber« macht Mobbing keinen Deut unproblematischer. Im Gegenteil: Es nimmt dem Opfer auch noch alle Rückzugsräume.
- Wichtigster Hebel ist hier die Prävention. Macht eure Kinder zu Verteidiger*innen von Mobbingopfern.

Cybermobbing ist ein ernstzunehmendes Problem – und nicht weniger schlimm als Mobbing. Schließlich bedeutet »Cyber« lediglich, dass Mobbing mit technischen Mitteln, sprich über Internetanwendungen stattfindet. Oft ist zu lesen, Cybermobbing gehe von Unbekannten im Internet aus. Das ist Quatsch, so fasst die Broschüre »Aktiv gegen Cybermobbing« von *Saferinternet.at* zusammen: »Gerade bei Cybermobbing unter Kindern und Jugendlichen kennen Opfer und Täter/innen einander meist auch in der ›realen‹ Welt bzw. geht der Cyberattacke ein ›Offline‹-Mobbing voran. Die Opfer haben fast immer einen Verdacht, wer hinter den Attacken stecken könnte. Cybermobbing geht in der Regel von Personen aus dem eigenen Umfeld aus – der Schule, dem Wohnviertel, dem Dorf oder der ethnischen Community. Fälle, in die gänzlich Fremde involviert sind, sind wenig verbreitet.«[44] Brennpunkt des Cybermobbings ist oft der Klassenchat, wo Betroffene massiv beleidigt oder bloßgestellt werden.

Aber nur weil etwas schriftlich oder im Internet stattfindet, ruft es keine anderen oder weniger starken Gefühle hervor. Gefühle sind Gefühle. Es gibt keine Cybergefühle. Im Abschnitt »Cyber, Cyber! – Das Internet, ein Ort wie jeder andere« sind wir darauf bereits eingegangen. Besonders perfide an Cybermobbing – sofern man auf eine Unterscheidung bestehen möchte – ist, dass es für die Betroffenen keinerlei Schutzräume mehr gibt. Ist es in bestimmten Mobbingsituationen noch möglich, sich der Situation halbwegs zu entziehen, folgt einem der/die Mobber*in im Fall von Cybermobbing bis in die eigenen vier Wände, ins eigene Kinderzimmer, sogar ins eigene Bett, überall dorthin, wo das Handy gerade ist. Bei Cybermobbing lösen sich aber nicht nur die räumlichen, sondern auch die zeitlichen Grenzen auf. Außerdem können Cybermobbing-Attacken durch die technischen Möglichkeiten sehr viel leichter einem größeren Publikum zugänglich gemacht werden. Das peinliche Foto, das früher vergleichsweise aufwändig von Kind zu Kind gereicht werden musste, kann jetzt öffentlich gepostet oder einfach über einen Gruppenchat verschickt werden. Einmal unter Leute gebracht, lässt sich ein solches Foto kaum noch löschen.

Da Mobbing ein verbreitetes Phänomen ist, solltet ihr eure Kinder schützen, indem ihr im Vorfeld über Mobbingmechanismen sprecht. Denn viele Mobbingsituationen entstehen, weil sich Kinder keine Gedanken über die Auswirkungen ihres Verhaltens machen.

Ich empfehle auch, sich Verbündete im Kampf gegen Mobbing zu suchen. Sprecht die Schule an, schlagt beim Elternabend Präventionskurse vor, wendet euch an die Präventionsstellen der Polizei und organisiert Kurse.

Werdet aktiv, bevor Mobbing auftritt.
Prävention ist das A und O.

Mobbing darf auf keinen Fall bagatellisiert werden (»Das sind doch noch Kinder ...«), denn Mobbing hat teils gravierende Folgen für die Betroffenen, und zwar bis ins Erwachsenenalter. Der Leidensdruck von Mobbingopfern ist sehr hoch. Expert*innen schätzen, dass 20 Prozent der Suizide von Schüler*innen durch Mobbing ausgelöst werden.[45]

Laut *JIM-Studie* 2018 gibt jede/r fünfte Jugendliche an, dass schon einmal (absichtlich oder versehentlich) falsche oder beleidigende Inhalte über die eigene Person per Handy oder im Internet verbreitet wurden. Dabei sind Jungen (22 %) häufiger betroffen als Mädchen (15 %). Besonders stark vertreten ist die Altersgruppe der 16- bis 17-Jährigen (25 %). Und Kinder/Jugendliche mit formal niedrigerem Bildungsniveau sind deutlich häufiger betroffen (22 %) als Kinder/Jugendliche mit formal höherem Bildungsniveau (16 %).

In diesem Kapitel möchte ich deshalb folgende Fragen beantworten: Was ist Mobbing? Was könnt ihr im Vorfeld tun, um zu vermeiden, dass es überhaupt zu Mobbing kommt? Wie klärt ihr eure Kinder auf? Wie sensibilisiert ihr sie für ihre Rollen? Was ist zu tun, wenn Mobbing stattgefunden hat? Und was sind die rechtlichen Grundlagen? Letzteres ist nötig, weil sowohl Erwachsene als auch Kinder wissen sollten, dass Mobben eine strafrechtlich relevante Tat sein kann. Unter Umständen genügt es sogar, Mobber*innen zu unterstützen. Insofern stellt sich auch die Frage, was zu tun ist, wenn das eigene Kind Täter*in ist.

Was ist Mobbing?

Von Mobbing spricht man, wenn Personen über einen *längeren Zeitraum wiederholt beleidigt, bedroht, bloßgestellt oder belästigt* werden. Meist gibt es ein Machtungleichgewicht zwischen Opfer und Täter*innen (in der Regel sind es mehrere).

Einige konkrete Beispiele, was alles unter Mobbing fällt.

Bedrohungen und Erpressung

- Es wird damit gedroht, dass bestehende Accounts, zum Beispiel auf Tellonym, gehackt und private Inhalte veröffentlicht werden.
- Jemand entdeckt den »geheimen« Instagram-Account einer Person und droht, diesen den Eltern zu zeigen, die Instagram verboten haben.

Beleidigungen und Beschimpfungen

- (Ich möchte an dieser Stelle keine Beleidigungen und Beschimpfungen wiedergeben. Denkt sie euch einfach.)

Verbreitung persönlicher Informationen oder Gerüchte

- Es wird ein Fake-Account (z. B. Facebook) erstellt, in dem zweifelhafte, öffentlich sichtbare Inhalte gepostet werden.
- Jemand nähert sich einer anderen Person an, um im Vertrauen an Informationen zu gelangen, die dann öffentlich gemacht werden.

Verbreitung von gefälschten, intimen oder peinlichen Fotos und Videos

- Veröffentlichung von Unterwäschefotos, nachdem eine Beziehung auseinandergegangen ist.
- Jemand ist auf einer Party betrunken und wird heimlich fotografiert. Anschließend werden die Bilder gepostet.
- Auf den Kopf einer Person werden per Fotomontage Fäkalien gesetzt.
- »Happy Slapping«* – Kinder/Jugendliche werden geschlagen und dabei gefilmt; das Video wird danach veröffentlicht.

* Fand beispielsweise in der Grundschule eines meiner Kinder statt. Als die Schule davon erfuhr, wurde umgehend reagiert. Ratet, wie. Es wurde ein Handyverbot ausgesprochen. Und jetzt ratet, wie gut das den Kindern geholfen hat, die geschlagen wurden. Richtig. Gar nicht.

Systematisches Ausschließen

- Erstellen eines Klassenchats unter Ausschluss einer bestimmten Person
- Erstellen von Lästergruppen («Warum wir Karin hassen«)

Aufklärung und Prävention

Eines gleich vorweg: Ich halte es für überaus sinnvoll, die Schule bei diesem Thema miteinzubinden. Warum geht Mobbing die Schule an? Ich weiß, gerade in Sachen Medienerziehung kommt es zwischen Eltern und Lehrpersonal immer wieder zu lebhaften Diskussionen darüber, wer denn nun für was verantwortlich sei. Lehrer*innen erklären oft, dass für Thema X nicht auch noch Zeit sei und sich doch bitte die Eltern darum kümmern sollten. Allerdings argumentieren die Eltern im Grunde nicht anders. Beim Thema Cybermobbing aber sehe ich eindeutig beide Parteien in der Verantwortung.

Wenn sich die Schule rechtzeitig darum kümmert, indem sie präventiv tätig wird, dann bedeutet das für sie vielleicht die Investition eines Projekttages oder einiger Schulstunden – letztlich erspart man sich damit jedoch viele Stunden, die auflaufen, wenn unterschwellig gemobbt wird und es dadurch im Unterricht immer wieder zu Irritationen und Störungen kommt. Da nun mal ein Großteil der Mobbingfälle im schulischen Umfeld auftritt, empfiehlt es sich, den Klassenverbund aktiv zu stärken und für ein gutes Klima zu sorgen. Das beugt nicht nur Mobbing vor, sondern ist auch für den Unterricht im Allgemeinen von Vorteil.

Zwei Gründe sprechen dafür, schon in der Grundschule mit der Prävention anzufangen:

1. Kinder entwickeln im Grundschulalter ihr Wertesystem, weshalb Prävention in dieser Phase besonders effektiv ist.
2. Mobbing findet vermehrt im Teenageralter statt; wer also gewappnet ist, hat bessere Chancen, die negativen Folgen ab-

zuwenden. Ganz zu schweigen davon, dass Prävention vielen möglichen Opfern seelische Qualen erspart.

Und die Eltern? Sie sollten dem Thema unbedingt proaktiv begegnen, indem sie sich mit Mobbingmechanismen, rechtlichen Grundlagen und Handlungsmöglichkeiten auseinandersetzen. So gerüstet, solltet ihr mit euren Kindern sprechen. Aber bitte nicht im Sinne von *»Halte dich von Tellonym fern, denn das ist eine Plattform, wo besonders viel gemobbt wird«*, sondern aufklärerisch.

Hier ein paar Fragen, um die es in den Gesprächen gehen sollte:

Wie schütze ich meine Privatsphäre?

Bestimmte Informationen sollten im Internet nach Möglichkeit nicht preisgegeben werden. Dazu gehören Klarname, Wohnort, Schule, Handynummer und Passworte. Besprecht mit Kindern, dass »preisgeben« nicht unbedingt bedeutet, dass man diese Informationen explizit sagt oder jemandem schreibt. Man findet diese Informationen unter Umständen auch im Hintergrund von Fotos, die auf Plattformen wie Instagram hochgeladen werden. Manchmal reicht schon der Blick aus dem Fenster, um relativ klar eingrenzen zu können, wo jemand wohnt.

Zum Schutz der Privatsphäre gehört auch, dass ihr mit euren Kindern sprecht, ob Social-Media-Accounts privat oder öffentlich sein sollen, und dass ihr euch die Einstellungen der einzelnen Apps gemeinsam anschaut, um dann zu entscheiden, ob Fremde einen per Direktnachricht anschreiben können sollen oder nicht.

Schutz bedeutet zudem, dass ihr über sichere Passwörter sprecht, dass man Passwörter generell niemals mehrfach verwendet und Endgeräte mit einem Sperrcode zu schützen sind (mehr dazu → Seite 222). Kinder sollten auch wissen, wie wichtig es ist, sich jedes Mal aus Social-Media-Accounts wieder auszuloggen, vor allem wenn man sich von fremden Endgeräten aus eingeloggt hat. Und sie sollten wissen, dass Passwörter manchmal automatisch gespeichert werden.

Was poste ich und was nicht?

Beim Posten von Fotos sind bestimmte rechtliche Rahmenbedingungen einzuhalten. So dürfen keine Fotos von anderen Personen hochgeladen werden, ohne dass zuvor deren Zustimmung eingeholt wurde (→ Kapitel 5, »Kinderfotos im Netz: Ja? Nein?). Außerdem ist zu bedenken, dass man ein Foto womöglich an einem Tag lustig findet, ein, zwei Jahre später aber schon nicht mehr. Insofern sollte man sich immer gut überlegen, welche Inhalte man tatsächlich ins Netz stellt und welche lieber nicht. Zumal man diese Einschätzung realistischerweise vielleicht gar nicht treffen kann.

Niemals mitmachen oder wegschauen!

Bringt euren Kindern bei, Verteidiger*in zu werden (→ Seite 98). Redet darüber, dass man nicht mitmacht, wenn jemand angegriffen wird, und dass man Opfern möglichst zur Seite steht. Traut man sich das selbst nicht zu, sollte auf jeden Fall Hilfe geholt oder mit anderen über das Geschehene gesprochen werden, so dass Lösungsstrategien entwickelt werden können.

Wer hilft?

Wenn ein Kind oder Jugendlicher beleidigt, erpresst oder bloßgestellt wird oder auch nur beobachtet, dass jemand anderes Opfer einer solchen Attacke wird, ist es wichtig, (sich) Hilfe zu holen. Das können die Eltern, aber auch ein/e Lehrer*in des Vertrauens sein. An vielen Schulen gibt es inzwischen Schulpsycholog*innen und/oder Sozialarbeiter*innen. Da es Kindern in so einer Situation unangenehm sein kann, mit Erwachsenen darüber zu sprechen, sollten eure Kinder über Angebote wie *juuuport* oder die *Nummer gegen Kummer* (116111) informiert sein. Hier können Jugendliche mit Jugendlichen sprechen oder chatten.

Macht euren Kindern klar,
dass sie im Falle eines Mobbings
niemals schuld sind!

Egal, ob sie persönliche Daten von sich herausgegeben haben, egal, ob behauptet wird, sie hätten jemanden provoziert, egal, ob sie auf dieses oder jenes nicht achtgegeben haben.

Mobbing ist grundsätzlich getrieben von der Böswilligkeit der Täter*innen und nicht von Versäumnissen der Opfer. Ein völlig harmloses Porträtfoto aus einem Klassenbuch genügt, um ein Kind oder eine/n Jugendliche/n bloßzustellen. Ich erinnere mich lebhaft daran, wie ein Mitschüler ein Porträtfoto von mir auf eine pornografische Abbildung gephotoshoppt hat, als ich 16 war. Der Anblick hat mich zutiefst schockiert und peinlich berührt. Nicht auszudenken, wenn das Foto so einfach wie heute in einem Gruppenchat hätte geteilt werden können.

Zur Prävention gehört auch, über Rollen und Wirkdynamiken beim Mobbing zu sprechen. Den meisten ist bekannt, dass es in einem Mobbingfall Opfer und Täter*in gibt. Oft ist aber nicht klar, dass es innerhalb des Systems noch weitere Rollen gibt:

- Assistent*innen (die den/die Täter*in unterstützen)
- Claqueure (beteiligen sich nicht aktiv, sind aber billigendes und verstärkendes Publikum)
- Verteidiger*innen und potenzielle Verteidiger*innen (stellen sich bestenfalls an die Seite des Opfers, um es zu unterstützen)
- Unbeteiligte (würden sich der Situation gerne entziehen und reden sich ein, dass die Situation sie nichts angeht)

Kinder können je nach Situation durchaus unterschiedliche Rollen einnehmen und auch zwischen den Rollen wechseln. Hat man das erst mal verstanden, ist auch klar, wie Eltern (präventiv) aktiv werden können: Sie müssen es schaffen, ihre Kinder zu Verteidiger*innen zu machen, was jedoch oftmals gar nicht so einfach ist.

Vielfach wissen die Kinder, dass hier Dinge passieren, die nicht in Ordnung und mindestens moralisch fragwürdig sind. Sie befürchten aber, selbst Opfer solcher Attacken zu werden, und halten sich deswegen zurück. Sagt euren Kindern, dass sie sich auch mit anderen Kindern zusammentun können, um gegen den/die Täter*in vorzugehen.

Leider haben nicht wenige Kinder gelernt, dass es als Petzen diffamiert wird, Erwachsene um Hilfe zu bitten. Etwas, was ich bei meinen eigenen Kindern immer wieder beobachten musste (und was mich sehr wütend macht). Wann immer sie sich in schulischen Konfliktsituationen an ihre Erzieherinnen gewendet haben, wurden sie mit den Worten »Jetzt sei doch nicht so eine Petze, und klär das selbst« weggeschickt. Eine unmögliche Ansage, auf die wir als Eltern dringend aufmerksam machen sollten, und zwar im persönlichen Gespräch mit dem/der jeweiligen Erzieher*in bzw. Lehrer*in.

Tatsächlich verstehen Kinder oft nicht von allein, dass sie den/die Täter*in mächtiger machen, indem sie diese als Claqueure bestätigen, sobald sie zum Beispiel Inhalte liken oder selbst weiterverbreiten. Wer sich in konkrete Mobbingfälle vertieft, wird erstaunt feststellen, dass vielen Kindern gar nicht klar ist, wie sehr sie dazu beitragen, wenn bestimmte Fotos des Mobbingopfers aus dem Klassenchat in andere Gruppenchats gelangen und am Ende der ganzen Schule bekannt sind. Das bedeutet: Wir müssen ihnen vor Augen führen, dass sie dann mitverantwortlich sind für die Schädigungen, die ein/e einzelne/r Täter*in oder eine kleine Gruppe an Täter*innen initiiert hat.

(Erwachsenen ist das übrigens auch nicht so klar. Denn es sind nicht selten dieselben Erwachsenen, die sich über das Posten von Kinderfotos im Netz als Todsünde echauffieren, selber aber vermeintlich lustige Pannenvideos liken, die Kinder in peinlichen oder bloßstellenden Posen zeigen, und sie dann – weil sie ja so lustig sind – auf ihren eigenen Profilen teilen.)

Kommt es zu Mobbing im Klassenkontext, können Eltern auf ihre Kinder einwirken. Aber auch das Lehrpersonal sollte die entsprechenden Rollen und Dynamiken kennen und sich für eine durch Respekt geprägte Team- und Kommunikationskultur einsetzen. Eine sinnvolle Maßnahme ist die Gründung eines Klassenrates, der einen Verhaltenskodex entwickelt. In diesem wird festgelegt, wie die Kinder selbst behandelt werden und wie sie miteinander umgehen wollen. Das stärkt und mehrt (potenzielle) Verteidiger*innen, weil sich Kinder dem vereinbarten Werterahmen verpflichtet fühlen und für dessen Einhaltung eintreten. Eine sehr gute Vorlage für eine solche »freiwillige Selbstverpflichtung gegen (Cyber-)Mobbing für Schülerinnen und Schüler« ist in der Broschüre »Cybermobbing. Ignorieren oder anzeigen?«[46] der Bundeszentrale für politische Bildung zu finden.

Leser*innen, die tiefer in die Dynamik von Mobbing einsteigen wollen, empfehle ich das bei *klicksafe.de* erhältliche Handbuch »Was tun bei Cybermobbing?« (kostenlos als PDF, 5 Euro für das Printerzeugnis), das konkrete Fallbeispiele und Interventionsmöglichkeiten vorstellt. Zertifizierte Weiterbildungsangebote gibt es unter anderem bei *Konflikt-KULTUR*; spezielle Angebote für ganze Schulklassen bei *Helden e. V. (#nichtmitmir)*.

Bei Mobbing hört der Spaß auf – rechtliche Grundlagen

Viele Menschen – vor allem Kinder – scheinen nicht zu wissen, dass es sich bei Mobbing keineswegs um harmlose Streiche handelt, sondern um Verhaltensweisen, die durchaus strafrechtliche Konsequenzen haben können. Den Rahmen bildet eine Reihe von Paragraphen bzw. Gesetzen.

Strafgesetzbuch

- § 185: Beleidigung
- § 186: Üble Nachrede
- § 187: Verleumdung
- § 201: Verletzung der Vertraulichkeit des Wortes

- § 201a: Verletzung des höchstpersönlichen Lebensbereichs durch Bildaufnahmen
- § 240 und § 241: Nötigung und Bedrohung

Kunsturhebergesetz

- § 22: Recht am eigenen Bild

Den Paragraphen ist unter anderem zu entnehmen, dass Beleidigung mit einer Freiheitsstrafe von bis zu einem Jahr oder mit Geldstrafe geahndet werden kann. Beleidigungen müssen dabei nicht immer verbal sein; auch Tätlichkeiten wie Anspucken oder ständiges Anrempeln und Schubsen während der Schulpause gehören dazu.

Werden im Unterricht oder in sonstigen Situationen, die für eine geschlossene Gruppe gedacht sind, heimlich Tonaufnahmen gemacht und verbreitet, kann das ebenfalls angezeigt werden, genauso wie das Beschädigen, Verstecken und Zerstören von Schulutensilien. Dasselbe gilt, wenn einem Kind auf dem Schulweg aufgelauert, wenn Geld erpresst oder das Kind körperlich bedrängt oder geschädigt wird.

Im Zusammenhang mit Mobbing ist es wichtig, den Paragraphen 201a Strafgesetzbuch zu kennen: »Verletzung des höchstpersönlichen Lebensbereichs durch Bildaufnahmen«, denn hier geht es darum, dass schon das Fotografieren und Filmen in intimen Umgebungen, etwa in der Dusche, auf der Toilette oder in der Umkleide, strafbar ist – und nicht erst das *Verbreiten* des Materials.

Der § 22 KunstUrhG, bekannt als »Recht am eigenen Bild«, besagt verkürzt: Fotos dürfen nur mit Einwilligung des Abgebildeten verbreitet werden. Das Recht am eigenen Bild ist eine besondere Form des allgemeinen Persönlichkeitsrechts, wonach jeder Mensch grundsätzlich selbst darüber bestimmen darf, ob überhaupt und in welchem Zusammenhang Bilder von ihm veröffentlicht werden.

Die Liste der Paragraphen, auf die man sich im Zusammenhang mit Mobbing beziehen kann, ist natürlich erweiterbar. Letztlich hängt es auch immer vom Einzelfall ab, welcher Paragraph greift. Sprecht die oben genannten Grundlagen trotzdem mit euren Kindern durch, damit ihnen bewusst wird, dass es einen gesetzlichen Rahmen gibt, der sie und alle anderen Menschen schützt. Dabei sollte auch klar werden, dass jede Art von Mittäterschaft Konsequenzen haben kann. Denn auch das Verbreiten von Videos, die Täter*innen aufgenommen und gepostet haben, um ein anderes Kind bloßzustellen, ist Mobbing. Den allermeisten Kindern ist das nämlich überhaupt nicht klar, wie ein Artikel auf ZEIT Online anschaulich macht: »Den Mädchen erklärte die Sozialarbeiterin, dass sie mit der Verbreitung des Videos eine Straftat begangen und Persönlichkeitsrechte verletzt hätten. Die Mädchen schwiegen. Sprachlos für einen Augenblick.«[47]

In den meisten Fällen von Mobbing – und das ist wichtig zu wissen – handelt es sich um Anzeigedelikte, das heißt, der/die Betroffene muss das Delikt bei der Polizei selbst anzeigen. Das geht mittlerweile auch online. Zu strafrechtlichen Konsequenzen kommt es aber erst, wenn der/die Angreifer*in über 14 Jahre alt ist. Denn laut Strafgesetzbuch ist nur strafmündig, wer das 14. Lebensjahr vollendet hat. Kinder unter 14 können nicht angezeigt bzw. verurteilt werden. Strafrechtlich relevante Vorfälle sollten dennoch unbedingt gemeldet werden, da hier das Jugendamt einschreiten kann oder die Polizei sich per Informationsgespräch einschaltet.

»Die zivilrechtliche Haftung, das heißt zum Beispiel Ansprüche auf Unterlassung durchzusetzen [...], beginnt viel früher«, sagt der Medienrechtler Ralf Höcker in einem STERN-Interview. »Ein Gericht verurteilt einen dann etwa, dass man es künftig unterlassen muss, bestimmte falsche Behauptungen, Beleidigungen, Nacktfotos oder sonst etwas ins Netz zu stellen. Diese zivilrechtliche Haftung beginnt ab dem siebten Lebensjahr.«

Es wäre natürlich wünschenswert, dass Schüler*innen wissen,

dass Mobbing unmoralisch ist und anderen Schaden zufügt, und es deshalb unterlassen. Ansonsten bringt sie vielleicht die Tatsache zum Nach- und Umdenken, dass neben den strafrechtlichen Konsequenzen auch Kosten entstehen können: Im Falle einer Abmahnung müssen die Anwaltskosten in Höhe von mehreren hundert Euro getragen werden.

Was tun, wenn Mobbing auftritt?

Kommt es zu konkreten Attacken, empfehle ich folgende Schritte:

Sprecht mit dem Opfer, ggf. auch mit dem/der Täter*in, und bildet Allianzen!

Sofern euch als Erwachsene klar wird, dass ein Kind gemobbt wird: Bietet eure Unterstützung an. Lehnt das Kind eure Hilfe ab, bleibt hartnäckig, macht konkrete Vorschläge. Gebt dem Kind das Gefühl, dass ihr da seid und dass ihr die Probleme ernst nehmt. Wenn ein Kind unter Mobbing leidet, vermeidet Bagatellisierungen (»So schlimm ist das jetzt auch wieder nicht«) und Schuldzuweisungen jeglicher Art (»Wäre dein Profil nicht öffentlich, hätte das gar nicht passieren können!«). Schließt euch mit Klassenlehrer*in, Schulleiter*in, Sozialarbeiter*in und/oder Schulpsycholog*in zusammen. Sprecht den/die Täter*in selbst an. Sprecht seine/ihre Eltern an.

Dokumentiert die Vorfälle!

Sichert Beweise per Screenshot. Führt Listen, in denen festgehalten wird, wer wann was genau getan hat. Je detaillierter, desto besser. Das kann für das Kind psychisch belastend sein. Beleidigungen löscht man lieber, als sie festzuhalten. Ich kenne Frauen, die nur deshalb beleidigt und bedroht werden, weil sie in der Öffentlichkeit stehen. Einige von ihnen haben eine vertraute Person, die solche Nachrichten vorscannt und ggf. dokumentiert. Am besten nehmt ihr euren Kindern die Dokumentationsarbeit ab.

Meldet/blockt den Angreifer!
Je nach Plattform lassen sich Mobber*innen blockieren und melden. Das sollte man unbedingt tun. Geschieht ein Angriff öffentlich, hilft es manchmal, Freund*innen zu bitten, den/die Angreifer*in ebenfalls zu melden, so dass er oder sie nicht nur für das Opfer geblockt, sondern komplett von der Plattform verbannt wird.

Erstattet Anzeige!
Je nach Dauer und Heftigkeit der Angriffe sollte man Anzeige erstatten, insbesondere wenn Gespräche im Vorfeld nichts gebracht haben und das Mobbing weitergeht.

Seltsamerweise kostet es Überwindung, jemanden anzuzeigen. Selbst wenn er oder sie einem massiv geschadet hat. Der rechtliche Rahmen ist aber dazu da, um zu schützen. Wird er übertreten, ist es euer Recht, auf die Einhaltung zu pochen.

*»Was tun, wenn mein Kind Täter*in ist?«*

Wir haben ausführlich über Prävention gesprochen und darüber, was zu tun ist, wenn ein Kind Opfer wird. Was aber, wenn das eigene Kind Täter*in ist? Was, wenn das Kind andere Kinder mobbt? Was, wenn es im Internet unterwegs ist und hasserfüllte Kommentare schreibt?

Die meisten Eltern sind natürlich total geschockt, wenn sich herausstellt, dass ihr Kind andere Kinder bedroht, belästigt oder anderweitig unter Druck setzt. Oft ist es ein Reflex von Eltern, vorgebrachte Vorwürfe zurückzuweisen.

Darum mein Rat: zuallererst tief durchatmen, die Gedanken ordnen und vor allem zuhören. Lasst euch so viele Details wie möglich schildern, bevor ihr das Gespräch mit eurem Kind sucht. Sorgt dafür, dass das Mobbing bzw. das sonstige Fehlverhalten umgehend stoppt und sich nicht wiederholt. Das hat höchste Priorität.

Ansonsten ist es mit Blick auf die Täter*innen sehr schwer, konkrete Tipps zu geben, weil jeder Übergriff in seinem jeweiligen Kontext betrachtet und bewertet werden muss.

So gibt es nicht *den* einen Grund, warum so etwas passiert. Es ist leider kompliziert.

Bei Kindern, aber auch Jugendlichen lasse ich mich in Konfliktfällen jedoch immer von einem Gedanken leiten: Schlimme Dinge müssen nicht prinzipiell aus Böswilligkeit und Berechnung passieren; oft genug ist Unwissenheit, manchmal auch bloße Dummheit im Spiel. Vor allem, wenn das Kind zum ersten Mal mobbt. Bei Wiederholungstäter*innen sieht das natürlich anders aus.

Vielen fällt es – unabhängig vom Alter – schwer, sich in andere hineinzuversetzen. Vielen ist nicht klar, was ihre Handlungen und Worte auslösen oder dass sie etwas Ungesetzliches tun. Empathiefähigkeit ist ein rares Gut. Wie schnell ist ein vermeintlich lustiges Foto in einer peinlichen Situation gemacht und mit einem (dummen) Spruch in einem Gruppenchat gepostet? Nur eine Minute nicht nachgedacht, und schon ist etwas losgetreten, was für die betreffende Person weitreichende Konsequenzen haben kann.

Gerade in Mobbingfällen brauchen die Täter*innen manchmal Jahre, um zu begreifen, was sie der anderen Person angetan haben. Vor einiger Zeit stieß ich auf den sehr berührenden Text eines Mobbingopfers, in welchem es dem Täter, der sich rund zwei Jahrzehnte später entschuldigt hat, ungefähr Folgendes antwortet: »Gut, dass du zu dieser Einsicht gelangt bist, aber ich muss dir sagen, dass es mir nicht gut ergangen ist. Du würdest jetzt sicher gerne hören, dass in der Zwischenzeit alles vergessen ist, aber so ist es nicht. Die Mobbingvorfälle haben mein Leben nachhaltig und negativ beeinflusst. Ich leide bis heute an den Folgen.«

In einem anderen Forum las ich: »I realize that perhaps my forgiveness will ease your conscience – I can't offer you any. Years of mistreatment do not erase with an apology. Even a heartfelt one that shows that you have changed, does not make things right. It does not change what you've done.«*

Auch wenn es schlimmstenfalls Jahre dauert, bis der Groschen fällt: Ich finde es gut, Kindern beizubringen, dass sich entschuldigen immer lohnt. Auch verspätet. So absurd es im ersten Moment klingen mag: Sprecht mit eurem Kind darüber, wie eine echte Entschuldigung aussieht, und zwar unabhängig davon, ob es je andere gemobbt hat.

Auf Twitter schreibt der User Zooko zusammengefasst und übersetzt:

> *Wie man sich entschuldigt: Ich hab das getan. Es war falsch. Es tut mir leid, dass ich es getan habe. Ich werde es nicht wieder tun. Bitte vergib mir.*
>
> *Wie man sich* nicht *entschuldigt****: Es tut mir leid, dass deine Gefühle durch das, was ich getan habe, verletzt wurden – und jetzt erkläre ich mein Verhalten.*

Warum es sich bei Letzterem um eine sogenannte Nonpology handelt? Weil in dem Zusatz »dass deine Gefühle verletzt wurden« mitschwingt: Du bist sehr sensibel, kann ja keiner wissen, ist allgemein nicht so, kurzum: Irgendwie ist dein Fall ein nicht ganz ernstzunehmender Einzelfall.

Zurück zum Mobbing: Natürlich ist nicht jede/r Täter*in per se ein schlechter Mensch. Menschen haben individuelle Motive –

* Übersetzung: Mir ist klar, dass es dein Gewissen erleichtern könnte, wenn ich dir vergebe. Aber das kann ich dir nicht bieten. Jahrelange Misshandlungen vergehen nicht mit einer Entschuldigung. Nicht mal eine, die von Herzen kommt und die zeigt, dass du dich geändert hast, kann etwas geraderücken. Sie ändert nicht, was du getan hast.

** Zooko verwendet das Verb »nonpology«. Nonpologys sind sogenannte Nichtentschuldigungen.

und gerade wenn es das erste Mal ist, dass das Kind ein anderes Kind mobbt, lohnt es sich, ruhig und besonnen zu reagieren. Entscheidend ist allerdings, dass das Fehlverhalten niemals ignoriert, sondern aufgearbeitet und besprochen wird. Verschließt nicht die Augen, sondern nehmt euren Erziehungsauftrag wahr:

1. Sprecht euer Kind direkt auf sein Verhalten an. Wenn es Beweise dafür gibt, müsst ihr sie parat haben. Lasst kein Kleinreden zu. Der Maßstab ist nicht die Einschätzung des Täters oder der Täterin, sondern die des Opfers.
2. Erfragt, ob eurem Kind bewusst ist, was sein Verhalten bei der/dem anderen ausgelöst hat. Lasst euch die kurz-, mittel- und langfristigen Folgen schildern. Zentral ist dabei, dass ihr versucht, die Empathiefähigkeit zu wecken. Euer Kind soll sich in die Situation des Opfers hineinversetzen. Ganz konkret: Nicht *»Da hat sich Sven wahrscheinlich schlecht gefühlt«*, sondern *»Sven war verzweifelt, fühlte sich allein und hilflos. Wahrscheinlich konnte er nicht mehr schlafen; er hat geweint und sich vor seinen Eltern geschämt«*. Vielleicht hilft dabei, sich zusammen mit dem Kind reale Mobbingerfahrungen durchzulesen. Auf Twitter sind solche beispielsweise unter dem Hashtag #bullyme zu finden.

Überlegt gemeinsam, wie eine Entschuldigung aussehen könnte. Und zwar ohne jedes Aber. Bereitet euer Kind darauf vor, dass das Opfer vielleicht nicht bereit sein wird, die Entschuldigung anzunehmen. Das Opfer ist dazu auch nicht verpflichtet. Es muss nicht mal darauf reagieren und schon gar nicht verzeihen. Wägt außerdem ab, ob es sinnvoll ist, dass die Entschuldigung öffentlich erfolgt.

Steht eurem Kind bei allen weiteren Schritten zur Seite.

Macht eurem Kind klar, dass es auch euer Vertrauen missbraucht hat. Ihr habt ihm bestimmte Dinge im Internet erlaubt – und die wurden dazu genutzt, anderen zu schaden. Besprecht gemeinsam, wie ihr damit umgeht. Werden Privilegien entzogen?

Muss das Kind die Eltern vorübergehend für alle Aktivitäten im Internet »freischalten« (z. B. indem es zulässt, dass die Eltern ihm auf den jeweiligen Plattformen folgen), so dass diese mitlesen können? Muss es gar seine Endgeräte abgeben?

Ihr helft eurem Kind, wenn ihr empathisch seid und seine Motive versteht; im Idealfall lieben Eltern ihr Kind ja auch, wenn es sich falsch verhält. Hört eurem Kind also zu, aber macht ihm gleichzeitig klar, dass ihr als Eltern in einer anderen Position seid als das Opfer. Es geht darum, dass das Kind versteht, was es angerichtet hat, indem es sich in die Lage des Opfers hineinversetzt. Katja Seide und Danielle Graf schreiben dazu: »Wenn wir unseren Kindern beibringen, die Situation mit den Augen des Geschädigten zu sehen, statt sie zu bestrafen, wird sich ihr moralischer Kompass automatisch danach ausrichten, ob ihre Handlungen anderen Menschen schaden.«

Bei aller Liebe zum Kind ist es wichtig, den oder die Vorfälle als das zu sehen, was sie sind. Keine harmlosen Kinderstreiche, sondern Mobbing, das einer anderen Person Schaden zugefügt hat. Sucht auch das Gespräch mit der Schule, sofern das Mobbing im Schulkontext stattgefunden hat. Lasst euch von Schulpsycholog*innen und Sozialarbeiter*innen begleiten.

Aufarbeitung ist wichtig. Fehler einzugestehen ist wichtig. Die Scham über das eigene Fehlverhalten auszuhalten ist wichtig. Zukünftiges Mobbing zu unterbinden hat oberste Priorität.

Manche Kalendersprüche sind nämlich durchaus wahr: Jede/r darf einen Fehler machen, nur sollte man denselben Fehler nicht zweimal machen.

Hier findet ihr Hilfe

Die verschiedenen Hilfestellungen bei Mobbing sind auf die unterschiedlichen Zielgruppen zugeschnitten.

Schulen

- *Saferinternet.at*, »Aktiv gegen Cybermobbing«[48]
- *Klicksafe.de*, »Tipps für Pädagogen und Jugendliche«[49]

Eltern

- *Bundeskonferenz für Erziehungsberatung für Eltern (BKE)*[50]
  Elterntelefon bei der *Nummer gegen Kummer*[51]

Kinder und Jugendliche

- *Bundeskonferenz für Erziehungsberatung für Jugendliche (BKE)*[52]
- *juuuport.de*
- Kinder- und Jugendtelefon (und Chat) bei der *Nummer gegen Kummer*[53]
- Opfer-Telefon des *Weißen Rings*[54], der auch per E-Mail berät
- Erste-Hilfe-App bei Cybermobbing des *klicksafe* Youth Panels[55], wo auch ganz praktische Tipps gegeben werden, zum Beispiel »Wie erstellt man einen Screenshot?« und »Wie melde ich jemanden bei Instagram?«

Auch die polizeiliche Kriminalprävention »Cybermobbing«[56] bietet gute Informationen. Schaut, ob eure Stadt oder euer Bundesland vielleicht sogar eigene Beamte hat, die in akuten Fällen helfen und bei Elternabenden oder Workshops in den Schulen aufklären.

In Sachen (Cyber-)Mobbing ist das Internet voll von hochwertigen Informationen und hervorragenden (überwiegend kostenlosen) Angeboten. *Ihr müsst nur aktiv werden!* Am besten jetzt, da eure Kinder (hoffentlich!) noch nicht betroffen sind.

Auf Mobbing kann niemand kulturoptimistisch schauen, aber:

- Prävention ist ein guter Weg, um Kinder vor Mobbing zu schützen.
- Man kann Kinder stark machen und dazu ermutigen, Verteidiger*in zu sein. Das stärkt die Gemeinschaft on- wie offline und bereitet auf Zivilcourage vor.

- Pflegt man die Vertrauensbasis und zeigt Kindern Anlaufstellen wie *juuuport* und Co., können sie im Fall des Falles selbst aktiv werden.

Stichwort Alarmismus

So ein Kapitel über (Cyber-)Mobbing hinterlässt ein schales Gefühl. Beschäftigt man sich außerdem mit konkreten Fällen, erwächst daraus vielleicht sogar Angst. Daher möchte ich an dieser Stelle noch mal dafür plädieren, nicht in Angststarre zu verfallen oder seine Kinder durch Verbote vor Hate-Speech, Mobbing und Co. schützen zu wollen.

Geht lieber zusammen Punkt für Punkt durch, was in Sachen Prävention wichtig ist, installiert zum Beispiel gemeinsam die Erste-Hilfe-App, und/oder speichert die Nummer von *juuuport* sowie die *Nummer gegen Kummer* im Telefonbuch ab. Das gibt Kindern die Sicherheit, dass sie bei Bedarf auf eine Reihe von Ansprechpartnern zurückgreifen können.

Viele Kampagnen und Bücher im Bereich »Kinder und digitale Medien« sind bedauerlicherweise sehr alarmistisch. Sie stellen eigentlich nur fest, *dass* etwas problematisch ist, und ziehen als Beleg oft selektiv schockierende Einzelfälle oder Studien heran. Gerne werden dann Korrelationen mit Kausalitäten verwechselt. Wer schon einmal ein Buch von Manfred Spitzer gelesen hat oder bei einem seiner Vorträge war, weiß, wovon ich spreche: Computer machen dumm und gewalttätig. Das Internet macht dick, süchtig und einsam. Wobei, das muss fairerweise hinzugefügt werden, Herr Spitzer natürlich nicht der einzige Mensch ist, der solche Thesen vehement vertritt. Er ist lediglich der bekannteste, was nicht zuletzt daran liegt, dass er in Interviews klare Ansagen machen kann und knackige Sprüche parat hat. Fragen Journalisten hingegen Medienpädagog*innen mit einer ausgewogenen und differenzierten Haltung, sind die Antworten weniger attraktiv. Ein »Das kommt darauf an« ist längst nicht so klickwirksam zu präsentieren wie das, was Manfred Spitzer unter anderem über Computerspiele schreibt: »Solange nicht jeder Mutter und jedem Vater klar ist, worum es sich bei Gewalt in Video- und Computerspielen wirklich handelt – nämlich um Tötungs-Trainingssoftware zum Einüben von Aggressionen als der einzig möglichen Konfliktlösung –, wird man zu diesem Thema weiter arbeiten müssen und keine Ruhe geben dürfen.«[57] So eine Aussage bleibt im Kopf.

Wenn alarmistische Autor*innen aber behaupten, das Internet mache dumm (und dick) – insbesondere unsere Kinder –, dann werden sie in der Regel nicht ernsthaft von der Sorge um unsere Kinder und deren Zukunft getrieben, sondern vielmehr von der Gewissheit, dass Geld verdient, wer an der richtigen Stelle Öl ins Feuer gießt. Eltern Angst zu machen ist ein äußerst gewinnbringendes Geschäftsmodell.

Viele Eltern sind verunsichert, weil sie sich tatsächlich kaum bis gar nicht mit dem Internet und sozialen Medien auskennen. Damit sind sie ein leichtes Opfer für weitere Verunsicherung. Das ohnehin schon schlechte Gefühl, das sie haben, wird durch die Tagespresse weiter befeuert – und auf einmal eröffnet sich ein wunderbarer Weg: Statt sich mühsam mit allen Themen befassen zu müssen, bekommen sie zu hören, man solle Kinder von digitalen Medien fernhalten, jegliche Bestrebung, Kindern den richtigen Umgang mit digitalen Medien beizubringen, sei Unsinn; mit Kindergartenkindern würde man doch auch kein Alkoholtraining durchführen. So lautet Spitzers Rat an alle Eltern: »Ich würde Nintendo, Playstation und Ähnliches verbannen und meinem Zehnjährigen auch niemals einen iPod touch kaufen, denn da ist er viel zu schnell im Internet. […] Meine Empfehlung an die Eltern ist ganz klar: Beschränkung. Je später die Kinder damit anfangen, desto besser ist es. Es gibt so viele tolle Sachen, die man als Mensch lernen kann. Warum die Zeit vertun mit digitalem langweiligem Schnickschnack, der einen im Leben nicht weiterbringt? Dass man das mit seinen Kindern täglich diskutieren muss, ist klar. Denn der Reiz ist groß. Weiß man aber um die negativen Auswirkungen, dürfte einem das Argumentieren nicht schwerfallen.«[58]

Wie bequem! Man muss zwar ständig diskutieren (tja, warum wohl?), aber darüber hinaus muss man nichts tun. Kinder müssen von dem Internet beschützt werden, verbieten und fernhalten ist der richtige Weg. Denn alles ist gefährlich. Fotos posten ist gefährlich! Chatten ist gefährlich! Computerspiele sowieso. Überall Cybermobbing und Cybergrooming. Das Gehirn wird weich.

Eigentlich ist es gar nicht mal so dumm, mit Angst auf Unbekanntes zu reagieren. Zumindest für den Urmenschen. In der menschlichen Seele gibt es nämlich einen Mechanismus, der zunächst einmal alles, was neu ist, als potenziell bedrohlich einstuft. Lieber nicht gleich zum noch nie gesehenen Säbelzahntiger rennen und ihn liebkosen (auch wenn er sehr niedlich aussieht), sondern Abstand halten und erst mal beobachten. Allerdings ist das moderne Leben in der Ersten Welt, sprich in einem modernen Industriestaat, im Vergleich zum Höhlenmenschdasein längst nicht mehr so gefährlich. Doch die Evolution kommt nicht hinterher, weshalb das beschriebene Gefühlsrelikt geblieben ist: Was neu und unbekannt ist, wird als bedrohlich eingestuft – und wenn man sich nicht damit beschäftigt, dann bleibt es das auch. Es kann sogar noch schlimmer kommen: Unterhält man sich mit anderen Menschen, die das unbekannte Ding auch nicht kennen, befruchten sich die Ängste unter Umständen gegenseitig. Vielleicht kennt Sabine noch eine Horrorgeschichte über Cybergrooming, und auch Denis hat von einem Fall gehört, der einem das Blut in den Adern gefrieren lässt. Jetzt ist das Internet zwar kein Säbelzahntiger, und doch greift dieser Mechanismus bei vielen nicht so technik- oder internetaffinen Menschen. Sie haben Angst – und natürlich fürchtet man nicht nur um das eigene Leben, sondern bangt vor allem um das des Nachwuchses.

Auch bestimmte Autor*innen kennen diese Mechanismen und befeuern gezielt die Angst. Warum? Weil alle Ängstlichen dann nickend und Beifall klatschend vor dem Fernseher oder am Radio sitzen, sobald behauptet wird, das Internet mache dumm und sei überhaupt eine ernstzunehmende Gefahr. *(»Siehste! Hab ich ja schon immer gesagt.«)* Am Ende kaufen sie das Buch dieser vermeintlichen Expert*innen und schenken es ihren Freund*innen, die auch schon immer ahnten, dass das Internet etwas Gefährliches ist.

Wäre es nicht angemessener, sich mal mit der Frage zu beschäftigen, was denn angesichts der Sorgen und Ängste wirklich sinnvoll ist? Schließlich wissen wir doch alle: Das Internet geht nicht mehr weg. So bleibt zu klären, was wir für unsere Kinder tun können, um sie vor den tatsächlichen Gefahren zu schützen. Wovor konkret sollten wir unsere Kinder warnen? Wie wappnen wir sie dafür, mit diesen Gefahren umzugehen? Denn Kinder, die schon konkrete Erfahrungen mit dem Internet gemacht haben, wissen, dass nicht *alles* daran grundsätzlich schlecht ist. Je nach Verbreitung der Plattform wollen sie einfach Teil einer Gruppe sein und mitmachen. Finden sie in den Eltern aber keine differenzierten, halbwegs kompetenten Ansprechpartner*innen, sondern Erwachsene, die nur verteufeln, verbannen und runtermachen wollen (»digital langweiliger Schnickschnack«), grenzen sie sich zunehmend von ihnen ab. Sie nehmen sie immer weniger ernst – bis sie schließlich bei jedem elterlichen Kommentar geistig abwinken, die Augen verdrehen und denken: *»Davon hast du doch gar keine Ahnung …«*

Daher ist es so wichtig, eine differenzierte und informierte Haltung zu entwickeln. Das Internet hat viele positive Aspekte. Es hat aber auch Schattenseiten (z. B. Cybermobbing). Nur wenn wir nicht jedes Phänomen mit gleicher Lautstärke und Vehemenz beschreien, haben wir eine Chance, bestimmte Facetten des Internets als problematisch herauszustellen und sachlich mit unseren Kindern zu besprechen.

Denkt einfach an die Geschichte von dem Jungen, der eine

Schafherde zu beaufsichtigen hat und irgendwann aus Langeweile ins Dorf ruft, einen Wolf gesichtet zu haben. Die ersten zwei Male eilen die Dorfbewohner*innen noch motiviert zu Hilfe. Beim dritten und vierten Fehlalarm nicht mehr; und als der Wolf dann wirklich erscheint, ist niemand da, um zu helfen, weil niemand mehr den rufenden Jungen ernst nimmt. Nicht anders verhält es sich mit Eltern, die alles schlecht, albern, minderwertig, schädlich und verdummend finden, was das Internet angeht.

Sind Eltern in der Lage, zu unterscheiden, sich mit ihren persönlichen Wertungen zurückzuhalten und ausschließlich zu warnen, wo es wirklich nötig ist (z.B. Datenschutz, Cybermobbing, Cybergrooming), werden Kinder aufmerksam zuhören – und sich bei Problemen vertrauensvoll an die Eltern wenden.

Dasselbe wie Alarmismus nur in Blau ist übrigens dieses gönnerische Abwinken, wonach die Digital Natives die Generation sei, die sich mit dem Internet per se gut auskenne. Da könne die alte Generation gar nicht mithalten. Man vertraue da einfach auf die Jugend, die das jetzt in die Hand nimmt.

Doch mitnichten wird diese Generation das von allein in die Hand nehmen. Die Digital Natives finden sich zwar in der digitalen Welt zurecht, haben keine oder nur wenige Berührungsängste mit neuen Technologien und können selbstverständlicher mit Apps & Co. umgehen. Was diese Generation allerdings nicht per Geburt weiß, ist, was hinter den Technologien steckt, welche Gefahren sie bergen und welche Folgen bestimmte Entwicklungen haben können. Das sieht man besonders eindrücklich an der breiten Verwendung von WhatsApp. Würden sich Digital Natives auskennen, würden sie sich mit Datenschutz auseinandersetzen, würden sie sich mit den Folgen der Monopolisierung bestimmter Konzerne beschäftigen, dann würden sie WhatsApp und die Suchmaschine Google konsequenterweise nicht benutzen.

Insofern ist der Satz »Die Digital Natives werden's schon richten« eine Art blinde Kapitulation. Man drückt sich vor der Verantwortung, sich selbst zu informieren. Man erklärt sich selbst für blöd. Das ist ähnlich bequem wie Alarmismus und genauso wenig zielführend.

5 KENNSTE EINE, KENNSTE ALLE? – VISUELLE SOZIALE PLATTFORMEN

tl;dr

TikTok
- Weltweit: 500 Millionen Nutzer*innen pro Monat
- Deutschland: 4 Millionen Nutzer*innen pro Monat
- Mindestalter zur Nutzung laut AGB: 13 Jahre

Instagram
- Weltweit: 1 Milliarde Nutzer*innen pro Monat
- Deutschland: 17 Millionen Nutzer*innen pro Monat
- Mindestalter zur Nutzung laut AGB: 13 Jahre

Snapchat
- Weltweit: 300 Millionen Nutzer*innen pro Monat
- Deutschland: 10 Millionen Nutzer*innen pro Monat
- Mindestalter zur Nutzung laut AGB: 13 Jahre

- Man kann lernen, sich ein Bild von Plattformen zu machen, die man selbst nicht benutzt.
- Cybergrooming findet plattformübergreifend statt. Kinder müssen erfahren, was Cybergrooming ist und wie man sich im Fall der Fälle verhält.
- Bevor etwas gepostet wird, sollte man darüber nachdenken, welche Folgen das haben kann. Das gilt für Erwachsene genauso wie für Kinder.

- Komplettverbote werden Kinder und Jugendliche nicht davon abhalten, Inhalte im Netz zu posten, führen aber dazu, dass sie es hinter dem Rücken der Erwachsenen machen.
- Influencer-Marketing influenced wirklich.
- Wer Kinder und Jugendliche vor negativen Effekten bildlastiger Plattformen auf das eigene Körperbild bewahren will, baut am besten gemeinsam mit ihnen eine vielfältige Timeline.

Musical.ly heißt seit 2018 TikTok. Doch vermutlich sorgt diese Feststellung nicht unbedingt für mehr Klarheit, oder?

Bei uns zu Hause war TikTok kein großes Thema. Dass es die Plattform überhaupt gibt, habe ich bemerkt, weil einige Gastkinder auf einem unserer Kindergeburtstage seltsam durch die Wohnung tanzten und so taten, als würden sie singen. Weil sie sich dabei auch filmten, fragte ich eines der Kinder, was es da eigentlich macht und ob es gedenkt, Videoaufnahmen oder Fotos unseres Wohnzimmers im Internet hochzuladen, was mir nicht so recht wäre. Das Kind war ganz verschreckt und verneinte, erklärte mir dann aber, dass es einen Clip für TikTok mache.

Als ich später mehr über dieses TikTok wissen wollte und anfing zu recherchieren, fragte ich mich irgendwann: Wenn diese Plattform so viele User*innen hat – warum eigentlich nicht mein Kind? Die Antwort war überraschend: Ich hatte vergessen, dass unser Kind ein Windows Phone vom Großvater geschenkt bekommen hatte. Denn 90 Prozent aller Apps, die Kinder und Jugendliche interessieren, gibt es für Windows-Smartphones* nicht. Das heißt, ein Großteil der Diskussionen rund um das Haben und Nichthaben von Accounts bestimmter sozialer Plattformen erledigt sich von allein. Quasi ein Elternhack für all jene,

* Seit Juli 2017 gibt es gar keine Updates mehr: End of Life nennt man das in der IT.

die dem kindlichen Wunsch nach einem Smartphone nachgeben und trotzdem sicherstellen wollen, dass das Kind mit dem Smartphone ungefähr so viel machen kann wie Scully und Mulder in den *X-Files* mit ihren Klapptelefonen samt ausziehbarer Antenne.*

Wie lange man für die Herstellung eines Bildes braucht

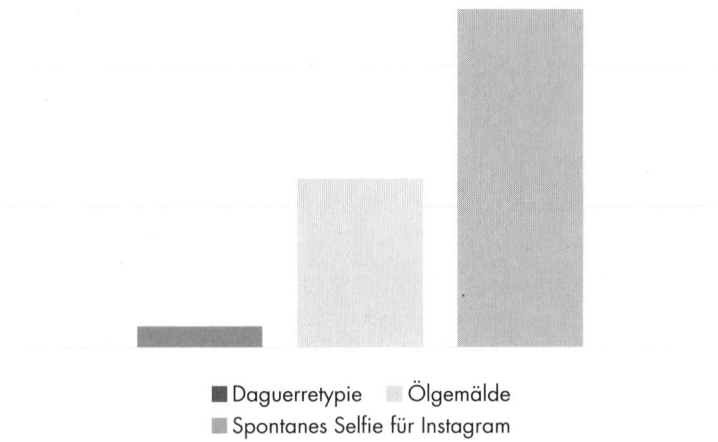

@katjaberlin für #nur30min

Wie funktioniert TikTok?

Wenn man von einer sozialen Plattform oder App noch nie gehört hat und trotzdem wissen möchte, worum es geht und wie sie funktioniert, installiert man sie sich im Idealfall auf dem eigenen Handy** und klickt ein wenig darin herum. Macht man das gemeinsam mit seinen Kindern, sind viele schon zufrieden, weil es ihnen erst mal nur wichtig ist, mitreden zu können, wenn TikTok im Freundeskreis Gesprächsthema ist.

* Scully und Mulder sind das Agentenduo in der US-amerikanischen TV Serie »Akte X« (1993–2002).

** Bei TikTok kann man sich Inhalte anschauen, ohne einen personalisierten Account zu erstellen. Die App legt trotzdem ein Schattenprofil an, auf dem gespeichert wird, was ihr auf TikTok macht.

Auch YouTube kann hier eine nützliche Adresse sein, denn wer sich TikTok nicht herunterladen will, sucht auf YouTube nach »Best Of TikTok« und schaut sich dort die beliebtesten Clips an.

Wer einen personalisierten Account hat, kann selbst kurze Videoclips aufnehmen. Dazu wählt man erst aus einer Reihe verschiedener Musikpassagen oder Film- und Serienzitate aus und nimmt dann etwas auf (z. B. sich selbst), das dazu passt. Man erstellt also zu einer bestehenden Audiospur einen passenden Videoinhalt.

Auffindbar sind die verschiedenen Videos über Hashtags. Es gibt auch regelmäßig Challenges, an denen man teilnehmen kann. Die beliebtesten Videos werden auf der Hauptseite des jeweiligen Landes präsentiert.

Tatsächlich ist TikTok sehr unterhaltsam. Wir haben uns zum Beispiel in Klorollen singende ältere Damen, musikalische Gabeln und sich unterhaltende Hunde angeschaut. (In Elternrunden höre ich oft, das sei Schwachsinn und es sei deshalb unverständlich, wieso Kinder und Jugendliche bei so etwas Sinnlosem mitmachen. Wie haben diese Erwachsenen ihre eigene Kindheit verbracht? Haben die sich Kant-Werke zum Einschlafen vorlesen lassen, gemeinsam mit ihren Freund*innen über Wittgenstein-Zitate gekichert und sich in der Schule Luhmann-Fußnoten zugesteckt? Und heute? Schauen sie nie zur reinen Unterhaltung »Dschungelcamp«, »Tatort« oder »Das perfekte Dinner«? Warum muss denn alles, was wir Menschen tun, sinnvoll und/oder intellektuell sein? Warum darf der Alltag nicht einfach mal albern und/oder unterhaltsam sein?)

TikTok finanziert sich übrigens über In-App-Käufe, personalisierte Werbeeinblendungen und den Verkauf von werberelevanten Userdaten an Dritte. Außerdem können die Nutzer*innen ihren Stars kleine Beträge spenden oder spezielle Filter für ihre eigenen Videos kaufen.

Wie unterhaltend TikTok auch sein mag, ich möchte an dieser Stelle nicht unerwähnt lassen, dass im September 2019 bekannt wurde, dass die App in China systemkritische Inhalte herausgefiltert hat und über die Eindämmung von Reichweite zensiert. Wobei das noch euphemistisch formuliert ist. Denn die Zensur geschieht, ohne dass der/die Nutzer*in etwas bemerkt. Die Posts werden nämlich nicht gelöscht, sondern auf »sichtbar für den User selbst« gesetzt. Nicht unbedingt überraschend innerhalb Chinas, mag man meinen – dort gehen andere Plattformen wie WeChat[59] ähnlich vor. Ähnliche Probleme gab es allerdings auch außerhalb Chinas, wie unter anderem *The Guardian* ans Tageslicht beförderte, als er darauf aufmerksam machte, dass Pro-LGBT-Inhalte im europäischen Raum zensiert wurden:[60] »And an entire section of the rules was devoted to censoring depictions of homosexuality. ›Intimate activities (holding hands, touching, kissing) between homosexual lovers‹ were censored, as were ›reports of homosexual groups, including news, characters, music, tv show, pictures‹. Similarly blocked was content about ›protecting rights of homosexuals (parade, slogan, etc.)‹ and ›promotion of homosexuality‹. In all those guidelines, TikTok went substantially further than required by law.«*

TikTok erwidert, das sei ein bedauerlicher Vorfall, denn man habe nach veralteten Moderationsrichtlinien gearbeitet; die würden nun lokal angepasst, und auch das »visible to self« werde nicht mehr genutzt.

Ob man nun darauf vertraut, dass die Plattform TikTok zukünftig nicht mehr »aus Versehen« bestimmte Inhalte zensiert bzw. eindämmt, muss natürlich jede*r selbst entscheiden.

---

* Übersetzung: Ein ganzer Absatz der Nutzungsregeln widmete sich der Zensur von Darstellungen mit homosexuellem Inhalt. »Intime Aktivitäten (Händchen halten, sich berühren, küssen) zwischen homosexuellen Paaren« wurden ebenso zensiert wie »Berichte über homosexuelle Gruppen wie etwa Nachrichten, Figuren, Musik, Fernsehsendungen, Bilder«. Auch Inhalte zu Protesten Homosexueller (Paraden, Slogans etc.) und die »Bewerbung von Homosexualität« wurden blockiert. All diese Richtlinien von TikTok gingen deutlich über das hinaus, was das Gesetz verlangt.

Ist TikTok eine Cybergrooming-Plattform?

Neben der exzessiven Datensammlung[61] und den In-App-Käufen ist im Zusammenhang mit TikTok häufig von Cybergrooming zu lesen. Der Unabhängige Bundesbeauftragte für Fragen des sexuellen Kindesmissbrauchs definiert (Cyber-)grooming wie folgt: »Grooming (englisch: anbahnen, vorbereiten) ist der Fachbegriff für unterschiedliche Handlungen, die einen sexuellen Missbrauch vorbereiten.«[62] Selbsterklärend, dass es bei Cybergrooming um ebensolche Aktivitäten geht, die aber im Netz stattfinden – und zwar nicht nur auf TikTok. Auch schon vor TikTok gab es Plattformen wie YouNow und Tellonym, die vor allem wegen Cybergrooming in die Schlagzeilen geraten sind. Cybergrooming ist ein ernstzunehmendes Problem – das steht außer Frage. Belastbare Zahlen zu Cybergrooming zu finden ist jedoch schwer, weil die allermeisten Vorfälle nirgendwo erfasst werden.

Rund 15 Prozent der Kinder bis 14 Jahre in Deutschland haben schon sexuelle Belästigung im Netz erlebt.[63] 2018 kam es zu ca. 2.000 Anzeigen[64], wobei die Dunkelziffer vermutlich sehr viel höher ist. In der ARD-Reportage »Kinderfotos im Netz« ist die Rede von 730.000 Erwachsenen, die sexuelle Online-Kontakte zu Kindern haben.

Ein ähnliches Bild ergibt sich für Österreich, wo in einer repräsentativen Befragung 85 Prozent der 11- bis 18-Jährigen angaben, dass sie nie Cybergrooming erlebt haben.[65]

Was die notwendige Aufklärungsarbeit in Hinblick auf Cybergrooming angeht, ist es allerdings egal, wie verbreitet das Phänomen tatsächlich ist. Man sollte mit Kindern auf jeden Fall darüber sprechen, denn auch sie werden früher oder später auf Plattformen sein, auf denen Kinder und Jugendliche von Erwachsenen mit sexuellen Motiven angesprochen werden. Mit Cybergrooming sollten wir also so umgehen wie mit ähnlichen Problemen in der analogen Welt: Ich kläre meine Kinder auf, dass es manchmal Erwachsene gibt, die Böses mit Kindern vorhaben, und schildere, welche Tricks sie dabei benutzen, um sich Vertrauen zu erschleichen. In der analogen Welt kommen solche Annäherungen in der Regel aus dem direkten Verwandten- und Bekanntenkreis. Auch online geht es nicht nur um Fremde: »48,3 % der sexuellen Online-Annäherungen«, so die DGfPI*, »fanden ausschließlich mit Bekannten statt.«[66]

Dabei ist die Bandbreite von Cybergrooming sehr groß. Während einige Täter** auf die Kinder zugehen und sich über verschiedene Tricks aufwendig und langfristig deren Vertrauen erschleichen, um sie dann auch offline zu treffen und zu missbrauchen, kommt es zwischen einigen Tätern und Opfern nie zum physischen Kontakt, weil es den Tätern »genügt«, sexuelle Handlungen online vorzunehmen. Dieser »Tätertypus«, sagt der Kriminologe Thomas-Gabriel Rüdiger, »will eine möglichst schnelle sexuelle Interaktion mit einem Kind, um dieses dann zu erpressen. Solchen Täter[n] geht es vor allem darum, einschlägiges Bild- und Videomaterial des Kindes zu erlangen oder selbst[,] z. B. über die Webcam[,] sexuelle Handlungen vor einem Kind vorzunehmen.«[67] Fremde können sich Vertrauen erschleichen, indem sie beispielsweise so tun, als wären sie selbst Kinder oder Jugendliche. Die Täter beobachten ihre Opfer online und sammeln Informationen, um im Anschluss über ihr gefälschtes Profil gemeinsame Interessen und Hobbys vorgeben zu können. Sie bitten das Kind dann relativ bald, auf eine privatere Plattform (den Messenger, den das Kind standardmäßig benutzt) zu wechseln, machen kleine Geschenke und wollen sich irgendwann sogar persönlich mit dem Kind treffen.

---

* Deutsche Gesellschaft für Prävention und Intervention bei Kindesmisshandlung, -vernachlässigung und sexualisierter Gewalt e. V.

** Die Cybergrooming-Aufklärungsseite lilli.ch schreibt: »Cybergrooming-Täter sind meistens Männer. Über weibliche Täterschaft gibt es kaum Information.«

Auf *mobilsicher.de* werden folgende Verhaltensweisen zur Kontaktanbahnung beschrieben:[68]

- Überschwängliches Lob von völlig fremden Profilen
- Viele persönliche Fragen, ohne dass der andere selber auf Fragen antwortet
- Schnelle Versprechungen, einen zu featuren oder groß herauszubringen
- Aufforderungen, bestimmte Fotos oder Videos zu posten
- Der Vorschlag zum Wechsel in private Chats
- Immer wieder aufs Neue gesendete Freundschaftsanfragen

Die Kinder sollten also unbedingt wissen, *dass* es Cybergrooming gibt. Relativ hilfreich ist es, private Nachrichten in dem sozialen Netzwerk abzustellen. Auf manchen Plattformen geht das, auf anderen nicht. Kinder sollten niemals private Informationen wie Name, Adresse und Telefonnummer preisgeben. Auch nicht für angebliche Gewinne in Gewinnspielen: »Du hast mein Foto gelikt und deswegen ein Handy gewonnen. Schick mir bitte deine Adresse, dann kann dir das Handy von meinem Sponsor zugeschickt werden.«

Erlaubt man Kindern unter 13 Jahren die Teilnahme an sozialen Netzwerken, kann man mit ihnen auch vereinbaren, dass sie einem Bescheid geben, wenn sie außerhalb ihres bekannten sozialen Umfelds Nachrichten erhalten. Zumindest, sobald sie ihnen seltsam oder unstimmig vorkommen. Kinder haben da ein gutes Gespür.

Auch könnt ihr gemeinsam mit den Kindern die Reaktionen auf Postings durchgehen und besprechen.

In Bezug auf Cybergrooming sind Gesetzesverschärfungen geplant. So hat die Bundesregierung im Sommer 2019 unter anderem beschlossen, dass schon der bloße Versuch der sexuellen Belästigung im Internet als Straftat behandelt werden soll.

Vollständigen Schutz gibt es weder durch gesetzliche noch durch technische Maßnahmen. Der effektivere Schutz ist ein aufgeklärtes Kind plus die vertrauensvolle Beziehung zwischen Eltern und Kind.

Das heißt:

- Klärt eure Kinder auf und macht ihnen klar, dass Cybergrooming auf jeder Plattform vorkommen kann. Es muss gar keine bildlastige Plattform sein. Auch bei Onlinespielen suchen Pädophile den Kontakt zu Kindern.
- Fallt dabei nicht auf eine »USK 0 Jahre« herein. Das bedeutet zwar, dass das Spiel keine gewalttätigen oder pornografischen Elemente enthält, aber Cybergrooming kann hier ebenso stattfinden wie anderswo.
- Vereinbart Regeln. Kennt das Kind die Person hinter einer Freundschaftsanfrage nicht, schaut euch das Profil gemeinsam an. Klärt die Kinder auf, dass sich Profile fälschen lassen. Erwachsene können sich als Kinder ausgeben, aber auch als Bekannte, beispielsweise indem sie deren Bilder und Identität klauen.
- Schaut euch gemeinsam an, was sich in den Einstellungen einer App machen lässt. Oft kann man Direktnachrichten komplett sperren oder das eigene Profil auf »privat« stellen.
- Für viele Kinder ist es okay, wenn die Eltern (oder andere Erwachsene, die die Funktion eines stillen »Online-Begleiters« übernehmen) ihren Accounts folgen. Fragt vorher, ob das in Ordnung ist, und haltet euch dann im Hintergrund. Mami muss nicht alles liken und Papi nicht ständig kommentieren. Macht klar, dass es nicht ums Überwachen, sondern ums Begleiten geht – und verhaltet euch auch so.
- Sprecht auch über Schuldgefühle. Sehr viele Kinder, denen unangenehme Dinge im Netz widerfahren, haben sofort das Gefühl, etwas falsch gemacht zu haben. Vielleicht haben sie aus Neugierde etwas ausprobiert. Vielleicht haben sie sich über eine Warnung der Eltern hinweggesetzt. Dann kostet es

Überwindung, sich an Erwachsene zu wenden. Es ist also ganz wichtig, dass ihr für euer Kind immer ansprechbar seid. Dem Kind kommt etwas komisch vor? Es kann sich etwas nicht erklären? Es hat ein ungutes Gefühl? Lasst euch alles schildern. Schaut drüber hinweg, wenn ein Kind mal eine vereinbarte Regel nicht eingehalten hat und es deswegen zu einer zweifelhaften Erfahrung kam.

Ist wirklich etwas passiert, geht wie folgt vor:

1. Beweise per Screenshot sichern.
2. Profil in der Plattform melden.
3. Nutzer blockieren.
4. Vorfall bei der Beschwerdestelle von *jugendschutz.net* melden.
5. Gegebenenfalls Anzeige bei der Polizei erstatten (was auch online möglich ist).
6. Hilfe suchen. Empfehlenswerte Anlaufstellen sind *juuuport.de*, wo Jugendliche Jugendliche beraten, und die *Nummer gegen Kummer* (116 111), wo es sowohl eine Nummer für Eltern als auch für Kinder und Jugendliche gibt. Beratung per E-Mail oder Chat ist ebenfalls möglich.

Snapchat, Instagram, TikTok ... Die Regeln sind oft die gleichen

Bei neuen sozialen Netzwerken ist es in jedem Fall sinnvoll, sich ein paar Gedanken über die Standardeinstellungen der jeweiligen App zu machen und vor der Installation Grundsätzliches mit den Kindern zu besprechen:

- Kann/sollte das Profil auf »privat« gestellt werden (denkbar bei jüngeren Kindern, ältere werden euch bei diesem Vorschlag entgeistert anschauen)?
- Ist es möglich, den Standort zu deaktivieren?
- Gibt es eine Funktion, mit der man inadäquate Inhalte melden kann? Kennen die Kinder/Jugendlichen sie?

- Kennen sich die Kinder mit der Verbreitung von Bildern und Videomaterial aus? Was darf dargestellt werden? Worauf muss geachtet werden? Denn auch vermeintliche Nebensächlichkeiten wie der Hintergrund geben unter Umständen private Informationen preis. Werde ich den Inhalt, den ich heute lustig finde, auch noch in fünf Jahren lustig finden? Ist den Kindern klar, dass Inhalte per Screenshot und mit anderen Verfahren abgespeichert und auch außerhalb der jeweiligen Plattform verbreitet werden können? Das sollte man unbedingt für jene Plattformen besprechen, die vorgeben, Inhalte nur eine bestimmte Zeit verfügbar zu machen (z. B. Snapchat und die Storys bei Instagram).

Was ihr noch tun könnt:

- Lest zusammen mit eurem Kind die AGB der jeweiligen Plattform. Das mag langweilig klingen – wer liest schon freiwillig AGB? –, ist aber oft sehr erhellend. Bei Snapchat zum Beispiel wird schnell klar, wie sehr die Idee der »vergänglichen Inhalte« der Realität entgegensteht, denn nach der Lektüre von AGB und Datenschutzerklärung weiß man, dass Snapchat unter anderem berechtigt ist, Bilder und weitere Inhalte zu speichern, zu nutzen, auszustellen, zu reproduzieren, zu verändern, anzupassen, zu bearbeiten, zu veröffentlichen, auszustrahlen, zu verteilen oder zu bewerben und öffentlich zu zeigen.

TikTok, Snapchat und Instagram sind nur drei von vielen Netzwerken, die für Kinder und Jugendliche in Zukunft attraktiv sein werden. Klar können sich Erwachsene jeweils einen Account anlegen, um sich umzuschauen – aber irgendwann wird es schwierig, das Netzwerk durch eigene Erfahrungen und Aktivitäten kennenzulernen. Ein paar wenige Erfahrungen konnte ich mit Snapchat sammeln. Aber TikTok hätte ich ohne besagten Kindergeburtstag an mir vorbeiziehen lassen. Als Eltern brauchen wir also eine Art Metakompetenz, um neue soziale Netzwerke verstehen und beurteilen zu können.

Bei uns läuft es folgendermaßen, wenn ein Kind fragt, ob es aktiv an einem bestimmten sozialen Netzwerk teilnehmen darf:

Informationen über das Netzwerk sammeln
Ich lese mir zum Beispiel Artikel über das Netzwerk durch. Alarmismus sei Dank sind gängige Gefahren und Probleme in der Regel medial gut zusammengefasst.

Macht euch klar, welche konkreten Gefahren es geben könnte
Zum Beispiel Cybergrooming, das Sammeln privater Daten und In-App-Käufe. Über die Geschäftsmodelle der Plattformen solltet ihr eure Kinder ohnehin frühzeitig aufklären.

Prüft, welche Gegenmaßnahmen ergriffen werden können.

Zum Beispiel das Profil auf »privat« stellen, Standort und private Nachrichten deaktivieren. Den Kindern und Jugendlichen generell klarmachen, was »Recht am eigenen Bild« bedeutet und dass die Inhalte der einen Plattform nicht ohne weiteres auf einer anderen geteilt werden dürfen, weil das *worst case* zu (kostspieligen) urheberrechtlichen Problemen führen kann. Das erscheint erst mal absurd, weil es zum Beispiel auf TikTok eine eigene Funktion dafür gibt.

Ja, all das kostet Zeit. Es kostet Zeit, sich schlauzumachen, und es kostet Zeit, das Wissen mit den Kindern zu teilen. Aber ich bin sicher: Es lohnt sich. Ihr tauscht ein diffuses Gefühl *»Irgendwie finde ich Plattform XY nicht gut«* gegen fundiertes Wissen.

Und mal ehrlich: Soooo viel Zeit kostet es nun auch wieder nicht, sich mit den grundlegenden Infos zu versorgen. Wer drei Tage in die Recherche über eine neue Waschmaschine investieren kann, der kann das auch bei sozialen Netzwerken, in denen die eigenen Kinder aktiv werden wollen. In der Baby- und Kleinkindzeit ist es völlig normal, Zeit mit Recherche zu verbringen. Überlegt mal, wie viel Zeit ihr damit verbracht habt, den richtigen Schlafsack, die richtige Wickelkommode und die richtigen ersten Schuhe zu finden. Warum geht die Bereitschaft, sich auf bestimmte Themen einzulassen, mit zunehmendem Alter der Kinder so stark zurück?

Das Netz vergisst nichts!?

Geht es um das Posten von Inhalten im Netz, ist ein typischer Satz: »Das Netz vergisst nichts!« Wenn man aber wie ich seit über 15 Jahren bloggt, weiß man: Das Netz hat ein Gedächtnis wie ein Sieb. Lese ich alte Artikel von mir und will den darin enthaltenen Links folgen, kommt es nicht selten vor, dass ich nur 404-Seiten entdecke. Das passiert, wenn die Seite, auf die ich verlinkt habe, verschwunden ist. Entweder wurde sie gelöscht oder ohne Weiterleitung auf eine andere URL (Adresse) verschoben. Vor 15 Jahren wusste ich auch noch nicht, wie ich auf meinen eigenen Webspace Fotos hochlade, und nutzte Dienste, die das für mich machten. All diese Bilder sind inzwischen verschwunden, weil es die Dienste nicht mehr gibt. Nicht zuletzt kann ich selbst Fotos aus meinem Backend entfernen und sogar bei Google beantragen, dass sie aus den Suchergebnissen gelöscht werden.

Vor Jahren hatte ich einen Screenshot von einem Messenger-Dienst gemacht, auf dem meine Telefonnummer zu sehen war. Als ich ihn im Rahmen eines Artikels hochlud, war mir das auch bewusst, aber ich hielt es für irrelevant, da meine Telefonnummer zur Kontaktaufnahme ohnehin auf meiner Website steht. Womit ich nicht gerechnet hatte, war, dass dieser Screenshot in der Bildsuche von Google auftaucht, wenn man »Telefonnummer Bibis BeautyPalace« eingibt. Warum das passiert ist, hab ich bis heute nicht kapiert.

Es begann eines Mittags Ende Dezember 2017. Mein Telefon klingelte, ich ging ran: »Hallo?« Stille am anderen Ende der Leitung. »Hallo?« Atmen, kichern, ein fragendes »Bibi?«. »Bibi? Nee, hier ist Patricia.« Ausatmen: »Kann ich Bibi sprechen?« – »Hm, nee, hier ist nur Patricia.« Enttäuschtes Ausatmen, die Verbindung wird getrennt. Eine Stunde später ein ähnliches Telefonat:

Telefonklingeln, Gelächter, eine junge Stimme fragt nach Bibi. So ging es den ganzen Tag. Jedes Mal, wenn das Telefon klingelte, schreckte ich hoch. Eltern denken ja ständig, der Kindergarten oder die Schule ruft an. Es wurde sowohl mit unterdrückter als auch mit sichtbarer Nummer angerufen. Ein Gespräch, das Licht ins Dunkel hätte bringen können, kam nicht zustande, weil immer wieder aufgelegt wurde, sobald klar war, dass ich nicht Bibi bin. Ich musste Nummer für Nummer sperren, um nicht ständig Anrufe zu erhalten. Auch mein Messenger quoll über von aufgeregten Text- und Sprachnachrichten. »Bist du wirklich Bibi?« – »Nein.« – »Warum nicht?« …

Mein Telefon war beinahe unbenutzbar geworden. Horden von total enthusiastischen Mädchen versuchten, Bibi ans Telefon zu bekommen. Zunächst war ich verwirrt, dann belustigt und am Ende einfach nur genervt.

Als ich endlich herausgefunden hatte, woran es lag, entfernte ich den Screenshot aus meinem Blogsystem. Da er aber weiterhin über Google indiziert war, musste ich dort die sofortige Löschung beantragen, was problemlos und schnell funktionierte. Endlich war wieder Ruhe – und außer meiner Mutter rief niemand mehr an.

Es ist also durchaus möglich, dass das Netz »vergisst«. Manchmal ist das mühsam, und manchmal braucht man Unterstützung von anderen. Zum Beispiel weil eine Plattform nicht reagiert, wenn man als Einzelperson etwas meldet. Tut man sich da mit drei, vier Freund*innen zusammen und meldet Inhalte, zeigt das meistens doch die gewünschte Wirkung. Es gibt vielleicht sogar Fälle, in denen man Anzeige erstatten muss, eh etwas passiert.

Ich habe das Verb *vergessen* einschränkend in Anführungszeichen gesetzt, weil – streng genommen – Daten noch da sind, wenngleich sie nicht mehr (leicht) auffindbar sind. Den Screenshot mit meiner Telefonnummer würde ich wahrscheinlich im Internet-Archiv[69] wiederfinden. Was aus dem Google-Index gelöscht wurde, ist möglicherweise über Bing weiterhin zu finden. Vielleicht hat sich aber einfach jemand Texte, Bilder oder sonstige Daten heruntergeladen oder einen Screenshot gemacht. Möglichkeiten gibt es viele. Kinder müssen diese Mechanismen kennen, damit sie sich auf Plattformen wie Snapchat oder Instagram nicht leichtsinnig verhalten, weil sie glauben, dass ihre Fotos nach einer gewissen Zeit tatsächlich verschwinden.

Wer auf Nummer sicher gehen will, sollte im Netz nur teilen, was wirklich öffentlichkeitstauglich ist, und zwar auch, wenn man etwas mit einem geschlossenen Personenkreis teilt. Denn es geht nicht nur darum, wie gut man selbst Daten und Zugänge im Internet sichert. Sobald nämlich andere ihre eigenen Daten und Accounts schlecht sichern und ihr irgendwie mit denen verknüpft seid, können eure Daten auch als Kollateralschaden ans Tageslicht kommen, wenn die andere Person gehackt wurde.

Was ich sagen will: »Better safe than sorry« ist prinzipiell ein guter Leitsatz, wenn man entscheidet, ob und wie man etwas postet oder eben nicht. Wenn aber dennoch etwas schiefgelaufen ist, dann gibt es durchaus Wege, es rückgängig zu machen. Oft – nicht immer. Und will einem jemand etwas Böses, kann man das meistens ohnehin nicht verhindern (nur erschweren). Absolut sicher ist man nur, wenn man *nichts* im Netz macht und auch keine Verbindung zum Internet hat. Auch private Daten, die man mit niemandem geteilt hat, können übrigens gehackt werden, wenn man sie in einem Clouddienst abgespeichert hat.

Mein Plädoyer: Sichert eure Daten, denkt nach, bevor ihr postet, aber einen Aluhut braucht man nicht.

Problematischer als die Sache mit dem Foto des dreijährigen Kindes auf Instagram, das dem 14-jährigen Teenager nicht mehr gefällt, sind Fotos, die vom öffentlichen Internetraum in den »geschlossenen« Raum (z. B. von Messenger-Diensten) wandern.

Denn dann wird es nahezu unmöglich, Inhalte zu entfernen oder deren Verbreitung zu stoppen.

Darum ist es ein großer Irrtum, davon auszugehen, WhatsApp-Gruppen seien im Gegensatz zu Facebook & Co. privat!

Zur Aufklärung gehört außerdem, darüber zu sprechen, dass nicht nur das Posten, sondern auch das Teilen von Inhalten schwerwiegende Folgen haben kann. Mobbing wird oft erst richtig schlimm, weil Inhalte immer weiter geteilt werden. Ein Junge teilt mit seinem besten Freund ein Foto seiner Ex-Freundin in Unterwäsche, der es wiederum einem anderen zeigt, der das Foto schließlich im Klassenchat postet, von wo es jemand nimmt und seinem großen Bruder zeigt ... So können Inhalte unkontrollierbar durch Netzwerke wandern, ohne dass die betreffende Person etwas davon merkt.

Wenn die betreffende Person etwas merkt, ist sie vermutlich völlig überfordert und fühlt sich womöglich schuldig. Welcher Teenager geht in so einem Fall gerne zu den eigenen Eltern und bittet um Hilfe, damit ein Foto in Unterwäsche nicht weiterverbreitet wird?

Sprecht mit euren Kindern nicht nur darüber, welche Inhalte sie selbst posten, sondern auch darüber, welche Inhalte sie verbreiten.

Ob ihr es glaubt oder nicht: Es kommt immer wieder vor, dass bestimmte Fotos *nicht* verbreitet werden. Zum Beispiel, wenn der Privat-Account eines Hollywoodstars gehackt wird. Betroffen waren unter anderem schon Jennifer Lawrence, Kirsten Dunst und Emma Watson. Während die Schundpresse Victim-Blaming betrieb und die Frage stellte, wieso sich diese Frauen überhaupt anmaßen, sich halbnackt zu fotografieren (mit ihren eigenen Handys für sich oder ihre/n Partner*in), wurden diese Fotos in meiner Filterbubble weder kommentiert noch geteilt. Sehr löblich. Ein extrem wichtiges Übungsfeld. Nicht nur für Kinder.

#WerbungausÜberzeugung oder: Influencer-Marketing

Das Thema »Authentizität und Werbung« kam schon mal kurz in Kapitel 2 vor. Jetzt soll es noch einmal genauer unter die Lupe genommen werden.

Kindern unter zwölf Jahren fällt es weitaus schwerer, Werbung als solche zu erkennen, als Teenagern. Laut *Medienanstalt Hamburg*[70] stellt sich das je nach Alter wie folgt dar:

- 5- und 6-Jährige: Diese Altersgruppe hat grundsätzlich noch kein Verständnis von Werbung. Sie kann Werbung und redaktionelle Inhalte noch nicht voneinander unterscheiden.
- 7- bis 9-Jährige: Viele erkennen Werbung im Internet bereits. Sie lernen, dass Werbung ihnen etwas verkaufen will. In diesem Alter wählen Kinder schon bewusst bestimmte Artikel aus.
- Ab zehn Jahren: Erst jetzt fangen Kinder an, Werbeaussagen kritisch zu hinterfragen, und sind in der Lage, sie von redaktionellen Inhalten zu unterscheiden. Meist verstehen sie nun auch bereits einige Taktiken und Anreize, mit denen Werbung arbeitet.

Auch meine Kinder haben schon Sätze gesagt wie »XY macht das aus Überzeugung. Er empfiehlt nur Sachen, die er echt gut findet« oder »Das ist keine Werbung, das ist nur Productplacement«.

Kinder müssen also erst lernen, dass manche Menschen mit ihrer Präsenz auf sozialen Plattformen Geld verdienen. Hellhörig werden Kinder zum Beispiel, wenn man ihnen erzählt, welche Summen zum Teil fließen. Wir erinnern uns: Der bestbezahlte YouTuber 2018 – mit 22 Millionen Dollar Jahresumsatz – war ein siebenjähriger Junge.

Auch auf Plattformen wie Instagram lässt sich Geld verdienen. Laut der *Instagram Rich List*[71], auf der Stars wie Cristiano

Ronaldo, Beyoncé Knowles und Kim Kardashian vertreten sind, zahlt die Industrie bis zu 1 Million Dollar pro Werbeposting. Selbst die Influencer*innen auf den Plätzen 11 bis 19 verdienen noch satte 100.000 Dollar. Laut der »What drives Influencers«-Studie von Jung von Matt, die zusammen mit der Influencer-Plattform Brandnew und Facelift durchgeführt wurde, bekommen 28 Prozent der 1200 befragten Influencer zwischen 500 und 1.000 Dollar pro Posting. [72]

Seit einigen Jahren hat sich Influencer-Marketing zu einem ernstzunehmenden Wirtschaftsmodell entwickelt, das bereits Einfluss auf die Allerjüngsten hat. Influencer-Marketing ist Werbung von (Internet-)Persönlichkeiten auf sozialen Plattformen. Per Video, Story oder Fotos geben sie Einblick in ihren Lebensalltag und bewerben dabei ganz Unterschiedliches. Das können Events, Firmen oder konkrete Produkte sein. Zentral ist hier, dass nicht Unternehmen, Organisationen oder Marken Absender der Werbebotschaft sind, sondern reale Menschen, denen sich mögliche Konsumenten sozusagen persönlich verbunden fühlen. Da ist es naheliegend zu befürchten, dass insbesondere Kinder diese Art der Werbung eher als die gut gemeinte Empfehlung eines Freundes wahrnehmen.

Erschwerend kommt hinzu, dass nicht jede Werbung ausreichend gekennzeichnet ist. Manchmal wird Werbung auch als objektiver Produkttest präsentiert oder gar nicht gekennzeichnet.

Natürlich gibt es für das Werben im Internet rechtliche Regelungen. Gemäß *Telemediengesetz* muss Werbung klar als solche zu erkennen und die Initiatoren der Werbung müssen eindeutig zu identifizieren sein. Auch der *Rundfunkstaatsvertrag* (§ 58, Abs. 3 in Verbindung mit § 7 Abs. 3) legt fest: »Werbung muss als solche klar erkennbar und vom übrigen Inhalt der Angebote eindeutig getrennt sein. In der Werbung dürfen keine unterschwelligen Techniken eingesetzt werden.« Auch der sogenannte Jugendmedienschutz-Staatsvertrag* schützt Kinder und Jugendliche vor negativen Auswirkungen von Werbung.

Was juristisch geregelt zu sein scheint, ist in der Realität nicht immer eindeutig, bzw. die Grenzen zwischen Werbebeiträgen und redaktionellen Beiträgen sind fließend. Immer wieder kommt es deswegen zu juristischen Auseinandersetzungen.

Hier kommt aber die gute Nachricht: Jüngere Studien zeigen, dass Kinder und Jugendliche durchaus in der Lage sind, Werbung zu erkennen, und zwar unabhängig von einer formaljuristisch korrekten Werbekennzeichnung. Je jünger sie sind, desto schwerer fällt es ihnen allerdings.

In der Zusammenfassung eines kommunikationswissenschaftlichen Gutachtens zu direkten Kaufappellen bei Kindern und Jugendlichen in sozialen Medien (2018) heißt es: »Gleichwohl stießen wir in unseren explorativen Interviews mit Jugendlichen auf einen überraschend hohen Wissensstand zum Thema Werbung und Influencer, ein hohes Differenzierungsvermögen hinsichtlich von Werbeformen und ein erstaunlich breites Spektrum an Nutzungsstrategien bezogen auf kommerzielle Inhalte. Dies deutet auf einen insgesamt kompetenten Umgang mit werblichen Inhalten in Influencer-Posts hin, der allerdings gerade bei jüngeren Jugendlichen durch Hinweisreize, die quer zu den Erwartungen der Jugendlichen liegen, herausgefordert werden kann. Zugleich zeigten die Interviews aber auch, dass – unabhängig vom Wissen der Nutzer um die werblichen Absichten – von Influencer-Postings durchaus ein Kaufimpuls ausgehen kann und die konative Wirkung von Appellen in Social-Media-Kanälen insofern vorhanden ist.«[73]

Interessant ist, dass Kinder und Jugendliche zwar in der Lage sind, Werbung zu erkennen, dass aber von Influencer-Werbung

* Staatsvertrag über den Schutz der Menschenwürde und den Jugendschutz in Rundfunk und Telemedien

dennoch Kaufimpulse ausgehen können. Zum einen müssen Kinder und Jugendliche also lernen, werberische Absichten zu identifizieren, und zum anderen, sich mit den eigenen Bedürfnissen auseinanderzusetzen, um nicht jedem Impuls zu folgen.

Werbung im Internet – so sensibilisiert ihr eure Kinder:

- Erklärt ihnen mögliche Werbearten.
- Sorgt für ein grundlegendes Verständnis der wirtschaftlichen Zusammenhänge.
- Besprecht Konsumwünsche und deren Ursprung.

»Bin ich schön?« – Auswirkungen auf das Körperbild

Kinder und auch Jugendliche sind in ihrem Körperbild noch nicht gefestigt. Dass sie sich deswegen mit anderen abgleichen wollen, ist normal. Da visuell geprägte Plattformen wie Instagram, YouTube und TikTok diese Orientierung bieten können, sind sie in dieser Altersgruppe so beliebt. 2019 nutzten 1 Milliarde Menschen weltweit Instagram, in Deutschland sind es über 17 Millionen – davon sind 2,9 Millionen zwischen 13 und 19 Jahre alt.[74]

Da die AGB festlegen, dass man erst ab 13 einen Account haben darf, liegen keine offiziellen Zahlen über Nutzer*innen unter 13 vor. Was nicht heißt, dass es die nicht gibt. In meinem Bekanntenkreis kommt es mit großer Regelmäßigkeit vor, dass die Eltern von jüngeren Kindern zufällig entdecken, dass diese bereits auf einer der genannten Plattformen aktiv sind.

Laut *JIM*-Studie 2018 nutzen rund 67 Prozent der 12- bis 19-Jährigen Instagram täglich bzw. mehrmals pro Woche.[75] Instagram liegt damit in der Nutzungshäufigkeit sozialer Medien gleich nach WhatsApp auf Platz 2.

Das Hauptmotiv der Instagram-Nutzer*innen besteht der *JIM*-Studie zufolge darin, »am per Foto und Video dokumentierten Alltag von Personen aus dem persönlichen Umfeld teilzuhaben: 82 Prozent folgen häufig Leuten, die sie persönlich kennen. Weniger interessant ist offenbar der Alltag von Stars oder Promis – hier bestätigt nur ein Drittel eine häufige Nutzung.« Allerdings: »Während nur 23 Prozent der Jungen häufig Stars oder Promis folgen, sind es bei den Mädchen [...] 40 Prozent.«

Nur zur Erinnerung: Instagram gibt es seit 2010. Zwei Jahre später wurde die Plattform vom Facebook-Konzern übernommen.

Aufgrund der Nutzungshäufigkeit und -art ist davon auszugehen, dass Instagram eine wichtige Quelle für den Abgleich von Körperbildern darstellt. Allerdings ist Instagram dafür nicht immer hilfreich. Doch so, wie es Kindern unter neun Jahren schwerfällt, Werbung zu erkennen, fällt es ihnen auch schwer wahrzunehmen, dass nicht alle Fotos der Realität entsprechen, sondern Filter und Photoshop die Welt erheblich verzerren und beschönigen können. Selfies von Internetstars sind meistens aufwendig inszeniert und alles andere als spontan.

In der *MaLisa*-Studie 2019 heißt es: »Wenn die eigene Erscheinung der Mädchen für die Erreichung des Influencerinnen-Standards nicht reicht, wird mit Inszenierungstricks und Filtern zur Optimierung nachgeholfen. Es kommt zu einer Verzerrung des Verständnisses von ›natürlich‹ und ›spontan‹« – und das ist insofern problematisch, als Mädchen, die Influencer*innen folgen, ihre eigenen Bilder stärker bearbeiten als solche, die keinen Influencer*innen folgen. »Sie empfinden ihr natürliches Aussehen zunehmend als unzureichend.«

Eigentlich kennt man es ja selbst. Wer das erste Selfie nimmt und postet, werfe den ersten Stein. Alle anderen, die schon mal ein Selfie gepostet haben, wissen, dass man mitunter ein Dutzend Fotos macht, bevor man eines davon postet. Denn trotz Turtleneck schwabbelt vielleicht das Doppelkinn, ein Haarbüschel stellt sich immer wieder widerspenstig auf, und die Augenbrauen werfen tiefe Schatten, so dass es aus unerfindlichen Gründen so aussieht, als hätte man nach den üblichen fünf Stunden Elternschlaf immer noch Augenringe. Eigentlich nähme ich auch gerne einen Haarstylisten und einen Make-up-Artist in Anspruch, bevor ich ein »spontanes« Selfie, bei voller Ausleuchtung und von einem professionellen Fotografen aufgenommen, poste.

Aber Spaß beiseite. Vielen Kindern ist wirklich unklar, wie viel Energie, Zeit und auch technische Ausstattung hinter angeblich natürlichen Fotos steckt. Und selbst wenn man das alles weiß, kommt man sich beim Durchscrollen einer Timeline von normschönen, faltenlosen Menschen irgendwie makelhaft vor. Wir Eltern kennen das aus der Instagram-Szene der Eltern, die mit ihren gut gekämmten vier Kindern, die helle, gebügelte und fleckenlose Kleider tragen, in aufgeräumten weißen Wohnungen* leben. Man muss sich nur 30 Minuten durch solche Fotos klicken, und schon fühlt man sich selbst verwahrlost wie die *Flodders***.

Tatsächlich bestätigen diverse Studien den negativen Einfluss von Instagram auf das psychische Wohlbefinden, und zwar insbesondere von Nutzerinnen. Die Süddeutsche Zeitung bestätigte diese schlechte Wirkung am 4. April 2018: »Die Foto-Plattform steht im Negativranking vor Snapchat, Facebook, Twitter und Youtube. RSPH*** hatte 1.500 Jugendliche und junge Erwachsene im Vereinigten Königreich befragt. Die 14- bis 24-Jährigen mussten angeben, inwiefern jedes der Netzwerke sich darauf auswirkt, wie sie ihren eigenen Körper einschätzen, ihr Selbstwertgefühl, ihr Schlafverhalten und andere Aspekte. Instagram wurde dabei mit Ängsten und Depressionen in Verbindung gebracht. Gerade die Psyche junger weiblicher Nutzer werde durch Instagram beeinträchtigt, ihr Körperbild werde negativ beeinflusst, und sie erachteten ihren Lebensstil als minderwertig.«[76]

Besonders ekelhaft sind Challenges, in denen – unter einem

---

* Warum »weiß«? Weil Wohnungen, in denen alles weiß ist, tatsächlich mehr Likes bekommen.

** *Flodder – Eine Familie zum Knutschen*, Filmkomödie von 1986

*** Royal Society for Public Health

Hashtag zusammengefasst – bestimmte »Herausforderungen« gemeistert werden müssen. Nicht totzukriegen ist beispielsweise das Phänomen *#thighgapchallenge*. Dabei geht es darum, eine Lücke zwischen den Oberschenkeln zu haben, wenn man die Beine gerade zusammenstellt. Dafür wird diätet und Sport getrieben. Vielen ist offenbar gar nicht klar, dass es hauptsächlich anatomisch begründet ist, ob man ein Thighgap hat, da dieser normalerweise nur bei einer bestimmten Beckenstellung und einem bestimmten Knochenbau auftritt.

Ähnlich verhält es sich mit der *#Collarbonechallenge*, die darauf abzielt, möglichst viele Münzen in der Mulde zwischen Hals und Schlüsselbein aufzureihen. Die Krönung ist die *#A4waist*, bei der man es schaffen soll, seine Taille hinter einem DIN-A4-Blatt verschwinden zu lassen. Die habe ich dann mal mitgemacht, gleichwohl als #A3waist:

Allerdings bin ich eben kein Teenager mehr und kann mich von solchen Anforderungen an mein Äußeres relativ frei machen. Aus meiner eigenen Erfahrung als Jugendliche möchte ich aber gar nicht leugnen, dass Körperbilder problematisch durch mediale Inszenierung beeinflusst werden können. Darum fühle ich mich als Mutter auch nicht immer wohl, wenn meine Kinder auf Plattformen wie Instagram unterwegs sind.

Wie bei allem im Leben gibt es auch hier zwei Seiten einer

Medaille. Denn wo sich eine *#thighgapchallenge* findet, gibt es auch positive Beispiele, die mitunter wirklich wahnsinnig lustig sind. Ich empfehle zum Beispiel, Celeste Barber[77] zu folgen, die als ganz normaler Mensch die Fotos von Celebritys und Models nachstellt. Durch den entstehenden Kontrast zwischen Scheinwelt und Realität treten die teils abstrusen Inszenierungen von Körpern noch deutlicher zutage.

Auch gibt es Hashtags wie #609060, deren Initiatorin Journelle[78] sich bewusst gegen die Normierung von Körpern richtet. Unter dem Hashtag, das übrigens ein Vertipper war, zeigen sich Menschen, die nicht unbedingt in die 90-60-90-Norm passen (was ja ironischerweise auf ca. 90 Prozent der Menschen zutrifft), so dass hier eine Vielfalt an Körperformen, Altersspannen und Größen zu sehen ist.

Glücklicherweise haben sich in der Zwischenzeit auch Influencerinnen zu Wort gemeldet, die nicht in Konfektionsgröße 34/36 passen und somit eine größere Bandbreite an Schönheit repräsentieren als die gängigen Modemagazine. Unter anderem Jamie Hamilton[79] in den USA und die Body-Positivity-Aktivistin Melodie Michelberger[80] in Deutschland. 2013 startete Tess Holliday[81] das Hashtag *#effyourbeautystandards*, unter dem mittlerweile vier Millionen Beiträge zu sehen sind, die ebenfalls zeigen, dass Schönheit viele Facetten hat.

Die Palette an Vorbildern ist nicht nur auf das Aussehen (egal, ob von Menschen oder Wohnungen) beschränkt. So kann man auch wirklich starken Frauen wie der Gewichtheberin Sarah Robles[82] folgen und sich unter *#prettystrong* weitere Frauen mit ordentlich Muskeln anschauen, die klettern, Football spielen oder CrossFit trainieren. Das hilft zu verstehen, dass man an Sport einfach Spaß haben kann, dass man Sport nicht machen muss, um abzunehmen, sondern dass Sport fit hält und am Ende auch gar nichts mit Schlanksein zu tun hat. Darüber hinaus gibt es eine Menge interessanter (und lustiger!) Frauen wie die Autorin und Musikerin Giulia Becker[83] oder die Poetry-Slammerin und Feministin Ninia LaGrande[84], denen man folgen kann.

Ich kann sehr empfehlen, sich gemeinsam mit den Kindern solche Beiträge anzuschauen und gleich ein paar Menschen, die Vielfalt zeigen, zu folgen. Das formt nach und nach eine ausgewogene Timeline, weil man über deren Empfehlungen oder Hashtags wieder neue interessante Personen entdeckt, denen man ebenfalls folgen möchte.

Wir reflektieren zu Hause Körperbilder und deren Inszenierung – wovon übrigens nicht nur Mädchen betroffen sind. Könnte ich zaubern, würde ich natürlich gerne haben, dass meine Tochter sich nicht für *Germany's Next Topmodel* und verwandte Formate interessiert. Phänomene, die vom Privatfernsehen zu YouTube gewandert sind. Leider interessiert sie sich aber dafür – nicht zuletzt aus Neugier, weil fast alle Mädchen in ihrem Umfeld dieses Format schauen. Vielleicht ist mir das auch deshalb besonders unangenehm, weil ich die ersten GNTM-Staffeln (Start war im Jahr 2006) selbst gesehen habe. Da war ich mit 31 Jahren schon lange aus dem Modelalter raus. Das Schauen hat mich gut unterhalten – und mein Körperbild negativ beeinflusst, obwohl ich einigermaßen an den normschönen Durchschnitt heranreichte. Damit das daraus erwachsene schlechte Gefühl wieder weggeht bzw. gar nicht erst hochkommt, spreche ich mit meiner Tochter. Diese Gespräche beruhigen mich dann, denn meine Tochter hat mir von ihrer Beobachtung erzählt, dass die GNTM-Mädchen mitnichten wegen ihres Aussehens weiterkommen. Es brauche auch Charaktere, die Ecken und Kanten haben, sowie Konfliktpotenzial, denn sonst würde irgendwann niemand mehr zuschauen, so mein Kind.

Um eine Timeline jenseits der Mainstream-GNTM-Welt zu schaffen, fragt Jugendliche und junge Erwachsene in eurem Bekanntenkreis nach ihren Empfehlungen. Um als erwachsener Mensch einen kleinen Einblick in die Jugendkultur zu bekommen, empfehle ich die 2019 mit dem *Grimme Online Award* prämierte *Teenageinternetwork Convention*, kurz TINCON. Seit 2016 organisiert sie für 13- bis 21-Jährige Veranstaltungen, die sich thematisch digitaler Jugendkultur widmen – und zwar von Jugendlichen für Jugendliche. Einige der TINCON-Vorträge werden auf YouTube zur Verfügung gestellt und sind somit auch für über 21-Jährige verfügbar.

Öffnet die eigene Filterbubble. Nur so könnt ihr mit euren Kindern und Teenagern auf Augenhöhe sprechen.

Mir scheint es außerdem eine anerkannte Kulturtechnik unter Erwachsenen zu sein, Inhalte, für die sich Jugendliche begeistern, per se als Schwachsinn abzutun. Wenig hilfreich, wenn ihr in Kontakt mit euren Teenagern bleiben wollt. Diese überhebliche Haltung nennt man Adultismus.

Adultismus beschreibt im Allgemeinen das Machtungleichgewicht zwischen Kindern und Jugendlichen auf der einen und Erwachsenen auf der anderen Seite. Erwachsene gehen manchmal davon aus, dass sie aufgrund ihres Alters intelligenter, kompetenter oder besser seien als Kinder und Jugendliche. Deswegen setzen sie sich einfach über deren Meinungen und Bedürfnisse hinweg oder nehmen sie nicht ernst.

Für euch sind jetzt andere Themen wichtig als vor 20 Jahren. Das macht die Themen an sich aber nicht weniger wichtig. Kinder und Jugendliche suchen auf unterschiedlichen Plattformen Antworten auf die Fragen, die sie bewegen. Das kann auch Instagram sein. Tatsächlich sind dort Antworten zu finden. Problematische ebenso wie hilfreiche. Die Kunst ist also, die hilfreichen zu kennen. Als Einstieg wurden mir unter anderem empfohlen: *Victoria van Violence* (Tattoo-Model, Feministin und Botschafterin der Stiftung Deutsche Depressionshilfe), *la_frecks* (setzt sich gegen Gewalt gegen Frauen ein), *gini.eat.world* (hatte eine Essstörung, über die sie auch im Zusammenhang mit problematischen Schönheitsidealen spricht), und *candywasteland* (beschäftigt sich damit, wie die Gesellschaft mit psychischen Störungen umgeht).

Ebenfalls sehr beliebt ist der WDR-Account *Mädelsabende*, der den *Grimme Online Award* 2018 erhalten hat: »Instagram ist eine Plattform für die Selbstdarstellung innerhalb einer heilen Welt? Nicht beim WDR-Kanal ›@maedelsabende‹. Er widmet sich den echten Problemen seiner Community und behandelt Themen, die jungen Frauen wichtig sind. In Form von Storys und Posts sprechen die drei Presenterinnen mit ihren Gesprächspartnern über das Leben, den Körper und die Seele. So geben sie Denkanstöße und sensibilisieren ihr Publikum für feministische Themen.«[85]

Tipp für die Ü40-Jährigen: Schaut euch vor allem die Instagram-Storys und nicht nur die geposteten Bilder an. Bilder posten ist so 2000er. Bewegtbild und Interaktion it is!

Kinderfotos ins Netz?

Bislang habe ich viel über den Konsum von Inhalten diverser sozialer Plattformen geschrieben. Gerade im Zusammenhang mit Foto- und Videoplattformen ist es aber notwendig, auch über das Posten von Material zu sprechen. Daher ein kleiner Exkurs, denn nicht nur Kinder, sondern auch Erwachsene posten Fotos – und das nicht immer so medienkompetent, wie es wünschenswert wäre. Man spricht in diesem Zusammenhang von *Sharenting*. Ein Begriff, der sich aus dem englischen *share* (teilen) und *parenting* (Erziehung) zusammensetzt.

2019 ging der Artikel eines 14-jährigen Mädchens namens Sonia Bokhari durchs Netz. Sonia durfte bis vor kurzem keine sozialen Plattformen benutzen. Als sie freudig den ersten Account auf Twitter und Facebook anlegte und die Postings ihrer Mutter anschaute, musste sie schockiert feststellen, dass sie längst im Netz war, und zwar in Form von Fotos und Zitaten, die ihre Familie ungefragt ins Netz gestellt hatte. Über die Fotos ihrer Mutter sagt sie: »When I saw the pictures that she had been posting on Facebook for years, I felt utterly embarrassed, and deeply betrayed.

There, for anyone to see on her public Facebook account, were all of the embarrassing moments from my childhood: The letter I wrote to the tooth fairy when I was five years old, pictures of me crying when I was a toddler, and even vacation pictures of me when I was 12 and 13 that I had no knowledge of. It seemed that my entire life was documented on her Facebook account, and for 13 years, I had no idea.«* [86]

Am Ende beschließt Sonia, ihre gerade erst angelegten Accounts stillzulegen.

Ein Artikel, der umso nachdenklicher macht, als er mit der Feststellung endet: »For my generation, being anonymous is no longer an option. For many of us, the decisions about our online presence are made before we can even speak.«**

Teilweise kann ich das bestätigen, wenn ich durch meine Timeline scrolle. Vereinzelt posten Eltern tatsächlich durchweg Fotos von Föten, Säuglingen, Klein- und Schulkindern. Folgt man diesen Eltern über Jahre, kann man die Entwicklung der Kinder recht detailreich nachvollziehen.

Ich weiß, dass ich im Glashaus sitze und mindestens mit Kieselsteinen werfe, wenn ich so über andere Eltern schreibe. Denn persönliche Informationen teilt man nicht nur über Fotos, sondern auch über Texte. Ich habe immer versucht, einen Mittelweg zu finden zwischen »persönliche Erfahrung teilen« und »Privatsphäre meiner Kinder bewahren«. Seit meine Kinder zur Schule gehen, bitte ich sie um ihre Freigabe, wenn ich etwas veröffent-

---

* Übersetzung: Als ich die Fotos sah, die sie auf Facebook gepostet hatte, fühlte ich mich zutiefst beschämt und schwer verraten. Da waren für alle, die ihren öffentlichen Facebook-Account sehen konnten, all meine peinlichen Kindheitsmomente: der Brief, den ich der Zahnfee geschrieben hatte, als ich fünf war, Fotos von mir als weinendes Kleinkind und sogar Urlaubsfotos von mir als 12- und 13-Jährige, die ich nicht kannte. Es kam mir vor, als wäre mein gesamtes Leben in ihrem Facebook-Account dokumentiert, und ich hatte keinen Schimmer davon.

** Übersetzung: Meine Generation hat nicht mehr die Wahl, anonym zu sein. Für viele wurde die Entscheidung über unsere Online-Präsenz getroffen, bevor wir überhaupt sprechen konnten.

lichen möchte. Das gilt für Texte, Zitate (z. B. auf Twitter) und Fotos. Meinen Kindern (und meinen Leser*innen hoffentlich auch) ist außerdem bewusst, dass ich auch manches prototypisch erfinde oder überspitze, um unterhaltsam zu schreiben und auf der Metaebene auf bestimmte Dinge aufmerksam zu machen.

Ich möchte für einen bewussten Umgang mit dem Posten von Fotos plädieren. Keineswegs möchte ich Eltern verdammen, die Fotos von ihren Kindern ins Netz stellen, und ebenso wenig möchte ich ein kinderfreies Internet. Unter dem Stichwort »Kinderfotos im Netz« stößt man auf zwei verfeindete Lager. Entweder wird vom ersten Ultraschallfoto bis zum vermeintlich niedlichen Schlafbild alles gepostet, oder die Position lautet: »Wer Fotos seiner Kinder postet, ist des Teufels und tut das sowieso nur aus Eitelkeit, um Likes zu generieren.« Schade eigentlich. Denn die Lebenserfahrung sollte mittlerweile gezeigt haben: Die Wahrheit liegt irgendwo dazwischen.

In der Öffentlichkeit äußern sich die meisten Menschen wie folgt: »Kinderfotos gehören nicht ins Internet. Punkt.« 2017 gab es eine Facebook-Kampagne des *Deutschen Kinderhilfswerks*, die es mit einer gemäßigten Position versuchte: »Erst denken, dann posten.«[87] Ich habe die mehr als 1.000 Kommentare einige Zeit lang gelesen. Der Moderationsaufwand muss erheblich gewesen sein, denn die meisten haben sich furchtbar aufgeregt. Nach dem Motto: Wie kann man nur?

»Bei Eltern die Bilder von ihren Kindern ins Netz stellen ist Hopfen und Malz eh verloren, doof bleibt doof da helfen keine Pillen!« Oder: »Die meisten schreiben mal wieder ›ist doch nicht so schlimm ... sind doch harmlose Bilder ...‹ denkt ihr auch mal an die ganzen Pädophilen Schweine die sich in Netz rum treiben und sich an euren Kindern aufgeilen.« Oder gleich: »Jedem der sein Kind im Internet präsentiert sollte sich bewusst sein, dass er damit Tür und Tor öffnet für sexuellen Missbrauch.«

Die Haltung, komplett gegen das Posten von Kinderfotos zu sein, ist auf den ersten Blick nachvollziehbar. Zum einen weil man Kinder nur vor Pädophilen im Netz schützen kann, wenn man keine Fotos von ihnen postet. Zum anderen haben Kinder, wie Erwachsene auch, ein Recht auf Privatsphäre. Postet man ungefragt Fotos, auf denen das Kind zu erkennen ist, ist das nicht in Ordnung. Erst recht nicht, wenn die Kinder in sehr privaten Situationen wie weinend, schlafend oder gar nackt fotografiert wurden.

Wahrscheinlich passiert das trotz aller Kampagnen, die zum Nachdenken auffordern, ziemlich oft, denn schaut man in die Instagram-Vorgaben, steht dort explizit: »Wir entfernen: Beiträge von nackten und teilweise nackten Kindern [...] und Beiträge von Bildern mit vollkommen nackten Gesäßen.« Ich mache von dieser Meldemöglichkeit oft Gebrauch und kommentiere Fotos, die ich für fragwürdig halte. Damit mache ich mich vielleicht nicht unbedingt beliebt, ich halte das aber für sinnvoller, als undifferenziert herumzupöbeln, dass man keine Fotos von Kindern veröffentlichen soll.

Jedes Jahr werden neue Kampagnen zum Thema Kinderfotos im Netz ins Leben gerufen, die häufig ein extremes Bild zeichnen. 2018 wies die US-amerikanische Kampagne »Kids For Privacy« darauf hin, dass viele Eltern durch das Posten von Fotos ihre Kinder zu Objekten für Pädophile und Sexualstraftäter machen. Man erfuhr, dass Eltern durchschnittlich 1.500 Fotos ihrer Kinder gepostet haben werden, bis diese fünf Jahre alt sind. Unter den Hashtags *Pottytraining* (Töpfchentraining) und *Bathtime* (Badezeit) werden Fotos halbnackter Kinder eingeblendet.

Ich denke, wir können uns darauf einigen, dass Fotos, die Kinder nackt, halbnackt oder in entwürdigenden Posen zeigen, tatsächlich nichts im Netz verloren haben – auch nicht im »privaten« Facebook-Account. Meinen Partner würde ich auch fragen, ob er noch alle beisammenhat, wenn er mich beim Pinkeln fotografiert und das postet. Egal, wie lustig ich seiner Meinung nach dabei aussehe.

Die Kampagne *#DeinKindAuchNicht* wiederum zeigt verstörend inszenierte Fotos von Erwachsenen in angeblich typischen Posen von Baby- und Kinderfotos: mit breiverschmiertem Gesicht, an einer Brust Milch trinkend oder verzweifelt weinend. Unter den Motiven steht: »So ein Bild von dir würdest du nie posten? Dein Kind auch nicht.« Die Bloggerin Toyah Diebel, die sich die Kampagne ausgedacht hat, hat ihre No-Fotos-Haltung in mehreren Interviews zum Besten gegeben. Für sie gibt es keine Kompromisse. In Diskussionen wird als alles plattmachendes Argument immer wieder die Pädophilen-Keule herausgeholt. Was soll man da noch entgegnen?

Auf der anderen Seite stelle man sich jetzt vor, dass tatsächlich keine Kinderfotos im Netz zu finden wären. Es gäbe weder private Fotos von Kindern, noch dürften Kinder als Werbemotiv irgendwo auftauchen – denn es gibt ja keinen Grund, warum Letztere von dem Verbot ausgeschlossen werden sollten.

Ich fände so ein Internet gruselig und glaube auch nicht, dass es für Eltern besonders hilfreich wäre, wenn Kinder(-fotos) komplett aus dem Netz verschwänden.

Das Internet ist ein Spiegel unserer Gesellschaft. Und zur Gesellschaft gehören Kinder dazu. Wenn Kinder präsent sind, müssen sie mitgedacht werden. Das trägt zur Kinder- und Familienfreundlichkeit bei. Auch im Internet. Caspar Clemens Mierau von *leitmedium.de* sagt dazu: »Fotos vom Alltag mit Kindern können viele Nachrichten transportieren, die gesellschaftlich wichtig sind: Das Leben mit Kindern macht Spaß. Kinder bedeuten Liebe. Kinder bedeuten auch Stress. Kinder können im Alltag dabei sein. Sie brauchen keine Eltern-Kind-Cafés. Wir können von Kindern Dinge wieder lernen, die wir selbst verlernt haben. Mit Kinderaugen durch die Welt gehen kann die Augen öffnen.«[88]

So würde ich auch der Frage begegnen, was es denn den Kindern bringt, wenn ihre Eltern Kinderfotos posten. Letztlich geht es nämlich nicht nur um die Eitelkeit der Eltern. Kinderfotos sind Familienalltag im Netz, und als solche bieten sie Orientierung und Abgleich. Das ist auch gut für die Kinder.

> Sichtbare Kinder sind wichtig. On- wie offline. Denn nur wenn sie sichtbar sind, stellen sich andere auf Familien und deren Bedürfnisse ein.

Aus meiner Sicht lautet die Frage also nicht, *ob* Kinderfotos ins Netz gehören, sondern *welche*. Unproblematisch sind:

1. Fotos von Detailaufnahmen, auf denen die Kinder nicht zu erkennen sind.

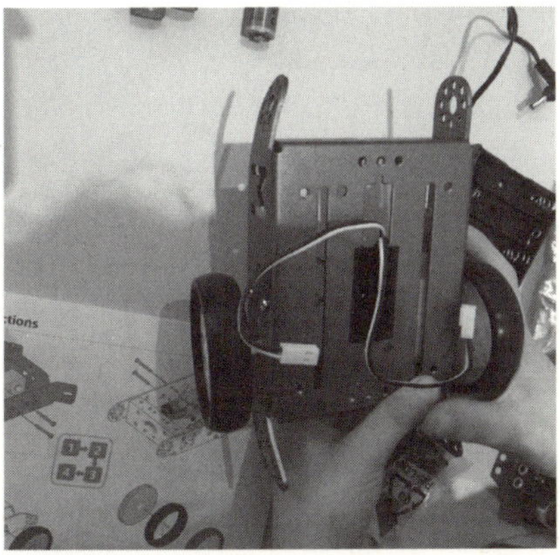

2. Fotos, die als Gesamtkomposition eine Situation abbilden, ohne die Privatsphäre zu verletzen.

3. Verfremdete Fotos, die als Symbolbild funktionieren.

4. Fotos, deren Veröffentlichung für Kinder okay ist (sofern sie alt genug sind, das zu entscheiden).

Für mich persönlich ist es auch in Ordnung, Babyfotos ins Netz zu stellen, solange die Babys nicht in persönlichen Situationen gezeigt werden. Denn Babys haben keine extremen Alleinstellungsmerkmale, die das Wiedererkennen einfach machen.

Entscheidend sind ein respektvoller Umgang und der ständige Austausch mit den Kindern. Nur so lernen auch die Kinder, dass man nicht einfach ungefragt Fotos von Menschen postet.

Als Orientierungshilfe gibt es Entscheidungsleitfäden, zum Beispiel bei *SCHAU HIN!*:[89]

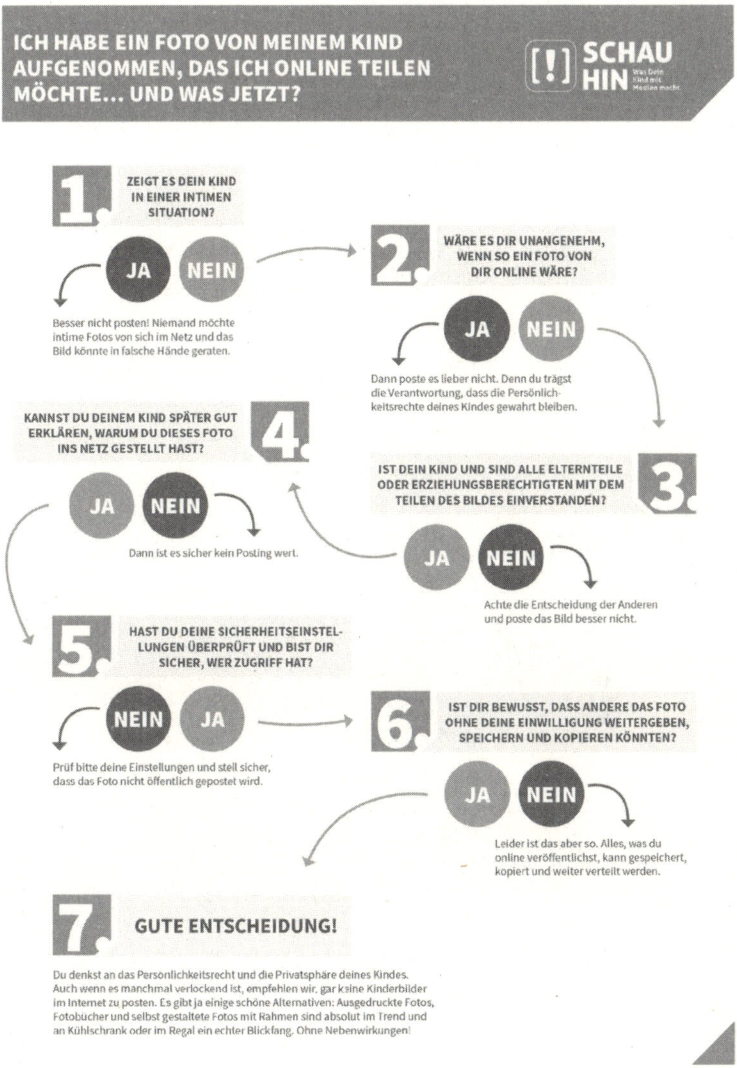

Und noch ein letzter, aber nicht weniger wichtiger Aspekt, der vor allem jene angeht, die so vehement Eltern dafür angreifen, wenn diese Kinderfotos posten:

Auch das Liken und Teilen von »lustigen« Kinderfotos und -videos kann respektlos sein.

Gemeint sind Videos, die früher in Sendungen wie »Pleiten, Pech und Pannen« gezeigt wurden. Meiner Meinung nach ist jemand, der das Video eines Kindes, das nach einer zahnärztlichen Betäubung auf dem Rücksitz eines Autos lallend seltsame Dinge erzählt, likt und teilt, nicht viel besser als der Mensch, der so etwas postet.

Warum das alles in einem Buch über Kinder und digitale Medien? Weil wir als Eltern das erste Vorbild für unsere Kinder sind und damit den Maßstab für ihr Handeln im Netz setzen. Ein umsichtiger Umgang mit Kinderfotos legt die Grundlagen dafür, welche Fotos die Kinder in Zukunft posten.

Nicht zuletzt deswegen sollten sich Eltern auch Gedanken über den rechtlichen Rahmen machen.

Laut Paragraph 22 des Kunsturheberrechtsgesetzes gilt, dass ein Foto nur verbreitet oder öffentlich zur Schau gestellt werden darf, wenn der oder die Abgebildete explizit zugestimmt hat. »Die Einwilligung gilt im Zweifel als erteilt, wenn der Abgebildete dafür, daß er sich abbilden ließ, eine Entlohnung erhielt.«[90] Das gilt sowohl für das öffentliche Netz als auch für vermeintlich geschlossene Systeme wie den persönlichen Facebook-Account oder das Versenden per Messenger-App. Macht eure Kinder unbedingt im Zusammenhang mit Gruppenchats darauf aufmerksam! Ach was! Auch Erwachsene sollten das auf dem Schirm haben, denn wie oft sehe ich in öffentlichen Accounts Fotos von (Kinder-)Geburtstagen, die eine Gruppe fröhlich lachender unter 12-jähriger Gäste zeigen. Ganz bestimmt wurden die in 99,9 Prozent der

Fälle nicht gefragt, ob das Foto gepostet werden darf, und ganz bestimmt wurden deren Eltern nicht gefragt. Habt den Mut, in solchen Fällen die Spaßbremse zu sein, und weist freundlich darauf hin, dass das nicht in Ordnung ist.

Beim Posten geht es übrigens nicht darum, ob die Person auf dem Bild vollständig oder frontal zu sehen ist – es geht um die Identifizierbarkeit! Sieht man zum Beispiel eine Tätowierung, die einen eindeutigen Rückschluss zulässt, darf man das Bild nicht veröffentlichen (wobei ich hoffe, dass es nicht allzu viele tätowierte Kinder gibt).

Natürlich gibt es auch Ausnahmen. Diese sind in Paragraph 23 des Kunsturheberrechtsgesetzes festgehalten:

(1) Ohne die nach § 22 erforderliche Einwilligung dürfen verbreitet und zur Schau gestellt werden:

1. Bildnisse aus dem Bereich der Zeitgeschichte;
2. Bilder, auf denen die Personen nur als Beiwerk neben einer Landschaft oder sonstigen Örtlichkeit erscheinen;
3. Bilder von Versammlungen, Aufzügen und ähnlichen Vorgängen, an denen die dargestellten Personen teilgenommen haben;
4. Bildnisse, die nicht auf Bestellung angefertigt sind, sofern die Verbreitung oder Schaustellung einem höheren Interesse der Kunst dient.

[...]

Darüber, was genau »Beiwerk« ist und was nicht, lässt sich juristisch vortrefflich streiten. Damit Mattis Vater ein Foto vom Schulfest ins Netz stellen darf, auf dem sein Sohn im Zentrum der Aufnahme und euer Kind danebensteht, müsste unter anderem geklärt werden: Ist ein Schulfest eine öffentliche Veranstaltung? Wenn ja, ändert sich die Gesamtkomposition des Bildes, wenn man die Kinder, die im Umkreis von Matti stehen, entfernt?

Stört es euch, wenn solche Bilder hochgeladen werden, ist es sicherlich effizienter, andere anzusprechen, statt gleich mit dem Anwalt zu drohen. Ich glaube, das permanente Ansprechen wird irgendwann dazu führen, dass andere im Kopf haben: »Ach du Sch****, da ist wieder so ein Cammarata-Kind im Bild, da kommt die Mutti bestimmt gleich wieder und hält Vorträge, da poste ich das lieber nicht.« ¯_(ツ)_/¯ Ziel erreicht.

(Apropos nervig und unbequem sein: Ich finde es auch legitim, seine Gastgeber*innen beim Betreten der Wohnung zu fragen, ob sie eine Alexa oder ein ähnliches Gerät auf Standby in der Wohnung haben. Wenn ja, bittet darum, es abzuschalten. Ich für meinen Teil habe keinen Bock auf Dauerüberwachung – und nichts nervt mich mehr, als wenn ich irgendwo zu Besuch bin und mein Gesprächspartner plötzlich ruft: »Alexa, wie viel Uhr ist es?« Traut euch, sperrig zu sein. Und haltet das auch bei euren Kindern aus. Denn wie toll ist es am Ende, wenn die zu bestimmten Dingen selbstbewusst Nein sagen können …)

Das Bürgerliche Gesetzbuch regelt die *Entscheidungsbefugnisse* beim Posten von Fotos:[91]

Kinder bis 7 Jahre

Bis zur Vollendung des siebten Lebensjahres sind die Erziehungsberechtigten entscheidungsberechtigt, was das Posten von Fotos angeht. Sind beide Eltern sorgeberechtigt, müssen sie eine einheitliche Haltung entwickeln. Ist der eine Elternteil gegen das Posten von Kinderfotos, darf der andere es nicht tun.

Großeltern und andere Verwandte dürfen übrigens ohne die Zustimmung der Eltern gar nichts von den Kleinen posten. Auch nicht als Profilfoto auf WhatsApp!

7 bis 17 Jahre

Zwischen acht und einschließlich 17 gilt die Doppelzuständigkeit. Das heißt, sowohl Erziehungsberechtigte als auch die Kinder bzw. Jugendlichen selbst entscheiden, ob ein Foto veröffentlicht werden darf. Dafür müssen Kinder bzw. Jugendliche jedoch Einsichtsfähigkeit erreicht haben, was wiederum vom Entwicklungsstand des Kindes abhängt. Es ist rechtlich nicht eindeutig geklärt, wann die Einsichtsfähigkeit sicher erreicht ist. An verschiedenen Stellen wird jedoch davon ausgegangen, dass Einsichtsfähigkeit in der Regel ab Vollendung des 14. Lebensjahres besteht.

Unabhängig vom rechtlichen Rahmen halte ich es für gut und richtig, Kinder grundsätzlich zu fragen, ob sie mit einer Veröffentlichung einverstanden sind.

Und da wir gerade bei rechtlichen Fragen sind (und ihr noch wach seid?!), möchte ich noch mal in Erinnerung rufen, dass es Situationen gibt (§ 201a Strafgesetzbuch92), in denen allein *das Erstellen von Fotos verboten* ist (vgl. Kapitel 4, S. 100).

Jetzt sind wir also tatsächlich schon beim Strafgesetzbuch angekommen, und es fühlt sich an, als hätte ich seitenweise darüber geschrieben, was man alles *nicht* machen darf. Insofern möchte ich doch noch mal betonen, wie bereichernd Fotos sein können. Wie herzerwärmend es ist, wenn man schöne Momente miteinander teilt, wenn Eltern sich gegenseitig Einblick in den Alltag mit Kindern geben und wie wunderbar man sich dank Fotos erinnern kann. Ein buntes Archiv der Vergangenheit. Zudem leben wir schon lange nicht mehr in Großfamilien, wo es um uns herum zahlreiche Beispiele zur Orientierung bei allen wesentlichen Fragen rund ums Kinderhaben und Familiesein gibt. Das Internet kann diesen Abgleich bieten. Wie schlafen andere Familien (Stichwort Familienbett)? Wie und was wird gegessen? Wie gestaltet man Kinderzimmer? Vieles davon lässt sich leichter durch das Teilen von Fotos beantworten. Susanne Mierau von *geborgen-wachsen.de* spricht in diesem Zusammenhang vom »Online-Elternclan«, der einige Funktionen der Großfamilie übernehmen kann.

Wer verantwortungsvoll mit dem Thema »Kinderfotos im Netz« umgeht, ist eher eine Bereicherung als ein Problem. Verantwortungsvoll kann aber nur agieren, wer über die rechtlichen Grundlagen und auch über das Recht auf Privatheit Bescheid weiß. Trefft Vereinbarungen, wie mit Fotos umzugehen ist.

Ich appelliere an dieser Stelle wirklich an die Fairness der Eltern. Fragt eure Kinder ab einem gewissen Alter, ob sie sich wohlfühlen mit Fotos im Netz. Lasst die Kinder mitbestimmen, und setzt euch nicht über deren Gefühl hinweg.

Privatheit macht sich auch nicht immer nur an Abbildungen von Personen fest. Ich habe zum Beispiel mal total mutti-enthusiastisch ein Bild fotografiert, das mein Kind gemalt hatte, und wollte es auf Instagram posten. Mein Kind schaute mich etwas entsetzt an: »Mama, das hab ich nur für *dich* gemalt!« – »Ich weiß! Ich finde es so toll, ich will es teilen!« Darauf mein Kind: »Das will ich aber nicht.«

Etwas zerknirscht habe ich das Foto dann nicht veröffentlicht. Dabei war es doch so schön!

Das individuelle Empfinden von Privatheit ist also ebenfalls ein Thema, über das ihr in der Familie sprechen solltet. Während man bei dem einen Menschen einen kompletten Wohnungsrundgang filmen darf, fühlt sich ein anderer vielleicht schon komisch, weil man das Muster der Tischdecke fotografiert, das man so ansprechend findet.

Auch Bildhintergründe können etliches preisgeben. Hängt im Kinderzimmer vielleicht eine Urkunde mit Klarnamen an der Wand? Gibt ein gepostetes Video Aufschluss über den Wohnort? Zeigt ein Foto an der Wohnzimmerwand die ganze Familie?

Wir haben es zu Anfang so gemacht, dass uns die Kinder jedes Foto gezeigt haben, das sie irgendwo veröffentlichen wollten. Mit der Zeit entwickeln so alle Beteiligten ein Gefühl dafür, was okay ist und was nicht – und man muss nicht mehr über jedes Foto sprechen. Irgendwann macht man nur noch Stichproben, und schließlich vertraut man darauf, dass alles im besprochenen Rahmen abläuft.

Was für die Kinder gilt, gilt natürlich auch für die Erwachsenen. Nur wenn wir uns jedes einzelne Bild freigeben lassen, können wir ein Gefühl dafür entwickeln, was die Kinder okay finden und was nicht. Diverse Studien belegen: Kinder haben sehr genaue Vorstellungen, doch Eltern setzen sich oft darüber hinweg. Sollte das auch bei euch in der Vergangenheit der Fall gewesen sein, macht es zukünftig besser. Dabei helfen Familienregeln, die gemeinsam ausgehandelt wurden. Bei uns gilt beispielsweise: Alles, was nicht unseren Threema-Familienchat betrifft, bedarf der expliziten Freigabe. Immer. Im Familienchat hingegen dürfen auch Fotos gepostet werden, die einen nach dem Aufstehen mit fettigem Haar und Doppelkinn zeigen.

Kulturoptimist*innen schauen auf TikTok, Snapchat, Instagram & Co. und sehen ...

- Video- und Bildplattformen, die den Kindern und Jugendlichen Vorbilder und Orientierung beim Erwachsenwerden bieten;
- positive und empowernde Beispiele, die sich gemeinsam mit den Kindern entdecken lassen. Ihr könnt eine Timeline zusammenstellen, die sogar diverser ist als euer direktes Lebensumfeld. Das erweitert den Horizont;
- dass Fotos nicht (nur) aus narzisstischen Gründen gepostet werden, sondern weil sie bereichern, Abgleich und Inspiration bieten;
- dass die Regeln eigentlich ganz einfach sind: Sind andere Menschen auf dem Foto zu sehen, fragt man *immer* nach, ob es okay ist, das Foto zu posten.

6 COMPUTERSPIELE – HEISS GELIEBT UND HEISS UMSTRITTEN

tl;dr

- Computerspiele machen nicht per se dumm, aggressiv und empathielos.
- Man muss nicht jedes Computerspiel selbst spielen, um es einschätzen zu können. Das Spielen übernehmen andere in *Let's Plays*. Nur die Beurteilung muss man noch selbst vornehmen.
- Das Spielen von Computerspielen bereitet manchmal Frust und kann Kinder wütend machen. Das hat Gründe, und wer diese kennt, kann es als Außenstehende*r besser aushalten.

Es gibt sehr viele unterschiedliche Arten von Computerspielen. Eltern sollten üben zu differenzieren. Selbst Killerspiele muss man nicht pauschal verbieten. Seit ungefähr 20 Jahren spiele ich keine Computerspiele mehr bzw. nur sehr sporadisch. Mein Partner hingegen spielt relativ häufig, und da ich dem Spielen nicht abgeneigt bin, haben wir ein paar Mal probiert, miteinander zu spielen. Das sah dann folgendermaßen aus:

»Hey, Patricia, lass uns *Helldivers** spielen! Ich koche heute, während du das Tutorial durchspielst. Danach essen wir, und dann spielen wir zusammen.« Topplan! Ich setze mich also an die PlayStation, schaue den Controller an und starte das Tutorial.

* In einem Science-Fiction-Setting müssen bis zu vier Spieler außerirdische Insekten auf verschiedenen Planeten bekämpfen und dabei Missionen erfüllen. Der Schwierigkeitsgrad ist recht hoch, was eine Zusammenarbeit der Spieler zwingend notwendig macht.

Eine Dreiviertelstunde später ist mein Freund mit dem Kochen fertig – und ich mit den Nerven: Ich habe ca. 15 Prozent geschafft, bin sehr, sehr oft gestorben und kann mir immer noch nicht merken, was die Tasten X, Kreis, Dreieck, Viereck, R1, R2 sowie L1 und L2 bedeuten.

Ähnliche Erfahrungen habe ich mit *Injustice* gemacht. Und das, obwohl ich früher wirklich großen Spaß an *Street Fighter* und *Mortal Kombat* hatte. Vor, vor, zurück, irgendwas – super Combo!!! Lange Rede, kurzer Sinn: Ich spiele einfach zu wenig, um die Bedienung der einzelnen Controller so verinnerlicht zu haben, dass ich mich voll auf das Spiel konzentrieren kann. Selbst wenn ich es mal im Ansatz schaffe, ist mein Skill einfach so schlecht, dass ich überall herunterfalle, danebenspringe, in Lava, Säure oder rotierende Sägen gerate oder von jedem Gegner sofort getötet werde. Darum komme ich seltenst in den Genuss, dass mir ein Spiel Spaß macht.

Lediglich wenn es so angelegt ist, dass ich gar nichts können muss, habe ich Freude (ihr erinnert euch an *Spaceteam* und *Ready, steady, bang*? → Seite 35).

Digitale Aggressionsauslöser

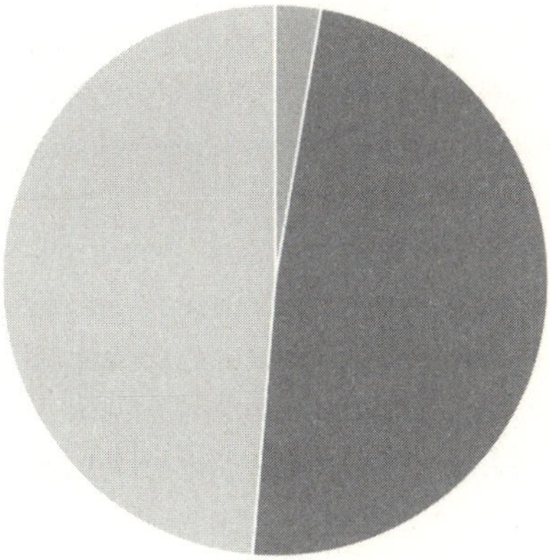

■ Killerspiele ■ Cookies-Hinweise ■ Elster-Online

@katjaberlin für #nur30min

Schaut man sich den Jahresreport der Computer- und Videospielbranche in Deutschland 2018[93] an, stellt man fest: Fast die Hälfte der Deutschen – und zwar unabhängig vom Alter – spielt. Das Durchschnittsalter liegt bei 36,1 Jahren. Teilt man das Alter in Jahrzehnte auf, so bilden die über 50-Jährigen mit 28 Prozent den größten Anteil. Die unter 9-Jährigen stellen 8 Prozent und die 10- bis 19-Jährigen 17 Prozent. Und um gleich mal mit einem Vorurteil aufzuräumen: Frauen und Männer spielen gleichermaßen (47 % Frauen und 53 % Männer). Diese Zahlen bedeuten natürlich auch, dass die andere Hälfte der Deutschen nicht spielt. Wahrscheinlich wird auf Elternabenden deshalb so gern über die angebliche Computerspielesucht von Kindern lamentiert. Vor allem Eltern von Jungen schieben gerne alle Probleme auf die Computerspiele. Schlechte Noten? Die Computerspiele sind schuld! Das Kind mag nicht mehr mit Mami und Papi zum Sonntagsausflug? Die Computerspiele sind schuld! Das Kind hat Stimmungsschwankungen? Die Computerspiele sind schuld! Daher scheint es logisch: Ist man erst mal das Computerspiel los, ist das Teenagerkind wieder das niedliche kleine Kind, das gern bastelt, malt und Fußball spielt und abends noch zum Kuscheln aufs Sofa kommt.

Fragt doch mal eure Eltern, ob ihr in den computerspielfreien 1970er und 1980er Jahren gefügige Teenager wart, die immer brav ihre Hausaufgaben gemacht und freudestrahlend erst den Tisch gedeckt haben, um dann beim Abendessen stundenlang mit den Eltern über ihr Leben zu quatschen.

Computerspiele zum Sündenbock zu machen ist einfach – und schon hat man einen Grund, der nur aus dem Weg geschafft werden müsste. Dann wäre alles gut. Man muss sich auch nicht fragen, welchen Anteil man selbst an der Familiensituation hat, und über die normale Entwicklung in der Pubertät muss man auch nichts wissen. Stattdessen kann man sich über die anstrengenden »Pubertiere« lustig machen, sich mit anderen Eltern solidarisieren und sich gemeinsam aufregen wie die beiden alten Männer Statler und Waldorf aus der *Muppet Show*.

Viel anstrengender und zeitaufwendiger wäre es, sich mit Computerspielen, sprich mit den Interessen der Kinder, auseinanderzusetzen. Zugegeben: Das mit den Computerspielen ist nicht gerade einfach. Denn wie soll ich etwas beurteilen, von dem ich keine Ahnung habe, weil mir jede Vorerfahrung fehlt und ich mir mit meinen Vorurteilen den Zugang zur Welt der Computerspiele verbaue? Wie aber soll ich als Elternteil entscheiden, ob das, was die Kinder spielen, »gute« Spiele sind? Wie soll ich einschätzen können, was ein vernünftiger Umgang mit Computerspielen ist, wie viel Zeit man dafür einräumen soll, damit die Kinder Spaß haben, ohne dabei zu ... ja, was eigentlich? Verrohen? Verdummen?

Die Vorurteile gegenüber Spielern (hier mal bewusst die männliche Form) in unserer Gesellschaft sind ausgeprägt. »Der Computerspieler« ist fast ein Archetyp in unseren Köpfen: der picklige Einzelgänger, der mit zusammengekniffenen Zähnen auf den Bildschirm starrt und dort rumballert, als gäbe es kein Morgen. Stunde um Stunde. Im abgedunkelten Zimmer liegen überall angefressene Pizzastücke in Kartons, halbleere Cola-Flaschen zwischen Energydrinks. »Der Computerspieler« ist einsam, fühlt sich unverstanden und von der Gesellschaft abgelehnt. Mit diesem Klischee vor Augen ist es zumindest nicht mehr verwunderlich, dass die meisten Eltern aus Angst einfach alles verbieten und das Thema »Computerspiele« zum familiären Zankapfel wird. Aber selbst wenn die Eltern nicht alles verbieten: Unwissenheit auf Seiten der Erwachsenen führt oft auch zu (Kinder-)Frust. Ein wunderbares Beispiel ist das Thema Speicherpunkte. Eltern, die selbst nie gespielt haben, wissen oft nicht, dass es Spiele gibt, deren Fortschritt sich nur an bestimmten Stellen im Spiel abspeichern lässt. Ist die elterlich verordnete Medienzeit vor Erreichen eines solchen Punktes abgelaufen, kann der Spielstand nicht gesichert werden – und der komplette Spielfortschritt geht verloren, wenn sich das Kind wirklich an die Vorgabe hält. Kein Wunder, dass da Frust aufkommt, oder?

Unabhängig von der Diskussion über richtige Nutzungszeiten ist festzuhalten, dass Computerspiele einen wichtigen Teil der Freizeit von Kindern und Jugendlichen ausmachen. Laut *JIM*-Studie 2018 spielen 43 Prozent der Mädchen und 73 Prozent der Jungs zwischen 12 und 19 täglich oder mehrmals in der Woche digitale Spiele. Darum kommen Eltern nicht umhin, sich mit dem Thema Computerspiele zu befassen, und zwar am besten so früh wie möglich. Mit Sechsjährigen lässt sich nämlich noch anders verhandeln als mit 16-Jährigen. Fängt man außerdem an, sich mit Computerspielen zu beschäftigen, wenn die Kinder sechs Jahre alt sind, hat man zehn Jahre Zeit, um sich konkretes Wissen anzueignen. Das sollte reichen, um auch noch für den Teenager als kompetenter Ansprechpartner in Frage zu kommen und einige der elterlichen Vorurteile zu überwinden.

Computerspiele? Computerspiele!

Gemeint sind alle Spiele, die (mindestens teilweise) auf einem Bildschirm stattfinden. Korrekter wäre wahrscheinlich der Begriff Videospiele. Da dieser Begriff allerdings nicht so gebräuchlich ist, bleibe ich bei Computerspiele. Fragt man zwanzig Erwachsene in einem Raum, wer von ihnen Computerspiele spielt, melden sich nur wenige. Fragt man dann nach Handyspielen, geht meist ein Lachen durch die Runde – und plötzlich melden sich sehr viele. Denn auch die Apps, die ihr auf dem Weg zur Arbeit in Bus oder Bahn spielt, sind Computerspiele. Das gilt auch für die auf Facebook (früher *FarmVille*, *Candy Crush Saga* etc.) und sogar für Omas Solitär, wenn es auf dem Bildschirm stattfindet.

Let's Plays – ein Exkurs

Wenn es um Computerspiele geht, gebe ich grundsätzlich den Tipp, sich *Let's Plays* dazu anzusehen. Fragt sich nur, was sich dahinter verbirgt.

Bei *Let's Plays* kann man Personen dabei zuschauen, wie sie Computerspiele spielen und diese kommentieren.* Das passiert live (z. B. auf twitch.tv) oder aufgezeichnet (z. B. auf YouTube und twitch.tv). *Let's Plays* gibt es schon seit über zehn Jahren. Auf YouTube erfreuen sie sich großer Beliebtheit. Im deutschsprachigen Raum gehören Gronkh (4,8 Mio. Abonnenten) und Paluten (ca. 3,3 Mio.) bei den Männern sowie Pandorya (0,5 Mio.) und Honigball (0,4 Mio.) bei den Frauen zu den bekanntesten Let's Player*innen.

Oft stoße ich auf großes Unverständnis, wenn sich herausstellt, dass es für nicht wenige Menschen ein Hobby ist, sich *Let's Plays* anzuschauen. Denn viele der bekanntesten YouTuber*innen sind Let's Player*innen. Ihre Zuschauer*innen lieben das, obwohl sie gar keine konkreten Fragestellungen zum Spiel haben. Es geht ihnen also nicht unbedingt darum, dass sie in einem Spiel nicht weiterkommen und sich von *Let's Plays* einen Lösungsweg erhoffen.

»Mein Mann liebt Let's Plays, und ich würde es ihm gerne abgewöhnen!«, habe ich neulich als Kommentar gelesen. In bestimmten Kreisen ist diese Leidenschaft offenbar nicht nachvollziehbar. Ich selbst schaue seit den 1980ern *Let's Plays*. Nur waren die damals analog, weil es YouTube erst seit 2005 gibt. Ein Schulfreund von mir hatte einen hochmodernen Computer, weil sein Vater beruflich Computerhardware entwickelte. Das Gerät war eine Art Heiliger Gral und zumindest in meiner kindlichen Erinnerung so groß wie der halbe Tisch. Der Computer durfte nur von meinem Schulfreund bedient werden. Nach der Schule bin ich oft zu ihm gegangen, um zusammen mit ihm zu spielen. Oder besser gesagt: Er hat gespielt, und ich habe zugesehen. Ich fand das großartig und machte es auch viel lieber, als selbst zu spielen. Denn ich war ein sensibles Kind und konnte die Spannung beim Spielen nicht gut aushalten. Schon bei ganz harmlosen Jump-'n'-Run-Spielen

* Eine Ausnahme bildet die Unterkategorie »No Commentary«, die wirklich nur das Spiel zeigt.

bekam (und bekomme) ich Herzrasen. Hinzu kommt, dass ich selbst nie genug gespielt habe, um Joysticks oder Controller blind zu beherrschen. Mein Skill war meistens viel zu niedrig, um die Herausforderungen von Computerspielen zu bewältigen.

Was gibt es da also Besseres, als anderen beim Spielen zuzuschauen? Ich kann mir gut vorstellen, dass viele Kinder das ähnlich sehen: Man kann Erfolgserlebnisse haben, ohne sich abzumühen, und Unmengen an Spielen kennenlernen, die man nie so genau kennenlernen würde, müsste man sie alle selbst kaufen ($$$) und durchspielen. Außerdem: Spielen andere das Spiel, kann man gleich kompetent mitreden und steht nicht außen vor. Unter Umständen ist man sogar Expert*in, weil man die kniffeligsten Dinge bereits kennengelernt hat und die Lösung kennt.

Auch wenn es nicht die Hauptmotivation für das Schauen von *Let's Plays* ist: Wer *Let's Plays* schaut, kann viel lernen. Unser jüngstes Kind beispielsweise ist ein wandelndes *Minecraft*-Nachschlagewerk, weil es sich stundenlang *Let's Plays* anschaut. Beim Selbstspielen muss es nicht erst mühsam jeden Schritt per Trial und Error lernen, sondern kann einfach loslegen und eigene Ideen umsetzen. Zudem identifizieren sich viele Zuschauer*innen mit den Let's Player*innen. Denn das Format macht es einem besonders leicht, sich in die jeweilige Person hineinzuversetzen und eine Nähe aufzubauen. Vor allem die persönlichen Kommentierungen bieten einen hohen Unterhaltungswert: Ist der/die Let's Player*in weder unterhaltsam noch witzig, interessiert sich auch niemand für das Spiel als solches.

Beim Fußball oder Tennis im Fernsehen ist es aus meiner Sicht nicht anders. Da mühen sich die Profisportler*innen ab, während man selbst bequem mit Chips und Bier im Sessel sitzt und dem/der Kommentator*in zuhört. Die Kommentator*innen werden im Laufe der Zeit eine weitere (unsichtbare) Person auf dem Sofa, mit der man freundschaftlich verbunden das Spiel verfolgt. »Interpassivität« nennt der Philosoph Robert Pfaller das Phänomen: »Die für bestimmte Vergnügen notwendige Aktivität wird an andere delegiert.« [94] Sehr bequem, oder?

Vorurteile abbauen – Wissen aufbauen!

Was *Let's Plays* mit Eltern zu tun haben? Viel, denn *Let's Plays* spielen in der Urteilsbildung eine große Rolle. Wenn ein Kind zu euch kommt, weil es ein bestimmtes Spiel spielen möchte, müsst ihr entscheiden, ob das Spiel angemessen ist oder nicht. Dafür solltet ihr wie folgt vorgehen:

1. Redet mit euren Kindern

Was spielen sie? Warum spielen sie es? Spielen sie es allein oder in einer Gruppe mit Freund*innen? Finden sich die Gruppen spontan online, so dass sie mit Fremden spielen? Gibt es Clans und (gefühlte) Verpflichtungen, die sich für das Kind daraus ableiten? Gibt es Level? Gibt es günstige Ausstiegs- und Speicherpunkte (wichtig zu wissen, wenn man zeitliche Grenzen setzen will)? Wie fühlen sich die Kinder nach dem Spielen, und warum fühlen sie sich so?

Es gibt eine Menge möglicher Fragen.

Fragt doch mal, ob ihr zuschauen dürft, und lasst euch die Spiele erklären. Je jünger das Kind, desto erklärfreudiger ist es. Bei uns dauern die Nacherzählungen und Schilderungen von Spielerlebnissen meist länger als das Spielen selbst. Schließlich wird die reine Handlung noch um Wahrnehmungen und Gefühlsschilderungen angereichert. Es stellt eine wichtige Elternaufgabe dar, diesen Schilderungen zu folgen. Auch wenn es mitunter anstrengend ist und man am Anfang nur Bahnhof versteht, weil man die Begrifflichkeiten nicht kennt.

Irgendwann sind Kinder bzw. Jugendliche nicht mehr so mitteilsam, weil sie pubertäre Rückzugsräume brauchen – da muss man dann auch nicht mehr unbedingt neben dem Kind sitzen und rumnerven –, aber selbst in der Teenagerphase wird es Austausch geben, wenn man vorher schon ehrliches Interesse gezeigt und die Begeisterung der Kinder nicht durch herablassende Sprüche abgewertet hat.

Interessiert man sich hingegen nicht für die Themen, die Kinder in ihrer Kindheit bewegen, erscheint es mir utopisch, einem Teenager plötzlich interessierte Gespräche abzuringen.

Sollte das der Fall sein und ihr möchtet trotzdem wissen, was der/die Jugendliche da eigentlich spielt, dann schaut euch *Let's Plays* an: einfach auf YouTube gehen und »Let's Play ›Name des Spiels‹« eingeben.

Allerdings empfiehlt es sich, unterschiedliche *Let's Plays* zu ein und demselben Spiel anzuschauen, denn wie bei anderen Recherchen sollte man sich nicht auf eine einzige Quelle verlassen. Mittlerweile gibt es nämlich *Let's Plays*, die eigens dafür gemacht wurden, um Eltern davon zu überzeugen, dass das Spiel harmlos ist. In diesen *Let's Plays* werden nur die unspektakulären, gegebenenfalls gewaltfreien Teile des Spiels gezeigt und kommentiert.

Schaut man sich dagegen etwa drei verschiedene *Let's Plays* an, hat man schon einen relativ guten Eindruck von der Spielmechanik und dem Inhalt des Spiels.

Darüber hinaus könnt ihr euch auf Websites wie *spieleratgeber-nrw.de* über konkrete Spiele informieren. Neben der USK-Kennzeichnung sind dort eine pädagogische Alterseinschätzung sowie Informationen zu Inhalt, Präsentation, Kosten, Anforderungen, Umfang, Wirkung und Bindungsfaktoren enorm vieler Spiele zu finden. Die Einschätzungen entstehen übrigens in Kooperation mit Kindern und Jugendlichen.

2. Erarbeitet Kriterien, die euch bei der Bewertung von Spielen helfen

- Es gibt nicht *das* Computerspiel, ebenso wenig, wie es *die* Musik gibt. So wie sich Musik in viele Unterkategorien unterteilen lässt, verhält es sich mit Computerspielen. Nur weil Ego-Shooter besonders oft in der Presse erwähnt werden, sind nicht alle Computerspiele Ego-Shooter. Ganz unabhängig vom Genre ist es möglich, sich die *Spielmechanik* genauer anzuschauen und dort Aspekte zu finden, die man besonders gut oder schlecht findet. Ich finde es zum Beispiel gut, wenn Spiele *endlich* sind, das heißt wirklich ein Ende haben, weil es eine endliche Anzahl von Leveln oder Quests gibt (deren Abarbeitung durchaus mehr als hundert Spielstunden in Anspruch nehmen kann). Die Spieler*innen haben dann einen vorgegebenen Spannungsbogen, den sie erfolgreich und befriedigend abarbeiten können. Endlosspiele wie *World of Warcraft* und *Destiny* hingegen finde ich anstrengend, und es hinterlässt bei mir ein ungutes Gefühl, wenn Teenagerkinder sie spielen. Denn es gibt – egal wie lange man spielt – immer noch diese *eine* Gegend zu erkunden, diese *eine* Waffe zu ergattern, diesen *einen* Kampf zu bestehen.

- Ich mag Spiele, die einfach funktionieren, *ohne* dass man *etwas dazukaufen muss*, also ohne sogenannte In-Game-Purchases.
- Ich bevorzuge Spiele, in denen es *divers* zugeht und die *keine Klischees* bedienen (wenigstens nicht allzu stark).
- Spiele, in denen man *etwas erschaffen* kann (das Paradebeispiel: *Minecraft*), gefallen mir auch.
- Es gibt Spiele, die weiterlaufen, auch wenn man nicht spielt. Das übt Druck aus. Deswegen bevorzuge ich Spiele, die stoppen, sobald man aussteigt, und einen dort auch wieder einsteigen lassen. Sehr beliebt waren einst Facebook-Spiele wie *Farmville*: Wer etwas angebaut hatte, musste zu einer bestimmten Zeit ernten, um die Erträge nicht zu verlieren. Das kann so viel Druck ausüben, dass darüber vielleicht wirklich mal eine Hausaufgabe oder ein Abendessen vergessen wird.

3. Baut euch eine Games-Filterbubble

Holt euch das Thema Spiele bewusst in euer Leben. Wenn ihr auf Twitter seid, folgt Leuten, die spielen und Ahnung davon haben. Mir fallen da spontan Marcus Richter, Jana Reinhardt, Rae Grimm, Rainer Sigl und Christian Schiffer ein. Ihr hört lieber Radio? Dann hört euch doch mal bei *Deutschlandfunk Kultur Kompressor* die Games-Rubrik »Vorgespielt« an, oder abonniert Podcasts zu dem Thema.

Geht mit euren Kindern zu eSports-Events, und zwar richtig physisch, nicht nur per Videostream. Oder wagt es mal, die *Gamescom** in Köln zu besuchen.

Ich bin mir sicher, dass sich auf diese Weise eine Menge Vorurteile und Ängste abbauen lassen und ihr überraschende Erkenntnisse gewinnen werdet.

4. Gebt den Kindern Geld für werbefreie Spiele

Die grässlichsten Spiele sind die, die mit Werbung zugeknallt sind. Unerträglich. Hier ist es ähnlich wie beim Thema »Messenger«: Durch irgendwelche Hintertürchen werden Nutzerdaten gesammelt – und ganz abgesehen davon wird das Spiel ständig durch irgendwelche Grützwerbung (deren Inhalt ihr natürlich auch nicht bestimmen könnt) unterbrochen.

Für Menschen mit eigenem Einkommen ist es vielleicht kein Problem, zwei bis fünf Euro (z. B. für Handyspiele) auszugeben. Erhält man hingegen zwei bis fünf Euro Taschengeld pro Woche, tut man sich da schon wesentlich schwerer. Kinder bevorzugen deshalb die kostenlosen Nervspiele. Dabei lassen sich leicht Regelungen finden, die sie davon abbringen. Zum Beispiel indem man halbe-halbe macht, wenn Kinder ein Spiel haben möchten, oder gar dass man sie für den elterlichen Seelenfrieden einfach komplett bezahlt.

Geld für Spiele auszugeben ist eine gute Idee. Auch Menschen, die Spiele entwickeln, müssen Geld verdienen – und Qualität hat eben ihren Preis. Spiele, die auf Gewinnmaximierung ausgelegt sind, setzen die Anreize möglichst hoch an, um die Kinder im Spiel zu halten und ihnen dann Geld aus der Tasche zu ziehen, weil die Spieler*innen weiterkommen wollen. Das sind genau die Spiele, die Kinder regelrecht einsaugen und die viele Erwachsene so nerven. Wenn ihr die Spiele unterstützt, die werbefrei sind und keine Zusatzkäufe im Spiel eingebaut haben, dann hilft das zum einen den Spielentwickler*innen, und zum anderen signalisiert

---

* Da sitzen Jugendliche im Campingstuhl in einer dreistündigen Warteschlange, um ein neues Spiel auszuprobieren, und lesen Bücher!

ihr den (großen) Firmen, dass es einen Bedarf an solchen Spielen gibt.

5. Wenn ihr mit bestimmten Spielen Probleme habt, bietet den Kindern Alternativen

Habt ihr Tipp 3 beherzigt, kennt ihr jetzt einige interessante Spiele. Denn mit »Alternativen anbieten« meine ich tatsächlich *andere* Spiele und nicht »Hey, Leute, geht doch mal an die frische Luft!«. Das ist ungefähr so erfolgversprechend, wie jemandem ein Thunfischsandwich anzubieten, wenn er gerade voll Bock auf ein Marmeladenbrot hat.

Eines meiner Kinder hat früher stundenlang *Endlessrunner* gespielt. Es war schon ganz apathisch und meistens auch ziemlich schlecht gelaunt, was wiederum mich schlecht gelaunt machte. Wir haben ihm dann *Zelda* angedreht. Das spielt es jetzt seit … Moment mal, wie hieß dieses Kind eigentlich? Äh … auf jeden Fall sehr lange. Wenn es mit uns darüber redet, dann stets sehr enthusiastisch und gut gelaunt. Zum Beispiel weil es im Wald der Krogs ein Master-Schwert gefunden hat, obwohl es gerade erst den Meteo-Stab auf dem Gongol-Hügel bekommen hatte. Ich verstehe zwar rein gar nichts, aber ich merke, dass das Kind sich ein unglaubliches Spezialwissen aufgebaut hat und alles im Kopf behält. Von wegen digitale Demenz. Das Detailwissen ist schier unendlich.

Aber noch mal zu den »Raus an die frische Luft!«-Alternativen: kinderfreier Abend. Ihr könnt machen, was ihr wollt! Naaa? Sechs Folgen eurer Lieblingsserie binge-watchen oder Sport?

Außerdem gehe ich eh davon aus, dass die Basis fürs Alternativprogramm schon Jahre vorher gelegt wird. Wenn die Kinder nicht schon im Kleinkindalter regelmäßig auf den Spielplatz gehen oder im Schulalter mit Sport beginnen, dann stellt sich Bewegungslust im Teenageralter selten von Zauberhand ein.

Wenn wir als Eltern also Wert auf frische Luft, Sport, Bücher lesen etc. (was auch immer ihr für eine wertvolle Alternative haltet) legen, dann muss man das rechtzeitig fördern und stets mit gutem Beispiel vorangehen. Dann muss man eben mit auf den Spielplatz, muss mit den Kindern in den Wald, zum See, ins Schwimmbad. Nehmt die Kinder mit auf die Yoga-Matte, lasst sie mit dem Fahrrad neben euch herfahren, wenn ihr joggen geht, fahrt gemeinsam Fahrrad – was auch immer. Und schließlich: Vergesst nicht, wie ihr als Kinder und Teenager wart.

»Ich habe nichts gegen Computerspiele – aber diese Killerspiele!«

So gerne Eltern über angemessene Medienzeiten streiten, so gerne streiten sie darum, ob man Kindern und Jugendlichen das Spielen von »Killerspielen« erlauben soll.

Allein der Begriff Killerspiel hat für die meisten verständlicherweise eine negative Konnotation. Was schwingt schon Positives im Verb killen mit? Es sei denn, man ist Berliner*in und assoziiert mit dem Begriff Killer das Wort killern, also kitzeln. Mein ältestes Kind, damals im Kindergartenalter, fragte bei der Betrachtung eines Orcas nachdenklich: »Wen killert der Killerwal eigentlich?« Seitdem finde ich das Wort Killerspiel niedlich. Vielleicht kann man, sofern man zukünftig beim Wort Killerspiel immer an zwei schwarzweiße Wale denkt, die sich gegenseitig kitzeln, ein bisschen entspannter über Killerspiele sprechen.

Killerspiele, Shooter, Ballerspiele

Erst neulich wurde mir gesagt, man solle nicht Killerspiele sagen, sondern »digitale Spiele, die dem Shooter-Genre angehören«. Aber sei's drum. Ob Killerspiele, Shooter, Ballerspiele – ein freundliches Wort, das nicht die eigentliche Assoziation des Tötens hervorruft, gibt es nicht. Oder kennt ihr eins? Und vor allem: Brauchen wir denn eins? Zumal die Differenzierung, welches Spiel was ist, bestenfalls erfahrene Spieler*innen treffen. Auf Elternabenden habe ich jedenfalls noch nie gehört: »Nee, sorry, Ursula, aber *World of*

Warcraft ist kein Killerspiel, nur weil man da töten kann. Das ist ein Massively Multiplayer Online Role-Playing Game!« – »Ach so, sorry, Beate, da war ich jetzt aber uninformiert!«

Viele Eltern sorgen sich jedenfalls, wenn ihr Kind Interesse an Spielen hat, in denen getötet wird. In unserem Haushalt gibt es derzeit kein Kind, das selbst Shooter spielen möchte. Nur mein Partner spielt gelegentlich Shooter. Und ich? Irgendwann Ende der Neunziger habe ich es mal mit *Counter-Strike* versucht. Leider konnte ich mich in dem Spiel nie richtig orientieren – und hätte mich nicht ohnehin jemand erschossen, wäre ich wahrscheinlich irgendwo im Spiel verhungert, weil ich mich hoffnungslos verlaufen habe. In jüngerer Zeit habe ich mal bei *Fortnite*, *Doom*, *Wolfenstein II* und *Deus Ex: Mankind Divided* zugeschaut und konnte mir danach bestätigen: Reizt mich nicht.

Abstrakt kann ich jedoch nachvollziehen, was an dieser Art Spiel Spaß machen könnte. Bei den Einzelspieler-Shootern steht schlicht und ergreifend die Action im Vordergrund, bei den Multiplayer-Shootern spielt zudem der kompetitive Aspekt eine große Rolle. Kompetitiv finde ich gut. Kompetitiv bin ich auch. Ladet mich mal zum Kartfahren ein. Da bekomme ich blutrote Augen, ramme alles (ach, das ist ja Autoscooter) und fahre um mein Leben, nur um Erste zu sein. Also Wettbewerb, yay!

In einem Vortrag über Shooter habe ich mal gehört, dass es dabei hauptsächlich um Strategie geht, vor allem wenn man mit Menschen in einem Team spielt. Es werden Spielzüge geplant, geübt – und dann ist die Freude groß, wenn der Plan aufgeht. Ja, komplexe Situationen anschauen, Pläne machen, Pläne umsetzen, Erfolg haben. Das macht Spaß.

Aber Shooter haben noch einen Aspekt, der sie attraktiv macht: In der Regel muss man den Controller schnell und sicher bedienen können, um im Spiel erfolgreich zu sein. Das heißt, man braucht einen gewissen Skill, um überhaupt mal ein Erfolgserlebnis zu haben. Ich schätze, das ist der Grund, warum der kompetitive Aspekt bei mir nicht anspringt. Ich spiele viel zu wenig, um auch nur den Hauch einer Chance zu haben, weil ich den Controller nicht blind beherrsche; und weil ich keine Zeit habe, die ich in die Verbesserung meiner Controllerkompetenzen investieren könnte, entwickle ich auch keinen Ehrgeiz.

Ich vermute, dass das bei Kindern und Jugendlichen anders ist. Die haben – entweder durch das Spielen anderer Spiele oder weil sie nicht so alt und unflexibel in Hand und Hirn sind – viel schneller kleine Erfolgserlebnisse, die wiederum zum Üben motivieren. Übung macht auch hier den Meister – wäre da nicht diese lästige Medienzeitbegrenzung. Denn fürs Üben braucht man Zeit. Wer nicht übt, wird nicht besser. Wer nicht besser wird, hat keine Erfolgserlebnisse – und das sorgt für Frust.

Kleine Anekdote am Rande: Ich kenne mehrere Jugendliche, deren Eltern sie viel *Fortnite: Battle Royale* haben spielen lassen. Das wiederum hat dazu geführt, dass die Kinder in knapp einer Woche so gut wurden, dass sie einfach jedes Mal gewannen. Das fanden sie irgendwann so langweilig, dass sie aufgehört haben, *Fortnite* zu spielen. Bisweilen beendet gerade das Erlauben ein dringendes Bedürfnis sehr schnell. Erst durch das Verteufeln, Verbieten und Mystifizieren werden manche Dinge so richtig interessant. Je nach Alter und Entwicklungsstand des Kindes lohnt es sich also, die elterlichen Vorurteile zu überwinden, um ein Thema auf diese Weise schneller zu den Akten legen zu können.

Warum es am Ende Spaß macht, Spielfiguren in den Kopf zu schießen? Well … Mir reicht es, wenn sich Pokémon in einer Arena treffen und attackieren. Sind die Kampfpunkte auf null, scheidet das Pokémon aus, und mit einem Heiltrank kann ich es wieder aufpäppeln und zu einem neuen Einsatz schicken. Das ist bei Ego-Shootern eigentlich nicht anders. Man kann Protagonisten heilen, oder man startet am letzten Speicherpunkt. Lässt sich daraus ableiten, dass Pokémon im Grunde auch ein Killerspiel ist?

Das Kind will ein Killerspiel spielen – und jetzt?

Vielleicht wird es eines Tages dazu kommen, dass euer Kind vor euch steht und fragt, ob es ein Killerspiel spielen darf. 2018 und 2019 war beispielsweise *Fortnite: Battle Royale** in aller Munde. Die spielerfahrenen Menschen unter euch haben sicher gerade Schnappatmung bekommen, denn *Fortnite* ist streng genommen gar kein Killerspiel. Aber so differenziert ist die Sicht auf das Spiel nicht, wenn Muggel** über Computerspiele sprechen. Vielmehr ist *Fortnite* ein häufiges Gesprächsthema unter Eltern: Ob das Kind *Fortnite* spielen darf oder nicht, wird on- und offline so heftig diskutiert wie die Frage, ob man Kinder impfen soll oder nicht.

Mag sein, dass der Hype um *Fortnite* längst vergangen ist, wenn dieses Buch erscheint. Wichtig ist allein die Erkenntnis, dass es immer extrem populäre Spiele geben wird. Insofern stellt sich die Frage, wie Eltern sich ein fundiertes Urteil bilden können, auf dessen Basis sie dann entscheiden, ob das Kind das gewünschte Spiel spielen darf oder nicht.

Die Informationskette, die ich empfehle, ist bei Killerspielen nicht anders als bei allen anderen Computerspielen:

- Schaut euch drei unterschiedliche *Let's Plays* zu dem betreffenden Spiel an.
- Lest euch durch, was *spieleratgeber-nrw.de* und/oder *spielbar.de* dazu schreiben.
- Leitet daraus ein eigenes Urteil ab, das ihr mit Beispielen und Argumenten untermauert, und redet dann mit euren Kindern.

---

* *Battle Royale* ist ein eigener Modus. Vorher gab es schon *Fortnite: Rette die Welt*, das allerdings kostenpflichtig war und ein anderes Spielprinzip verfolgte. Im Text ist immer der *Battle-Royale*-Modus gemeint.

** Muggel sind bei Harry Potter die Menschen, die kein magisches Blut haben. Mit dem Begriff werden Personen bezeichnet, die in etwas nicht eingeweiht sind.

Bei *Fortnite* werdet ihr relativ schnell merken, was das Spiel so verlockend macht. So ist es beispielsweise Free to Play. Das heißt, für das Spielen des Spiels muss man nichts zahlen*, was die Taschengeldvorräte der Kinder schont.

Das Spiel ist außerdem auf vielen unterschiedlichen Geräten verfügbar (so z. B. für den PC und Mac, auf der PlayStation 4, der Xbox One und mobil auf der Nintendo Switch und dem Smartphone und läuft sowohl auf Android als auch auf iOS), was natürlich die Wahrscheinlichkeit erhöht, dass es auf dem Gerät eures Kindes verfügbar ist.

Die Grafik ist eher cartoonhaft, und die eingebauten Tänze, die die Fortnitefiguren zum Beispiel tanzen, wenn sie gewinnen, funktionieren außerhalb des Spiels wie ein geheimes Erkennungszeichen innerhalb der Gruppe der Spielenden. Als beispielsweise der Fußballspieler Daniel Gordon während eines Fußballspiels im Februar 2018 Fortnitegesten zeigt[95], fragt der Sportschaukommentator total ahnungslos: »Was ist das denn bitte schön für ein Torjubel?« Alle, die *Fortnite* spielen, wissen sofort Bescheid: Daniel Gordon spielt *Fortnite* gemeinsam mit Kollegen im Teammodus. Wenig später tanzen auch viele andere Profifußballer. So wird der Tanz »Take the L« beispielsweise durch Antoine Griezmann bekannt, der ihn als französischer Nationalspieler in einem Spiel gegen Argentinien während der Männer-Fußball-WM 2018 tanzt.

Plötzlich verbindet die Kinder und Jugendlichen vor den Bildschirmen etwas mit den sonst so fernen Idolen: Sie haben gemeinsame Interessen – und die werden offenbar genauso reguliert, wie sie es von zu Hause kennen. Denn den Spielern der deutschen Nationalelf wurde das Internet abgedreht, weil sie in Russland während der Männer-Fußball-WM 2018 zu lange *Fortnite* (und *FIFA 18*) gespielt haben.[96]

---

* Ausstattung und Emotes kann man bei *Fortnite* allerdings kaufen. Beides ist aber nur »Eyecandy«, sprich, mit dem Kauf verschafft man sich keinen spielerischen Vorteil.

All das kann man herausfinden, wenn man ein wenig zu dem Spiel googelt. Man muss dafür kein/e Spielexpert*in sein. Das weiß ich, weil ich selbst keine bin und mir sämtliches Wissen passiv aneigne.

Beschäftigt euch mit dem »Killerspiel«, das euer Kind spielen möchte. Entwickelt eigene Entscheidungskriterien, die ihr dann mit Argumenten unterlegt.

Lukas Wagner schreibt in seinem Buch *Die Generation digital:* »Sollte ihr Kind [...] ein Spiel spielen wollen, das Sie als Eltern nicht gut finden, so ist das eine Frage der Haltung. [...] In solchen Fällen geht es nicht nur darum, eine Haltung zu haben, sondern diese auch zu beweisen. Manchmal bedeutet das, dass Sätze fallen wie: ›Wir wissen, dass du dieses Spiel spielen möchtest. Aber wir finden es nicht gut, wenn in Videospielen Gewalt gezeigt oder verherrlicht wird. So etwas möchten wir in unserer Familie nicht und das wird bei uns zuhause nicht gespielt werden. Wir wissen aber auch, dass du das Spiel jederzeit woanders spielen kannst. Das können und wollen wir nicht verhindern. Aber unsere Haltung ist klar‹. Es ist Ihre Haltung, die Kindern und Jugendlichen Orientierung bietet und die Rahmenbedingungen für Videospiele klar macht.« [97]

Bei mir gibt es verschiedene Abstufungen, die ich im Kopf habe und mit meinen Kindern diskutiere:

- Schießen Maschinen auf Maschinen (Raumschiffe auf Gegenstände etc.), dann finde ich das erst mal nicht schlimm.
- Schießen Figuren auf andere Figuren in einer sehr comichaften Darstellung (z. B. *Splatoon**, *Fortnite*), finde ich das auch nicht so dramatisch.
- Schießt man auf gruselige Aliens oder Menschen auf Men-

* Hier geht es vor allem darum, Gelände mit Farbe zu beschießen, es werden aber auch die Spielfiguren mit Farbe beschossen.

schen, verschiebt sich mein Gefühl langsam Richtung Unverständnis und/oder Sorge. Zum einen weil ich glaube, dass realistische Darstellungen von Fiktionen wie Alienmonstern je nach Alter durchaus beängstigend sein können, und zum anderen weil ich »echten« Kriegsspielen (z. B. *Battlefield* und *Call of Duty*) nichts abgewinnen kann. Krieg ist so schrecklich, warum also nachspielen?

Diese Einstufung ist subjektiv, und erfahrene Spieler*innen mögen ganz anderer Meinung sein. Sie hilft mir aber, eine Regelung im Umgang mit meinen Kindern zu finden, die ich argumentativ untermauern kann. Was nicht heißt, dass ich sie hundertprozentig umsetzen muss. Sie ist die Ausgangsbasis für eine Diskussion.

Ist mein Kind jedoch 16 Jahre oder älter, würde ich als Mutter wahrscheinlich ein bisschen herumnölen und mich fragen, warum das Kind nicht lieber Programmieren lernt oder sich fürs Kochen interessiert. Erlauben würde ich Killerspiele am Ende trotzdem. Insbesondere weil ich mir sicher bin, dass Jugendliche sehr wohl Fiktion von Realität unterscheiden können, und weil ich meinen persönlichen Geschmack in Sachen Unterhaltung nicht über den eines/einer Jugendlichen stellen muss.

Unabhängig davon ist es wichtig, dass Eltern sich die Zeit nehmen, zwischen den einzelnen Spielen zu differenzieren, und Spiele nicht von vornherein ablehnen, weil darin geschossen oder getötet wird.

Anschließend solltet ihr darüber nachdenken, ob das Spiel zum Alter des Kindes bzw. zu dessen Entwicklungsstand passt. Bei *Fortnite* zum Beispiel glaube ich, dass es gar nicht das Spielfigurentöten ist, das einem jüngeren Kind zu schaffen machen könnte. Ich denke, es ist eher der Druck, dass es unter hundert Spieler*innen nur eine/n geben kann, die/der gewinnt. Sich vorkämpfen, sich lange verstecken und den Druck aushalten – darin sehe ich den eigentlich belastenden Aspekt des Spiels. Fehlt darüber hinaus der Skill, sich gegen Mitspieler*innen durchzusetzen, ist man gleich beim ersten Kontakt tot. Das ist eine sehr frustrierende Kombination: lange Anspannung und dann unmittelbares Spielende. Das halte ich für ein acht- bis zehnjähriges Kind für problematisch. Die USK-Empfehlung »ab 12 Jahre« ist daher durchaus angemessen.

Ist ein bestimmtes Spiel in aller Munde, kann es ein Kompromiss sein, sich gemeinsam mit dem Kind Trailer und/oder *Let's Plays* anzuschauen. Die könnt ihr sogar vorher aussuchen und somit bestimmte Szenen, die ihr für ungeeignet haltet, ausschließen. Ein paar Videoschnipsel, ein Blick auf einige Spielfiguren und ihre Skins oder auf einige Tänze (Emotes) – das reicht meist, um dem Kind die Möglichkeit zu geben, im Freundeskreis mitzureden. Oft geht es nämlich vor allem ums Mitreden und gar nicht unbedingt ums Selbstspielen. Als unser Teenagerkind einen Nachmittag lang *Fortnite* gespielt hatte und ich nachfragte, wie es denn gewesen sei, antwortete es: »Ich hab mich andauernd versteckt und bin gestorben. Also ziemlich langweilig. Die coolen Sachen kannte ich alle schon von den *Let's Plays*.«

USK – hilfreich oder zu ignorieren?

USK steht für ***U**nterhaltungssoftware **S**elbst**k**ontrolle* in Deutschland und ist die verantwortliche Institution für die Altersfreigabe von Videospielen und Videospiel-Trailern. Es gibt fünf Abstufungen, die im Jugendschutzgesetz festgeschrieben sind: *freigegeben ohne Altersbeschränkung*, *ab* 6, *ab* 12, *ab* 16 und *ab* 18 *Jahren*.

Laut USK sieht die Kategorisierung wie folgt aus: [98]

- Zu den Spielen *ohne Altersbeschränkung* gehören familienfreundliche Spiele, aber auch alle Spielangebote an Jugendliche und Erwachsene, die aus der Sicht des Jugendschutzes keinerlei Beeinträchtigungen für Kinder beinhalten. Spiele ab

6 Jahren sind überwiegend familienfreundliche Spiele, die bereits spannender und wettkampfbetonter ausfallen dürfen.

- *Spiele ab 12* sind bereits deutlich kampfbetonter. Die Spielszenarien sind in einem historischen, futuristischen oder märchenhaft-mystischen Kontext angesiedelt, so dass sie ausreichend Distanzierungsmöglichkeiten für den Spieler bieten. Spiele mit einer *Altersfreigabe ab 16 Jahren* zeigen auch Gewalthandlungen, so dass ganz klar auch Erwachsene zur Käuferschicht gehören. Spiele mit diesem Kennzeichen versetzen 16- bis 17-Jährige zwar zeitweise deutlich in Anspannung, doch gewaltlose Spielanteile und unrealistisch wirkende Spielelemente ermöglichen Abstand zum Spielgeschehen, so dass die Entwicklung der Jugendlichen nicht nachhaltig beeinträchtigt wird.
- Die Alterskennzeichnung *ab 18 Jahren* erhalten Spiele, die nahezu ausschließlich gewalthaltige Spielkonzepte thematisieren und häufig eine düstere und bedrohliche Atmosphäre erzeugen.

Es ist ein bisschen schade, dass der Jugendschutz keine Stufe zwischen 6 und 12 vorsieht. Denn zwischen 6 und 12 liegt ein sehr großer Teil der Kindheit; und eine Zwischenstufe »ab 9« würde sicher manches erleichtern.

Verschiedentlich wird behauptet, Computerspiele seien in den letzten Jahren immer brutaler und die Gewaltdarstellungen immer drastischer geworden. Ein Blick auf die Einstufungen der letzten Jahre bestätigt dies jedoch nicht.[99] Seit 2013 sind die USK-18-Einstufungen von 9,1 Prozent auf 6,7 Prozent (2018) zurückgegangen. Die USK-16-Einstufungen haben tatsächlich leicht zugenommen: Sie stiegen von 26,1 Prozent (2013) auf 29,4 Prozent (2018). Von einem dramatischen Anstieg kann also nicht die Rede sein, denn insgesamt haben 2018 77 Prozent aller Spiele eine Freigabe für 0, 6 oder 12 Jahre erhalten.

Schwer jugendgefährdende Spiele oder Spiele, die einen Straftatbestand erfüllen (z. B. Gewaltverherrlichung) werden ohnehin von der *Bundesprüfstelle für jugendgefährdende Medien* indiziert und sind im normalen Handel nicht erhältlich.

Wichtig zu wissen: Die USK überprüft nach den oben beschriebenen Kriterien nur Spiele, die auf physischen Datenträgern vorgelegt werden. Werden Spiele online, kostenlos oder gegen Gebühr als Download vertrieben, so gelten die Bestimmungen des *Jugendmedienschutz-Staatsvertrags*. Diese Spiele werden nach dem Verfahren des *International-Age-Rating-Coalition*-Systems (IARC) geprüft.

Viele Online- und Browsergames weisen allerdings keine Alterskennzeichnungen auf, weil das IARC-System nur für Vertriebsplattformen verfügbar ist, die sich der IARC angeschlossen und den Einstufungsprozess integriert haben. Stand August 2019 zählen dazu Google Play Store, Nintendo eShop, Microsoft Windows Store, Xbox Store und der Oculus Store. Viele dieser Vertriebsplattformen bieten die Möglichkeit, Jugendschutzprogramme (Parental Controls) zu aktivieren und zu nutzen. Das bedeutet, dass ihr die höchste Altersfreigabe für Downloads oder Käufe auswählen und von vorneherein bestimmte Alterskennzeichnungen ausfiltern könnt – was allerdings mit zunehmendem Alter der Kinder vermutlich sinnlos wird.

Die USK bietet in jedem Fall eine Orientierung.* Sie legt aber nicht rechtlich fest, ob ein Spiel am Ende gespielt werden darf oder nicht. Wie heißt es so schön: »Jugendschutz hört an der Haustür auf.« Die Seite der USK formuliert es so: »Während der Verkauf von Computerspielen an Kinder und Jugendliche staatlichen Beschränkungen unterliegt, müssen letztlich die Eltern zu Hause entscheiden, was ihre Kinder spielen dürfen.«[100]

---

* Podcastempfehlung zum Thema USK: *Game of Phones* mit Marek Brunner, dem Leiter des Testbereichs der USK (Folge 6).

Das heißt, zuletzt entscheidet ihr als Eltern. Denn nach Artikel 6 des Grundgesetzes haben die Erziehungsberechtigten das Privileg, ihrem Kind auch mediale Inhalte zu erlauben, die nicht für ihr Alter freigegeben sind. Entscheidungen können natürlich in beide Richtungen stattfinden: Ein Spiel ist ab 16 Jahre, euer Kind ist 16, aber ihr findet das Spiel nicht gut und gestattet es deshalb nicht; oder das Spiel ist ab 16 Jahre, euer Kind ist 13, und ihr erlaubt es trotzdem, weil das Spiel und die Entwicklungsstufe des Kindes eurer Ansicht nach zusammenpassen.

Tut euch und eurer Glaubhaftigkeit als Eltern aber den Gefallen, und befasst euch wirklich mit dem Wunsch eures Kindes. Das fängt schon damit an, dass man recherchiert, ob die Alterskennzeichnung, die euch euer Kind unter die Nase hält, die richtige ist. Das eine oder andere Kind tauscht im Geschäft nämlich einfach die Aufkleber für die Altersfreigabe aus. Natürlich könnt ihr erst mal ablehnen mit der Begründung: *»Ich hab da ein schlechtes Gefühl.«* Stellt aber in Aussicht, bis wann ihr euch das Spiel anschauen werdet, und vereinbart einen Gesprächstermin, zu dem ihr dann mit eurem Kind sprecht.

Let's face it: *»Gewaltdarstellungen schaden doch wirklich!«*

Wie ihr bereits wisst, habe ich ein Bauchgefühl entwickelt in Sachen »Wer oder was schießt auf wen oder was und wie detailgetreu ist das, und wie wirkt das auf mein Kind bzw. die Psyche?«. Doch dass Gewaltdarstellungen Kindern und Jugendlichen grundsätzlich schaden, lässt sich nicht pauschal sagen. Insbesondere – und das ist vielleicht wichtig, voranzustellen – ist der Effekt von Gewaltdarstellungen unabhängig vom Medium. Egal, ob Kinder Gewalt auf YouTube, im Fernsehen oder in Computerspielen sehen – je nach Alter und psychischer Verfassung kann sie verschiedene Auswirkungen haben.

Interessanterweise widersprechen sich die Ansätze wissenschaftlicher Thesen und Haltungen zu Gewaltdarstellungen sogar. Um das zu illustrieren, stelle ich im Folgenden stark vereinfacht drei gängige Thesen vor, die man zusammenfassen kann als »Nichts Genaues weiß man nicht«.

These 1: Konsum medialer Gewalt führt dazu, dass man selbst weniger aggressives Verhalten zeigt

Diese These untermauern unter anderem die Inhibitionstheorie und die Katharsis-Theorie.

Die *Inhibitionstheorie* geht davon aus, dass der Konsum von Gewaltdarstellungen zu Aggressionsangst führt. Demnach wird zunehmend eine Hemmschwelle aufgebaut, bis man selbst kein aggressives Verhalten mehr zeigt.

Die *Katharsis-Theorie* wiederum besagt, dass der Konsum von Gewaltdarstellungen dazu beiträgt, bereits bestehende Aggressionen abzubauen.

These 2: Konsum medialer Gewalt führt dazu, dass man emotional abstumpft

Der Habitualisierungstheorie zufolge kann der Konsum von Gewaltdarstellungen eine gewöhnende Wirkung haben. Dabei unterscheide die Psyche nicht zwischen realer und fiktionaler Gewalt. Das Konsumieren von Gewalt lasse uns abstumpfen und gleichzeitig erfahren, dass Gewalt eine mögliche Handlungsoption darstellt.

These 3: Konsum medialer Gewalt führt dazu, dass man vermehrt Aggressionen hat und auslebt

Diese These wird unter anderem durch die Simulationstheorie gestützt. Demnach bringt erst der Konsum von Gewaltdarstellungen Menschen dazu, sich selbst (auch außerhalb von Computerspielen etc.) gewalttätig zu verhalten.

»Aber die Amokläufer haben alle Ego-Shooter gespielt!«

Sowohl bei dem Amoklauf in Erfurt als auch in Winnenden ging durch die Medien, dass die Täter jeweils Shooter in ihrer Freizeit gespielt haben sollen. Daraus wurde abgeleitet, es gebe einen Zusammenhang zwischen dem Spielen von Shootern und genereller Gewaltbereitschaft. Auch wird immer wieder behauptet, mit den Shootern lerne man zu töten. Im Fall von Erfurt besonders absurd, da der Täter im Polizeisportverein und im Schützenverein schießen gelernt hatte. Auch der Täter von Winnenden verfügte über Erfahrungen im Schießen und hatte Zugriff auf Waffe und Munition, weil sein Vater im Schützenverein war. Dennoch werden reflexartig die Computerspiele und nicht der Schützenverein oder der Zugang zu echten Waffen (!) verantwortlich gemacht.

Einen Zusammenhang zwischen Killerspiel und Amoklauf herzustellen und daraus zu folgern, dass entsprechende Spiele verboten werden müssten, ist der verzweifelte Versuch, eine einfache Lösung für ein sehr komplexes Problem zu finden.

Die Debatte kann man aber kurz halten, denn: »Einhellige Expertenmeinung ist laut Ingrid Möller von der Universität Potsdam, dass kein Teenager allein aufgrund der Nutzung von Ego-Shootern zum Mörder wird.«[101] Wissenschaftlich ist die These von einem direkten Zusammenhang zwischen aggressivem Verhalten bis hin zum Amoklauf und dem Spielen von Shooter-Spielen jedenfalls nicht zu halten. Tatsächlich haben Gewaltdarstellungen in Medien (Fernsehen eingeschlossen), wenn überhaupt, nur dann einen negativen Einfluss, wenn mehrere ungünstige Faktoren zusammenkommen. Das ist der Fall, wenn das Kind bzw. der/die Jugendliche ohnehin schon eine hohe Aggressionsbereitschaft aufweist, gleichzeitig ein niedriges Selbstbewusstsein hat, er oder sie sozial schlecht integriert ist und eine ungünstige Erziehungssituation vorliegt: »Kinder aus sozial intakten Familien, in denen andere, nichtgewalttätige Wege der Konfliktlösung praktiziert werden, sind relativ ungefährdet.«[102] Und letztlich und sehr platt: Wo Menschen keinen Zugriff auf

Schusswaffen haben, kann auch nicht mit Schusswaffen getötet werden.

So oder so wird der Versuch, bestimmte Computerspiele verbieten zu wollen, wahrscheinlich nicht von Erfolg gekrönt sein (vor allem dann nicht, wenn das Kind gar nicht versteht, wo das Problem liegen soll). Habt ihr als Kind mal etwas verboten bekommen, das ihr dringend machen wolltet? Habt ihr es trotzdem getan? Also ich habe ziemlich viel getan, was ich nicht durfte. Schlimme Dinge wie mich schminken, nach 22 Uhr aus dem Zimmer schleichen, trampen und rauchen. Alles verboten. Hat mich aber nicht davon abgehalten.

Natürlich sind nicht alle Kinder so ungehorsam wie ich. Einige werden sich an Verbote halten. Die, die es nicht tun, werden all die Dinge hinter eurem Rücken machen.

Was passiert eigentlich, wenn es Schwierigkeiten gibt? Wenn das Kind etwas sieht, das es wirklich verstört? An wen kann es sich dann wenden? Mit wem kann es sich dann austauschen? Mit den Eltern, die Computerspiele verboten haben? Wohl kaum.

Ich habe eine lebhafte Erinnerung an den Film *Gremlins*, der 1984 erschienen und ab 16 Jahre freigegeben war. Ich war erst zehn. Meine Eltern hatten mir den Film verboten. Nun schaute ich ihn bei einer Freundin trotzdem – was eine schlechte Entscheidung für meine sensible Psyche war. Ich habe im Anschluss gut zwei Wochen lang schlecht geschlafen und hatte wahnsinnig Angst, dass in meinem Zimmer Essensreste oder Wasser herumsteht und nach Mitternacht ein Mogwei kommt, um diese zu essen und sich dann in einen Gremlin zu verwandeln.

Hätte ich ein vertrauensvolles Verhältnis zu meinen Eltern gehabt, hätte ich mich vielleicht an sie wenden können. Leider war dem nicht so, so dass ich mich als über 40-Jährige noch lebhaft an meine Ängste als Zehnjährige erinnere. Will ich damit zum Ausdruck bringen, dass es generell Unsinn ist, Kindern Dinge zu verbieten? Nein.

Aber:

Verbietet nicht pauschal. Zeigt euch offen und gesprächsbereit. Gleicht euer Bauchgefühl mit Fakten ab, und besprecht eure Bedenken mit dem Kind.

Einschätzungen der USK können hilfreich sein. Man muss sich aber nicht sklavisch an sie halten. Sie sollen kein Instrument sein, um das Gespräch mit einem Kind abzuwürgen. Geht dem Bedürfnis auf den Grund, das hinter dem kindlichen Spielewunsch steht. Nehmt Interessen und Neugier ernst. Am Ende kann es sein, dass ihr trotzdem Nein sagt. Ich sage auch ab und zu Nein. Ein achtjähriges Kind muss nicht den 2016er Reboot von *Doom* spielen, aber wenn man sich darüber ausgetauscht hat, dann hat das Kind ein besseres Gefühl und vielleicht auch gute Argumente im Austausch mit Gleichaltrigen. Ich muss sagen: Toi, toi, toi sind meine Kinder sehr regelkonform. Wir Eltern hatten zum Beispiel mal die Idee, *Captain Marvel* im Kino zu sehen. Der Film ist ab 12, und unser jüngstes Kind war damals noch nicht 12 Jahre alt, woraufhin es dankend ablehnte. Mist. Es sollte doch eine Familienunternehmung werden! Ich zog das bezirzendste Muttiregister und versicherte dem Kind, dass es total okay sei, wenn es in Begleitung Erwachsener diesen Film anschaut. »Nö«, sagte das Kind. Es gebe ja Gründe für die FSK-Einstufung, und aus Erfahrung wisse es, dass es Filme, die trotz Fiktion realistisch aussehen, nicht so gerne mag. Bei *EVEREST: Ein Yeti will hoch hinaus* wäre es gerne dabei gewesen. *Captain Marvel* könne es auch noch in ein paar Jahren schauen. Tja. Da erschien es mir dann doch etwas albern, weiter auf das Kind einzureden.

Frusterlebnisse gehören dazu

Bleibt die Sache mit dem Frust. Spreche ich mit Eltern, die selbst keine Computerspiele spielen, über ihre computerspielenden

Kinder, höre ich oft, dass die Kinder eigentlich gar keinen Spaß haben, sondern fluchend in ihren Zimmern sitzen oder nach einigen Spielrunden übellaunig an den Abendbrottisch kommen. Warum spielen Kinder Computerspiele, wenn diese sie frustrieren?

Ich glaube, der Frust, den Kinder und Jugendliche beim Computerspielespielen entwickeln können, ist für Eltern manchmal schwer auszuhalten. Dabei kann der Frust unterschiedliche Quellen haben. Vielleicht entsteht er, weil das Kind nicht genug üben darf oder weil es einfach trotz Übens nicht die Erfolgserlebnisse hat, die es gerne hätte. Möglicherweise ist aber auch die Spielmechanik des Spiels schlecht bzw. die Steuerung zu unpräzise. Ich kann anderer Leute Computerspielfrust auch schlecht aushalten. Mein Partner sitzt manchmal vor seiner PlayStation (zuletzt bei *Shadow of the Colossus**) und flucht die halbe Nacht vor sich hin. Das macht mich echt IRRE. Ich bin bereit, ihm Schokolade zu bringen, Häppchen zuzubereiten, die Füße zu massieren. Hauptsache, er hört auf zu fluchen. Macht er aber nicht. Er flucht sich durchs Spiel, während ich mich immer und immer wieder frage: »Warum in Gottes Namen hört er nicht einfach auf???« Seine Antwort: »*Shadow of the Colossus* hat sich absolut gelohnt, weil der spielerische Frust durch die Geschichte irgendwann in einem erleuchtungsgleichen Moment aufgelöst wurde.« Ich glaube, ich habe bei der Erläuterung tatsächlich eine leichte Verzückung in seinem Gesicht gesehen.

Meine Schlussfolgerung: Menschen, die viel spielen, bewerten diese Frustration anders als Menschen, die kaum spielen. Frust gehört offenbar zum Spielen dazu. Man muss den Frust überwinden, am Ende winkt der Erfolg – und der ist so attraktiv, dass man diese Spannung aushält. Knabbert ihr als Eltern auch an dem Thema »Computerspiele und Frust«, dann versucht doch mal durch Beobachtung und Gespräch herauszubekommen, woher der Frust kommt, ob man ihn reduzieren kann und ob das Kind selbst wahrnimmt, wie schwer es für Außenstehende ist,

---

* Nur so als generelles Beispiel, denn *Shadow of the Colossus* ist kein Ego-Shooter.

den Frust auszuhalten. Betrachtet den (vorübergehenden) Frust eurer Kinder als Nebeneffekt eines Trainings. Beim Sport gehört das wiederholte Ausprobieren ja auch dazu. Niemals würde man einem/einer Bogenschütz*in das Bogenschießen verbieten, weil er/sie am Anfang ständig (fluchend) danebenschießt.

Apropos 100-mal sterben

Wer selbst noch nie Computerspiele gespielt hat, mag den Gedanken, dass in Computerspielen gestorben wird, vielleicht nicht. Sowohl der/die Protagonist*in als auch Nebenfiguren können sterben.

»Der Tod im Spiel ist für uns grauenvoll und geschmacklos«, so Thomas Feibel, Leiter des *Büros für Kindermedien* in Berlin. »Doch das liegt an einem Denkfehler: Der Tod im Spiel wird mit dem realen Tod verglichen. Das machen wir beim ›Tatort‹ auch nicht. Eine Leiche im Krimi ist ein dramaturgisches Element.«[103]

Kindern fehlt (zum Glück!) in der Regel eine konkrete Vorstellung vom Tod. Sie wissen nicht, was der Verlust einer geliebten Person emotional bedeutet. Sie kennen keine Todesarten und haben keine Erfahrungen damit, jemanden durch eine schwere Krankheit in den Tod zu begleiten oder völlig überraschend durch einen Unfall zu verlieren. Ich glaube, sie assoziieren um das gesamte Thema noch ganz andere Dinge als wir Erwachsenen. Für sie ist der Tod etwas Abstraktes. In einem Spiel* markiert er einfach einen gescheiterten Versuch. Game over bedeutet, dass man vom letzten Speicherpunkt aus einen neuen Versuch startet. Mehr nicht.

Ich selbst habe gemerkt, dass fiktiv dargestellter »Tod« tatsächlich anders auf mich wirkt, seit ich Mutter bin. Früher habe ich zum

* Es gibt Spiele, die einen Schwierigkeitsgrad anbieten, der den Spielstand beim Tod der Spielfigur tatsächlich komplett löscht.

Beispiel Folge um Folge *Dr. House* als Abendunterhaltung angesehen. Kaum hatte ich ein Baby, war jede *Dr.-House*-Folge eine Art Horrorfilm für mich. Ständig erkranken Menschen, die anderen Menschen nahestehen, an mysteriösen Krankheiten mit grauenhaften Symptomen. Dauernd sterben Menschen. Ich musste ständig an mein Baby denken und hätte es am liebsten aus dem Bett geholt, um es zu herzen. Wie schrecklich wäre es, wenn uns so etwas passierte? Wie hilflos stünde ich als Mutter da, zumal es in der Wirklichkeit selten ein so engagiertes Ärzteteam gibt, das sich tagelang den Kopf darüber zerbricht, was einem fehlen könnte.

Weil mich diese Gedanken emotional derart mitnehmen, schaue ich heute viel lieber Science-Fiction und Fantasy. Mein Empathievermögen für Aliens und Drachen ist bei weitem nicht so ausgeprägt wie für menschliche Babys.

Was ich sagen will: Der Blick von Kindern auf den Tod in einem Computerspiel ist oft ein anderer als der von Erwachsenen. Er markiert nichts weiter als das Spielende. Kevin Recher, Userblog-Manager bei der Tageszeitung *Der Standard*, dazu: »Das Sterben in Games ist grundsätzlich betrachtet eine Repräsentation einer Niederlage. Es ist eine künstliche Mitteilung an den Spieler im Gamedesign, dass er einen Fehler begangen hat. Mit dem Tod und der Wiederauferstehung setzt auch ein Lerneffekt beim Spieler ein. Er merkt sich, an welcher Stelle Feinde lauern, wo sich Fallen befinden und wie er in diesem Szenario besser agieren kann, um überleben und voranschreiten zu können.« [104]

»Darf ich Computerspiele denn erlauben?«

Natürlich kann es vereinzelt Gründe geben, sich zu sorgen, wenn es um Kinder und Computerspiele geht (im folgenden Kapitel gehe ich genauer auf das Sorgen-Thema »Sucht« ein); der größte Teil der Sorgen entspringt jedoch Vorurteilen und Unwissenheit.

Ich selbst spiele keine Shooter, meine aber verstanden zu haben, dass Menschen, die Shooter spielen, die Herausforderung attraktiv finden, dass sie den Wettbewerbsaspekt mögen und dass sie die strategischen Aspekte daran gut finden. Warum man dafür detailgetreu Gliedmaßen wegschießen muss, ist mir zwar immer noch ein Rätsel, aber ich sorge mich nicht, wenn 15-jährige Jugendliche und Erwachsene diese Spiele unterhaltsam finden. Ich denke dann einfach an Fernsehserien wie *Narcos* und *Hannibal*, die sehr populär sind und von vielen als reine Unterhaltung angesehen werden (wenngleich ich sie ebenfalls eklig und brutal finde), entsinne mich meiner Freundinnen, die bisweilen Horrorfilme und -serien schauen, und stelle beruhigt fest, dass es keinerlei negative Auswirkungen auf deren Charakter und Verhalten hat.

Bei jüngeren Kindern orientiere ich mich an Altersfreigaben und versuche, mir über verschiedene Quellen ein eigenes Bild von dem jeweiligen Spiel zu machen. Wohl wissend, dass jede Bewertung auch einem Zeitgeist unterworfen ist, wie das Beispiel *River Raid* besonders anschaulich zeigt. 1984 stand fest: »Das Videospiel ›River Raid‹ ist kriegsverherrlichend und -verharmlosend. [...] der Spieler [soll sich] in die Rolle eines kompromisslosen Kämpfers und Vernichters hineindenken. Dies geht klar aus der Spielanleitung hervor. Scharfschützenqualitäten sind im Spiel gefordert. Der Abschuß feindlicher Ziele wird hoch belohnt. [...] Die Anwendung kriegerischer Gewalt wird belohnt; wer die meisten Ziele zerstört hat, bekommt die meisten Punkte.«[105]

Sucht *River Raid* doch mal spaßeshalber auf YouTube. Ihr werdet ein pixeliges Spiel mit einem winzigen gelben Flugzeug auf einem blauen Streifen, gesäumt von grünen Rändern, entdecken. Piew! Piew! feuert das Miniflugzeug auf Hubschrauber und Boote, die ebenfalls so klein sind, dass ich nur Miniaturflecken sehe, wenn ich meine Brille absetze. Ab und zu taucht ein weißrot gestreiftes Rechteck auf, auf dem »FUEL« steht. Das war's. Mittlerweile hat das Spiel keine Altersbeschränkung mehr. 1984 war es ein Killerspiel!

Tipps wie »Spielen Sie jedes Spiel (durch), das ihr Kind spielen will, bevor sie es erlauben oder verbieten« halte ich übrigens für unglaublichen Quatsch. Wenn die Kinder nicht älter als drei oder vier sind und sich im Großen und Ganzen mit drei Apps beschäftigen, ist das vielleicht noch zu schaffen. Anfang der 2000er habe ich zum Beispiel des Nachts eine hervorragende Herde pastellfarbener Einhörner gezüchtet und Unmengen an Erfahrungspunkten gesammelt, damit mein Kind tagsüber Blumen und Spangen für die Mähnen der Einhörner »kaufen« konnte. Jetzt spielt das eine Kind *Zelda*, das andere *Minecraft* und das dritte *League of Legends*. Das heißt, ich hätte leider vor drei bis fünf Jahren damit anfangen müssen, um solide Erfahrungen mit den Spielen zu sammeln und um zum Beispiel irgendeinen Rang über Eisen bei *League of Legends* zu erlangen. (Wobei das theoretisch sogar noch machbar gewesen wäre; hofft einfach, dass euer Kind nie *Super Hexagon* spielen will. Ein Spiel, das von der Bedienung her vergleichsweise einfach, von der Spielherausforderung aber so unfassbar – und ich meine UNFASSBAR *UNFASSBAR* – schwer ist, dass man sich echt etwas darauf einbilden darf, wenn man es länger als 60 Sekunden lang spielen kann.)

Spiele durchzuspielen schafft man weder zeitlich noch von der Geschicklichkeit her. Ich jedenfalls kann mir durch Selbstspielen von *Fortnite* keinen Eindruck verschaffen, weil ich schon tot bin, bevor ich überhaupt rekonstruieren konnte, welchen Knopf am Controller ich drücken muss, um … oh, schon wieder tot … Was nicht bedeutet, dass es sich nicht lohnen würde, mal zu versuchen, mit seinem Kind ein Computerspiel zu spielen. Das kann toll sein – zumindest für das Kind, weil es endlich mal Experte für eine Sache sein darf.

Der Anspruch, jedes Computerspiel durchspielen zu müssen, weil man sich anders kein Bild davon machen kann, ist und bleibt Unsinn. So wie es auch Unsinn ist, jedes Buch vorab zu lesen, das ein Kind lesen möchte, und alle Filme und Serien, die ein Kind sehen will, zu schauen.

Ihr wollt euch einen Eindruck von diesem oder jenem Computerspiel verschaffen, bevor ihr es erlaubt oder verbietet? Dann genügt es, sich zwei, drei verschiedene *Let's Plays* dazu anzuschauen.

Letztlich ist es auch höchst subjektiv, was ein Kind verschreckt und was nicht. Insofern bleibt einem nichts anderes übrig, als sich darauf zu verlassen, dass ein Kind nach und nach lernt, sich selbst einzuschätzen, und deswegen selbst abschaltet, sobald es sich ängstigt. Darum gilt auch hier das Mantra der Medienerziehung: *reden, reden, reden. Vorurteile abbauen und gegen echte Argumente ersetzen. Verhandlungsbereit bleiben.* Amen. Die Kinder werden es euch danken.

Eltern-Hack: Vintage-Computerspiele – ein Exkurs

Da ihr möglichst viele praktische Ansätze in Sachen Medienerziehung bekommen sollt, hier noch eine Idee von Caspar Clemens Mierau, meinem »Mit Kindern leben«-Podcast-Partner. Sie eignet sich hervorragend für Eltern mit Kindern ab dem Vorschulalter. Caspars Tipp in Sachen Computerspiele lautet: sich zusammen mit den Kindern durch die Geschichte von Computerspielen und Konsolen arbeiten. [106]

Ihr startet also nicht bei aktuellen Spielen, sondern bei Spielen der 1980er und 1990er. Das hat mehrere Vorteile: Zum einen lassen sich die erforderlichen Endgeräte relativ günstig beschaffen. Einen Gameboy mit ein paar Spielen drauf ergattert man gebraucht für 30 bis 40 Euro. (Bitte nicht beim Käufer beschweren, dass die Displaybeleuchtung nicht funktioniert; denn sowas gab es damals noch nicht.) Egal, ob *Kirby*, *Parodius* oder *Pokémon* – die Kinder sind dafür in der Regel leicht zu begeistern. Nichts ist übermäßig grell, hektisch oder laut. Es gibt keine In-App-Käufe, keine Werbeunterbrechungen und keinen Weg in ein schwer überschaubares Internet.

Retrokonsolen sind ein großer Spaß. Nintendo bietet sogar eine neu aufgelegte Konsole *(Nintendo Classic Mini)* an, auf der man rund dreißig Spiele (z. B. *Bubble Bobble*, *Donkey Kong* und *Pac-Man*) spielen kann. Außerdem sind die Controller äußerst einfach zu bedienen. Ein hervorragender Weg, selbst erste Erfahrungen zu sammeln, sofern man nicht mit Computerspielen aufgewachsen ist.

Viele der Spiele lassen sich zu zweit spielen, so dass Kinder und Eltern erste Spielerfahrungen miteinander teilen können. Sogar *Tetris* kann man zusammen über ein Linkkabel per Gameboy spielen.

Solltet ihr hingegen mit Computerspielen groß geworden sein, dann schafft dieses gemeinsame Spielen der alten Spiele eine Brücke zwischen der Eltern- und der Kindergeneration. Es kann genauso schön sein, gemeinsam alte Fotoalben anzuschauen, wie sich durch Spotify-Playlists der 1990er zu hören oder eben zusammen alte Spiele zu spielen.

Womöglich bleiben die Kinder sogar bei diesem Genre und spielen später *Baba is You* oder *The Curious Expedition*. Ich habe selten erlebt, dass Erwachsene bei dieser Art Spiele Bedenken haben.

Das alles sind steile Thesen, weil selbstverständlich nur vereinzelt ausprobiert, aber immerhin erfolgreich und somit vielleicht reproduzierbar.

Endgegner In-App-Käufe oder: Da war das Taschengeld fort

Es gab eine Zeit, da waren die Kinder noch klein und riefen Abend für Abend im Halbstundentakt »Durst!«, »Noch ein Kuss!«, »Kann nich' einschlafen!« und »OH MIST! Für den Kunstunterricht brauchen wir morgen noch 35 leere Klorollen!!«. Das war die Zeit, in der ich keine Ruhe hatte, ein Buch zu lesen oder einen Film zu schauen, weil ich ja doch alle naselang unterbrochen worden wäre.

Darum scrollte ich mich durch die Facebook-Timeline, entdeckte irgendwann, dass es dort auch Spiele gibt, und fing an, *Happy Aquarium* zu spielen. Das war schön. Man musste das Aquarium sauber halten, konnte sich niedliche Fische hineinsetzen, sie füttern und hoffen, dass sie sich paaren. Man freundete sich mit wildfremden Menschen an, um sich gegenseitig die Glasscheiben zu polieren. Es war so befriedigend – und so einfach! Brave Fischlein. Man gab ihnen Namen, brachte ihnen Tricks bei, und wenn sie erwachsen waren, wurden sie verkauft, so dass ich Münzen erwirtschaftete. Mit den Münzen konnte man sich wieder neue Fische kaufen, sie füttern, sich paaren lassen usw. Natürlich konnte ich mir auch Krempel zur Verschönerung des Aquariums kaufen. Und statt sie mühsam abendelang zu erspielen, kaufte ich mir prächtige Kussfische, Regenbogenquallen und Seepferdchen, indem ich Euro in Goldmünzen wechselte. Das machte mich eine ganze Zeit lang stolz und zufrieden.

Schön doof, denkt ihr jetzt vielleicht, aber ich sage: Für mich war das genau das Richtige. Eine andere Möglichkeit der Freizeitgestaltung hatte ich damals nicht. Ich war müde und abgekämpft vom Tag und wollte auf keinen Fall schon ins Bett, denn dann hätte ich ja gar nichts mehr für mich gehabt. Also züchtete ich virtuelle Fische.

Wenn Kinder sich in Computerspielen Skins und andere optische Veränderungen ihrer Spielfiguren kaufen wollen, habe ich deswegen vollstes Verständnis dafür. Theoretisch jedenfalls. Denn natürlich ist es etwas anderes, ob ich als gut verdienende IT-Projektmanagerin mein Geld ausgebe oder ob Kinder ihre kompletten 2 Euro Taschengeld, die sie pro Woche bekommen, investieren. Doch wenn sich die Ausgaben in Grenzen halten, habe ich kein Problem damit. Über ihr Taschengeld sollten Kinder frei verfügen können. Ob sie sich nun Limo, Süßigkeiten, Bücher, Flummis oder Skins für ihre Videospielcharaktere kaufen, ist irrelevant.

Deswegen finde ich Spiele, die das in kleinen, kindertaschengeldkonformen Beträgen anbieten, okay. Eine brauchbare Grundlage für die Beurteilung, welche Ausgaben im normalen Taschengeldrahmen liegen, bietet die Taschengeldtabelle des *Deutschen Jugendinstituts*[107]. Vor allem wenn die Ausgaben nicht getätigt werden müssen, um im Spiel weiterzukommen.

Fortnite: Battle Royale (USK 12) ist das Paradebeispiel für »Free to play, aber nicht Pay to win«. Die Skins und Emotes kosten zwischen 200 und 800 V-Bucks, was 2 bis 8 Euro entspricht. Ein Battlepass für eine komplette Season gibt es für 950 V-Bucks (z. B. Season X), also rund 9,50 Euro. Er enthält über 100 Items, unter anderem 7 Skins, 7 Emotes und zahlreiche weitere Verschönerungen.

Manche Eltern mögen das völlig unverständlich finden, aber ehrlich: Wer wofür Geld ausgibt, ist doch abhängig von den eigenen Interessen und letztlich Geschmackssache. Ich verstehe es nicht, wie man Geld für Schuhe ausgeben kann, wenn man doch schon zwei Paar hat, die gut passen und bequem sind. Ich verstehe auch nicht, wie man Geld für Autoverschönerung wie Chromfelgen ausgeben kann. Aber jeder Mensch hat so seine Hobbys, und manchmal gehören eben Ausgaben dazu, die für Außenstehende nicht nachvollziehbar sind.

Problematisch finde ich In-App-Käufe, sobald sie Einfluss auf die Spielmechanik nehmen und man im Spiel nur unter immensem Zeitaufwand bzw. sehr schwer weiterkommt, ohne Geld ausgeben zu müssen. Ein Paradebeispiel für diese grauenhafte Methode ist in jüngster Vergangenheit *Clash of Clans* und *Clash Royale**. Beide Spiele waren 2016 in den Top 3 der umsatzstärksten iPhone Apps. Auch die *JIM*-Studie 2016 bestätigt, dass *Clash of Clans* zu den beliebtesten Spielen bei Jugendlichen zwischen 12 und 13 gehörte.[108]

Bei *Clash of Clans* geht es darum, ein Dorf aufzubauen und es zu verteidigen. Jede/r Spieler*in hat ein eigenes Dorf, kann

* Angesichts der Umsätze müssten die Spiele ehrlicherweise *Cash of Clans* und *Cash Royale* heißen.

Ressourcen sammeln, Streitkräfte ausbilden und Schutzanlagen errichten. Es gibt einen Einzelspielermodus, aber die meisten Kinder spielen im Multiplayer-Modus. In diesem können Spieler*innen sich in Clans zusammenschließen, um strategische Allianzen zu bilden und sich zum Beispiel gegenseitig Truppen zu schicken. Eroberungen bringen Ressourcen und Pokale, und ab einer bestimmten Anzahl von Pokalen steigt der Clan in der Rangliste auf.

Durch In-App-Käufe können die Aufbau- und Ausrüstungsprozesse beschleunigt werden. Das heißt: Wer Geld ausgibt, verschafft sich Spielvorteile.

Die Währung im Spiel sind Juwelen. Diese können je nach Menge zwischen 1,09 und 109,99 Euro kosten.[109] Schon allein die Höhe der möglichen Ausgaben finde ich persönlich speziell in Hinblick auf die Zielgruppe Kinder und Jugendliche regelrecht unethisch.

Hinzu kommt das »Echtzeit«-Element, was bedeutet, dass das Spiel weiterläuft, auch wenn man offline ist. Spielt man gerade nicht, kann man sich die Ereignisse per Push-Benachrichtigung anzeigen lassen. Das verführt viele Kinder dazu, doch immer wieder online zu gehen. Und damit nicht genug … Laut *klicksafe.de* geben die meisten Clans Regeln vor, wie viele Truppen pro Woche an die Mitspieler*innen zu spenden sind: »Somit stehen die Spieler unter dem sozialen Druck, immer wieder im Spiel zu sein und die Vorgaben ggf. auch mit In-App-Käufen zu erfüllen.«[110]

Clash of Clans verfügt zudem über eine Chatfunktion, damit sich Clanmitglieder während des Spiels untereinander absprechen können. Diese Chatfunktion kann für unaufgeklärte und unbegleitete Kinder gefährlich werden, weil sie als Einfallstor für Cybergrooming, aber auch für Beschimpfungen und rechtes Gedankengut missbraucht werden kann.

Ihr seht, es gibt auch Spiele, die selbst ich für Teufelszeug halte. Obwohl sogar das vermutlich übertrieben ist. Bei den *MDR TWEENS*[111], wo Kinder und Jugendliche am Ende jeder Folge ihre

Lieblingsspiele vorstellen, spricht ein etwa zwölfjähriger Junge über *Clash of Clans*. Ihm kann man getrost das Siegel »resilientes und medienkompetentes Kind« verleihen. Denn er stellt fest: »Ja [man kann Geld ausgeben], wenn man sich neues Elixir und Gold kaufen will, aber ich würde das nicht machen.« Auf die Frage, wie lange man das Spiel täglich spielen dürfen sollte, sagt er: »Es reicht, einmal am Tag reinzugucken. Es lohnt sich nicht, die ganze Zeit reinzugucken. Und das dauert 20 bis 10 Minuten, und dann kann man was anderes spielen.« Schließlich: »Man braucht auf jeden Fall Ausdauer, weil man nicht sofort wieder neues Gold hat.«

Das Gesamtpaket – überteuerte »Pay to Win«-In-App-Käufe, Gruppen- und Zeitdruck – lässt bei mir trotzdem alle Alarmglocken schrillen. Wenn also eines meiner Kinder mit einem vergleichbaren Wunsch zu mir käme, hätten wir erst mal eine lange Diskussion zu führen, in der ich all diese Punkte vorbringen würde. Zöge mein Kind die »Alle meine Freund*innen spielen aber XY«-Karte, müssten wir ausführlich darüber sprechen, inwiefern mein Kind wirklich und für wie lange von den Aktivitäten der Peergroup abgeschottet wäre.

Ließe sich mein Kind nicht durch Argumente überzeugen – was ich übrigens nicht glaube, denn meist beginnt das Kind, ausgestattet mit Argumenten, ihre Freund*innen zu bearbeiten, dass es wohl nicht die beste Idee ist, das Spiel XY zu spielen –, also angenommen, mein Kind ließe sich nicht überzeugen, dann würde ich ihm erlauben mitzuspielen, aber ohne Ausgaben und in dem vollen Bewusstsein, dass es an bestimmten Aktionen nicht wird teilnehmen können, weil so ein Spiel auf keinen Fall unseren Familienalltag beeinträchtigen darf.

Wenn's gut geht, fein.

Wenn nicht, haben wir eben Dauerdiskussionen und begeben uns auf den ebenso mühsamen wie sinnlosen Weg des Verbots in den eigenen vier Wänden. Ja, das gibt es auch hier. Trotz besseren Wissens. Aber die Realität ist nun mal leider voller Widersprüche; und Theorie und Praxis stimmen nicht immer überein.

Wie sollte man aber generell mit dem Thema In-App-Käufe umgehen?

- **Keine Zahlungsmethode hinterlegen**
  Es ist möglich, Endgeräte so zu konfigurieren, dass keine Zahlungsmethode hinterlegt ist. Sollten eure Zahlungsdaten bereits hinterlegt sein, könnt ihr die Verknüpfung wieder aufheben. Eine entsprechende Beschreibung findet ihr über den Link zum QR-Code:

Quelle: connect.de »In-App-Käufe deaktivieren – so geht's«

- **Zahlungen limitieren**
  Möchte man seinem Kind einen gewissen finanziellen Spielraum ermöglichen, empfiehlt es sich, eine limitierte Zahlungsmethode zu hinterlegen. Das funktioniert über entsprechende Gutscheine (z. B. Google Play Store oder iTunes).
  Apple und Google bieten außerdem die Funktion »Familienfreigabe« an: Eine erwachsene Person ist hier »Familienorganisator*in« und kann Käufe minderjähriger Familienmitglieder bestätigen oder ablehnen.
- **Zahlungsmethoden hinterlegen**
  Wer den Nervenkitzel liebt, der kann auch einfach seine Zahlungsdaten hinterlegen und sich überraschen lassen.

Immer wieder liest man im Zusammenhang mit In-App-Käufen von Horrorszenarien: »[Die 16-jährige Chinesin Xiao Ya] hat umgerechnet 83.000 Euro in virtuelle Geschenke für Streaming-Stars [in der App ›Inke‹] investiert – die Rechnung bekommt nun ihre Mutter.«[112] Upsi!

Sollte das Worst-Case-Szenario eintreten, ist Hopfen und Malz aber noch nicht verloren. Hat sich das Kind unerlaubt Zugang zu den Zahlungsdaten der Eltern verschafft* oder ohne ausdrückliche Erlaubnis eingekauft, stehen die Chancen gut, dass man sich erfolgreich gegen die Rechnung zur Wehr setzen kann. Wie das geht, hat *netzrechtliches.de* zusammengetragen:

»Im ersten Schritt sollte der Rechnungssteller darauf hingewiesen werden, dass der fragliche Einkauf durch ein minderjähriges Kind getätigt wurde. Kinder zwischen 7 und 18 Jahren sind gem. § 106 BGB beschränkt geschäftsfähig. Stimmen die Erziehungsberechtigten einem Geschäft, wie zum Beispiel einem Kauf, nicht zu, so ist dieses rechtlich gesehen ›schwebend unwirksam‹. In der Vergangenheit haben sich die beiden größten App-Anbieter Google und Apple in einigen Fällen bereits dazu bereiterklärt, Zahlungen aus App-Einkäufen von Minderjährigen zurückzuerstatten.

Wenn der Rechnungssteller sich nicht so kulant zeigt, muss leider der Rechtsweg beschritten werden.«[113]

Auch *SCHAU HIN!* beruhigt: »Zudem ist auch der Taschengeldparagraph** nach Auffassung von ExpertInnen bei Onlinebestellungen unwirksam. Taschengeld, von dem Minderjährige ab sieben Jahren grundsätzlich genehmigungsfrei einkaufen können, muss bar und sofort ausgegeben werden. Ausnahme: Ein/e Jugendliche/r besitzt ein eigenes Konto.«[114]

---

* Ich empfehle, die Passage über »sichere Passwörter« zu lesen (→ Seite 225). Ihr glaubt gar nicht, wie viele Eltern das Geburtsdatum des Kindes als Passwort nutzen oder nur ein Passwort für sämtliche Zugänge – und das am besten noch auf einem Klebchen am Bildschirm notiert.

** Mit »Taschengeldparagraph« ist § 110 des *Bürgerlichen Gesetzbuches* gemeint. Er gestattet Kindern ab sieben Jahren und Jugendlichen, rechtswirksame Geschäfte auch ohne Zustimmung der Eltern abzuschließen, solange die Beträge, die dabei fließen, im Rahmen der eigenen Mittel des Kindes/Jugendlichen liegen.

Haben die Eltern allerdings den Zugriff auf die Zahlungsmittel erlaubt, gibt es beinahe keine Möglichkeit, Ausgaben rückerstattet zu bekommen.

Geld zurück? Klappt, wenn man schnell genug ist

Tatsächlich ist es prinzipiell möglich, sich das Geld für erworbene Apps rückerstatten zu lassen. Das 14-tägige Rückgaberecht greift jedoch nur, wenn die App noch nie geöffnet wurde. Wenn man also nur »mausgerutscht« ist. Für andere Käufe gilt eine Frist von 2 Stunden nach Kaufabschluss. Binnen dieser kurzen Zeit kann eine bezahlte App ganz unkompliziert zurückgegeben werden. Die allerletzte Grenze, um noch relativ unkompliziert an sein Geld zu kommen, sind 48 Stunden nach Kaufabschluss. Danach wird es kniffelig bis unmöglich.

Für eine ausführliche Beschreibung folgt einfach dem Link:

Quelle: handysektor.de, »Geld zurück bei Apps – Wie funktioniert die Rückgabe«?

Last but not least – und damit ihr davon gehört habt: Unter den In-App-Käufen existiert eine besondere Blüte, die sich *Lootbox* nennt. Dabei handelt es sich um eine Art virtuelle Kiste, die man entweder finden, erspielen oder kaufen kann. Niemand weiß, was genau in der Kiste sein wird. Kritiker*innen vergleichen *Lootboxen* daher mit Glücksspiel. Die belgische Gaming-Kommission kommt sogar zu dem Schluss, dass *Lootboxen* (z. B. in *FIFA 18*, *Overwatch* und *Counter-Strike*) gegen das belgische Glücksspielgesetz verstoßen. »Wegen Verstoßes gegen belgisches Glücksspielrecht drohen den Entwicklern der beanstandeten Videospiele theoretisch 800.000 Euro Bußgeld und eine Haftstrafe von bis zu fünf Jahren. Bei Beteiligung Minderjähriger könnte die Strafe noch weiter steigen.«[115]

Lootboxen kommt zum Teil sogar in den großen AAA-Computerspielen vor, für deren Erwerb man bereits ab 60 Euro aufwärts investiert hat.

Darum: Warnt eure Kinder vor *Lootboxen!**

Kulturoptimist*innen schauen auf Computerspiele und sehen …

- eine unglaubliche Vielfalt an Computerspielen. Darum findet ihr auch bestimmt welche, mit denen ihr euch wohlfühlt und die euren Kindern trotzdem Spaß machen;
- dass *Let's Plays* neben dem Selbstspielen die beste Möglichkeit darstellen, sich einen Eindruck von den verschiedenen Spielen zu machen;
- dass der Tod im Computerspiel nichts mit dem Tod in unserer Kohlenstoffwelt zu tun hat;
- dass Computerspiele eine legitime Freizeitbeschäftigung sind, genauso wie Lesen, Serienschauen und Podcastshören.

* Die Website *darkpattern.games* klärt über Spielmechaniken auf, die problematisch sind, und kategorisiert Spiele nach entsprechenden Mustern. Ihr findet dort auch eine Liste mit »healthy« (guten) Spielen.

7 INTERNET ABSCHAFFEN, WEIL'S SÜCHTIG MACHT!

tl;dr

- Exzessiver Gebrauch ist nicht mit Sucht gleichzusetzen.
- Alle Internetdienste in einen Topf zu werfen und Sucht per Zeiteinheit zu messen ist nicht sinnvoll.
- Sich an der genauen Definition von Sucht abzuarbeiten bringt nichts. Sobald es Leidensdruck gibt, sollte man professionelle Hilfe für das Kind suchen.
- Elternängste und Sorgen sind keine Argumente, die es rechtfertigen, die Privatsphäre von Kindern und Jugendlichen zu verletzen.

Aus Neugier habe ich in den vergangenen zwei Jahren viele Infoveranstaltungen zum Thema »Kinder und digitale Medien« besucht. Dabei kam das Gespräch früher oder später immer auf »Sucht«. Solltet ihr euch auch fragen, ob euer Kind süchtig ist, so lautet die Antwort, rein statistisch betrachtet, mit hoher Wahrscheinlichkeit: nein. Egal, ob Internetsucht im Allgemeinen, Social-Media-Sucht oder Computerspielsucht – die unterschiedlichen Studien kommen in Deutschland auf Werte zwischen 1 und 3 Prozent internetsüchtiger Menschen. Bei rund 83 Millionen Einwohner*innen in Deutschland sind das natürlich immer noch ziemlich viele. Bevor ich darauf eingehe, inwiefern eure Sorge also berechtigt ist, möchte ich ein paar Worte über die Machart gängiger Internetsucht-Studien verlieren.

Bin ich internetsüchtig?

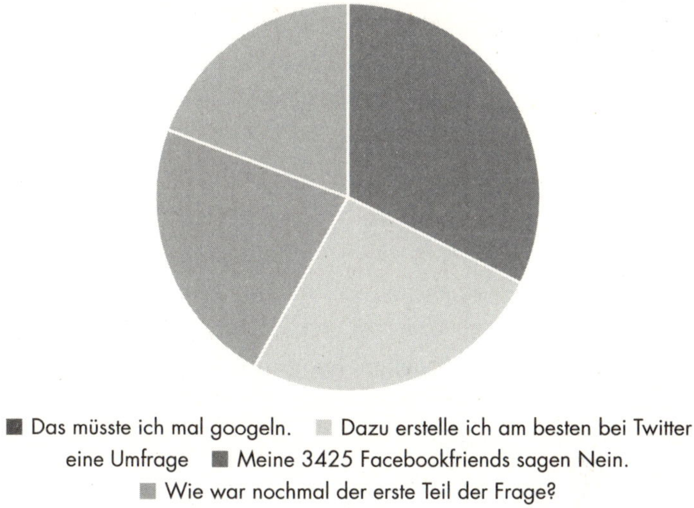

@katjaberlin für #nur30min

Süchtig nach Internet?

Sucht wird im Kontext mit dem Internet oft über die Erfassung von Onlinezeiten ermittelt. Auch in einem eher spielerisch gemeinten »Selbsttest zur Videospielsucht und exzessiver Internetnutzung«[116] kommt die Frage vor: »Zu welchen Tageszeiten bist du wie lange in deiner Freizeit im Internet?« In dem folgenden Screenshot habe ich meine Zeiten markiert.

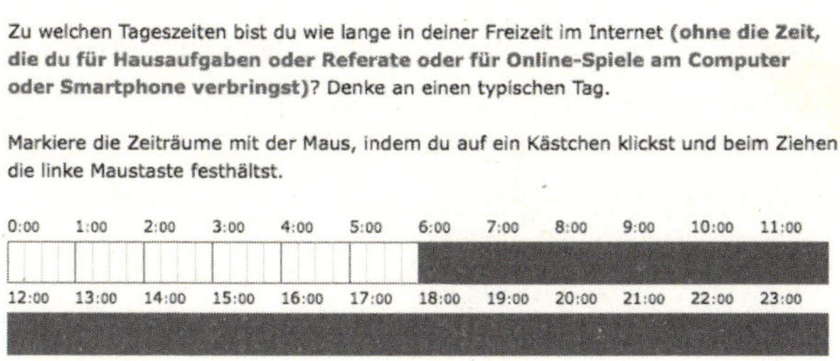

Ich stehe meistens gegen 6 Uhr auf und gehe gegen 23 Uhr ins Bett. Dazwischen bin ich im Internet. Heutzutage *geht* man nämlich nicht mehr online. In den 1990ern war das anders. Da hatten wir ein Modem und warteten so lange, bis die Gebühren niedrig genug waren, um sich ein paar Stunden Internet leisten zu können. Das war meist nach 22 Uhr.

Heute ist das Internet einfach da. Es sei denn, man befindet sich in Deutschland* außerhalb einer Großstadt – aber zumindest in der Theorie gibt es eben überall Internet. Nehmen wir also der Einfachheit halber an, wir leben in Schweden. Da gibt es wirklich überall Internet. Man wacht morgens auf und – tadaaaa – nutzt die bestehende Internetverbindung, um noch im Bett liegend E-Mails zu lesen. Dann setzt man sich an den Frühstückstisch, liest die Nachrichten im Handy. Die Kinder kommen und fragen: »Wie wird das Wetter heute?«, um entscheiden zu können, was sie anziehen. Kurzer Blick in die Wetter-App, und die Frage ist beantwortet. Bevor man sich auf den Weg zur Arbeit macht, schaut man in die App der öffentlichen Verkehrsmittel: War da nicht was mit Baumaßnahmen auf der Tram-Strecke? Man bringt die Kinder in den Kindergarten, aha, nächste Woche Frühlingsfest, man trägt es sich in den digitalen Kalender ein, den man mit dem anderen Elternteil teilt. Man setzt sich in die Tram, hört Radio (per Internet, ist klar), kommt ins Büro, liest E-Mails ... Den Rest bis 23 Uhr könnt ihr euch denken.

Letztlich war ich 17 Stunden online, weil ich 17 Stunden wach war. Nach einer Studie, die Sucht vor allem nach Nutzungszeiten erhebt, bin ich schwer internetsüchtig. Das ist ja auch fast richtig. Aber eben nur fast. Ich bin nämlich Vielnutzerin und, wenn man so möchte, internet*abhängig:* Ohne Internet finde ich nicht von A nach B, kann nicht kommunizieren, bekomme nichts vom

* Eine von Bündnis 90/Die Grünen beauftragte Studie hat im Dezember 2018 gezeigt, dass selbst Albanien eine bessere Netzabdeckung hat als Deutschland (https://www.t-online.de/digital/id_85008568/lte-netz-in-albanien-ist-besser-als-in-deutschland.html).

Tagesgeschehen mit. Ohne Internet wäre ich ein Eremit mitten in Berlin.

Vielnutzerin zu sein ist aber nicht gleichzusetzen mit süchtig sein. Sucht ist immer mit zusätzlichen Einschränkungen verbunden. Dazu später mehr.

Auch englischsprachige Studien erheben in Sachen Sucht als ein wesentliches Kriterium die »Screentime« (Bildschirmzeit) und fragen sie in Stunden pro Tag ab. Dabei wird alles erfasst, was irgendwie auf Bildschirmen stattfinden kann: die Aktivität in sozialen Netzwerken, Videostreaming wie Netflix, Internetradio, das Hören von Podcasts, Computerspiele, sich von Google Maps den Weg zeigen lassen, Daten in den Menstruationskalender eintragen. Was man aus der Erfassung der Screentime ableiten kann, ist sehr zweifelhaft, zumal diese per Selbstauskunft erfragt und nicht zum Beispiel per App ermittelt wird.

Der Ansatz, Internetsucht per Erfassung der Screentime zu ermitteln, ist ungefähr so sinnvoll, wie das Ernährungsverhalten anhand der Variable »Foodtime« erforschen zu wollen, wie Andrew Przybylski, Experimentalpsychologe am Oxford Internet Institute, anmerkt.[117] Denn jemand, der sich exzessiv mit gesunder Ernährung befasst, kommt vielleicht auf dieselbe Foodtime wie jemand, der den halben Tag mit Pommesessen verbringt (was nicht mal problematisch sein muss, wenn er die andere Hälfte des Tages mit Krafttraining verbringt). Der Foodtime-Wert sagt folglich nichts darüber aus, ob das Ernährungsverhalten gut oder schlecht ist.

Neben Sucht-Studien gibt es zahlreiche Studien, die das Internet mit anderen Problemen in Verbindung bringen: Haltungsschäden, Einsamkeit, Essstörungen, Reduktion der Aufmerksamkeitsspanne, Verschlechterung von Schulleistungen. Einige Studien stellen sogar fest, dass die Suizidrate unter Jugendlichen in den USA zwischen 2009 und 2017 um 25 Prozent zugenommen hat – um diesen Umstand sodann der vermehrten Nutzung des

Internets zuzuschreiben.[118] Andere Studien gelangen zu dem Ergebnis: Je mehr Screentime, desto depressiver die Jugendlichen.

All diese Untersuchungen tun nichts anderes, als Korrelationen aufzuzeigen. Korrelation heißt aber erst mal nur, dass sich über eine bestimmte Zeit hinweg zwei oder mehr Variablen verändern. Ob und in welchem Ursache-Wirkungs-Gefüge sie stehen, bleibt hingegen unklar. Ein Henne-Ei-Problem also, denn die Untersuchungen sagen nichts darüber aus, was zuerst da war. Die depressiven Jugendlichen, die sich mit Smartphones ablenken, oder die Smartphones, die Jugendliche angeblich depressiv machen?

Das heißt, viele Studien, die sich mit Internetsucht und problematischen Erscheinungen befassen, haben zwei grundlegende Schwachstellen:

- Sie erfassen Screentime als Sammelsurium unterschiedlichster Aktivitäten, die mit Diensten im Internet verbunden sind.
- Korrelation wird fälschlicherweise als Kausalität interpretiert.

Zum Glück hat sich in den letzten Jahren die Qualität der Studien deutlich verbessert; auch wird inzwischen nach sozialen, psychischen und/oder Beeinträchtigungen der Leistungsfähigkeit gefragt. Dementsprechend sollten Eltern, die sich sorgen, ihr (Teenager-)Kind könnte süchtig sein, nicht nur nach der Screentime, sondern vor allem nach den Einschränkungen schauen.

Süchtig nach Computerspielen?

Damit möchte ich keineswegs das Phänomen von Internet-, Social-Media- und/oder Computersucht herunterspielen. Natürlich ist mir bekannt, dass die sogenannte Gaming Disorder in das ICD-11* aufgenommen wurde. Allerdings bleibt auch unter Wis-

* International Classification of Diseases, 11. Revision vom Mai 2019

senschaftler*innen umstritten, ob es sich dabei um ein eigenständiges Krankheitsbild handelt oder ob exzessives Computerspielen nicht vielmehr ein Symptom von tiefer liegenden Problemen wie Depression oder sozialen Angststörungen sein könnte. Dann wären nämlich diese und nicht die Gaming Disorder zu behandeln.

Aber wann genau wird von Gaming Disorder[119] gesprochen? Wenn anhaltend und wiederkehrend ein Spielverhalten beobachtet werden kann, bei dem die Häufigkeit, Intensität oder Dauer außer Kontrolle geraten ist. Es wird weitergespielt, obwohl das Spielverhalten bereits persönliche, familiäre, soziale, erzieherische, berufliche und/oder andere wichtige Lebensbereiche erheblich beeinträchtigt, und zwar seit mindestens zwölf Monaten.

Mit anderen Worten: Vielnutzer*innen sind nicht zwangsläufig süchtig oder suchtgefährdet. Solange die Schulnoten stimmen, die Kinder zu einer vernünftigen Zeit ins Bett gehen und es auch Offline-Aktivitäten gibt, denen sie nachgehen, besteht kein Grund zur Sorge.

Den Unterschied zwischen exzessiver Nutzung und Sucht beschrieb ein Referent einer Suchtberatungsstelle an einem Elternabend mal folgendermaßen: »Solange Ihr Kind noch aufsteht, um auf Toilette zu gehen, und nicht in Flaschen pinkelt, um das Spiel nicht zu unterbrechen, kann von schwerwiegender Sucht nicht die Rede sein.« Eine ziemlich krasse Schilderung, die im Kopf bleibt und vielleicht dabei hilft, sich als Mutter oder Vater immer wieder zu erden, statt vorschnelle Suchtdiagnosen zu stellen.

Außerdem muss gar nicht darüber diskutiert werden, ob Menschen, denen es mit einer bestimmten Sache nicht gut geht, geholfen werden soll oder nicht. Es ist auch völlig egal, welche Zahlen von welcher Studie veröffentlicht werden. Als Eltern müssen wir nicht die Frage beantworten, ob es eine Gaming Disorder oder Social-Media-Sucht gibt oder nicht. Wir müssen nicht diskutieren, ob es in Deutschland 1, 1,5 oder gar 3 Prozent Betroffene gibt. Was zählt, ist, sich um die zu kümmern, die Leidensdruck spüren. Und das gilt für die Kinder ebenso wie für die Erwachsenen, wenn sie das Gefühl haben, dass das Familienleben leidet.

Ich streite mich nur um Zahlen, wenn sie missbraucht werden, die Gruppe der Vielnutzer*innen, die *keinen* Leidensdruck verspüren, zu pathologisieren. Liest man sich die Artikel zu Internetsucht durch, verlangen die Autor*innen nicht etwa, dass Therapie-Programme oder gute und kostenlose Alternativfreizeitangebote für Jugendliche ausgebaut werden, sondern sie klagen an: »Wie traurig ist eigentlich der Anblick einer Mutter, die beim Stillen mit einer Hand ihr Kind hält und mit der anderen ihre E-Mails liest?«, »Man stelle sich vor: 70 Prozent der Kinder im Kita-Alter nutzen das Handy der Eltern mehr als eine halbe Stunde täglich, 90 Prozent von ihnen werden dabei nicht mal weiter kontrolliert.«

Babys stillen und ein Smartphone in der Hand halten? Pfui! Dass die Mutter derzeit vielleicht einen Großteil ihrer Lebenszeit mit Stillen verbringt und soziale Kontakte nur noch übers Handy möglich sind – wen interessiert's? Dass das »unkontrollierte« Kita-Kind eine App benutzt, die die Eltern längst auf Unbedenklichkeit geprüft haben – wen interessiert's? Hauptsache, Zeigefinger. Über pauschale Anklagen wie diese streite ich tatsächlich gerne. Ansonsten soll denen, die Hilfe brauchen, bitte unbedingt geholfen werden.

Wenn ihr euch also ernsthaft sorgt und unsicher seid, wendet euch an entsprechende Suchtberatungsstellen, die oft ein Telefon für Eltern bzw. Angehörige haben. Führt keine Pseudodiskussionen, sondern werdet aktiv. Denn dort bekommt ihr Hilfe – oder ihr werdet beruhigt, weil euch glaubhaft dargelegt werden kann, dass keine Sucht vorliegt.

Benutzt den Begriff der Sucht niemals als Stigmatisierung oder Herabsetzung, und pathologisiert keine Verhaltensweisen, die sich euch nicht sofort erschließen.

Zudem haben nicht alle Videospiele dasselbe Suchtpotenzial. Die meisten Menschen, die ernsthaft Probleme haben, spielen sogenannte *Massively Multiplayer Online Role-Playing Games* (MMORPG).[120] Bekanntester Vertreter dieses Genres ist sicherlich das Spiel *World of Warcraft:* Im Vordergrund steht die Entwicklung des eigenen Spielcharakters sowie der Zusammenschluss mit anderen (z. B. in Gilden). Dabei sind MMORPG weniger auf direkten Wettkampf ausgerichtet als jene Genres, die ebenfalls gemeinsam online gespielt werden (z. B. das *Multiplayer-Online-Battle-Arena*-Spiel *League of Legends*). Leistungsdruck gibt es natürlich trotzdem – zum Beispiel weil Spieler*innen bei *Raids* nicht versagen wollen.

Der Psychologe Karl Brühwiler zu MMORPG: »[Sie bieten] vielen Spielern ein Gefühl, was sie im realen Leben vermissen. Sie können Verantwortung in der Gruppe übernehmen, sich als Held fühlen, sich mit spannenden Storys auseinandersetzen und sich dem grauen, fordernden Alltag entziehen.«[121]

Zudem sind MMORPG unendlich. Es gibt keine Level im engeren Sinne, keinen abgeschlossenen Handlungsbogen oder irgendein Ziel, das dem Spiel irgendwann ein finales befriedigendes Ende setzt.

Die Spielmechaniken, auf denen MMORPG basieren, sprechen darüber hinaus stark das Belohnungszentrum des Gehirns an: «[...] there are other gambling-like mechanics in games, from a random chance at a powerful reward for completing certain repeatable challenges to literal in-game casinos with virtual slot machines, that can entice a person to keep playing for far longer than she would otherwise.«*[122]

Dennoch: Computerspiele sind nicht per se gefährlich oder suchtauslösend, bestätigt German Lopez, Experte für Strafrecht, Waffen und Sucht bei *vox.com*[123]: »The great majority [...] will not

---

* Übersetzung: Es gibt andere Mechanismen in Spielen, die wie Glücksspiel wirken, von Lootboxen bis hin zu buchstäblichen Spielcasinos mit virtuellen Spielautomaten, die Menschen dazu verlocken, viel länger im Spiel zu bleiben, als sie eigentlich wollen.

become addicted to video games. Based on some of the best research, 1 to 3 percent of gamers are at risk.«*

Solltet ihr allerdings den Eindruck haben, dass euer Kind zu den 1 bis 3 Prozent gehört, schimpft nicht herum, lasst euch beraten. Das geht im ersten Schritt auch ohne Kind. Das Gleiche gilt, wenn ihr das Gefühl habt, dass euer Familienleben stark unter dem Spielverhalten eures Kindes leidet: Holt euch frühzeitig Hilfe, zum Beispiel über den *Fachverband für Medienabhängigkeit*[124] oder beim *Online-Ambulanz-Service für Internetsüchtige*[125]. Wartet nicht zu lange! Die Situation muss nicht eskalieren wie in dem Beispiel, das der Referent der Suchtberatung geschildert hat.

+++++ EIL +++++ FOMO macht süchtig +++++ EIL +++++

Okay. Süchtig ist das Kind vielleicht nicht, aber wieso fällt es ihm so schwer, das Smartphone für ein paar Stunden – ganze Tage gar – aus der Hand zu legen?

Um dem auf die Spur zu kommen, hilft es, auf das Bedürfnis hinter dem (exzessiven) Gebrauch zu schauen. Im hörenswerten *Medially*-Podcast[126] war von *Fear of Missing out*, kurz FOMO, die Rede. Dabei handelt es sich um die Angst, etwas zu verpassen. Laut dem *Stangl-Lexikon für Psychologie und Pädagogik* ist FOMO: »[...] vor allem [eine gesellschaftliche] Beklemmung, Angst oder Besorgnis. Das Phänomen beschreibt die zwanghafte Sorge mancher Menschen, eine soziale Interaktion, eine ungewöhnliche Erfahrung oder ein anderes befriedigendes Ereignis zu verpassen und nicht mehr auf dem Laufenden zu bleiben.«[127]

Diese Angst ist natürlich nicht neu. Ich erinnere mich noch gut

* Übersetzung: Der allergrößte Teil [...] wird nicht süchtig nach Computerspielen. Abgeleitet von einigen der besten Studien sind 1 bis 3 Prozent der Gamer*innen gefährdet.

an Partys in meiner Jugend, die ich bis zum bitteren Ende durchstehen musste, weil meine Freundin (die gleichzeitig meine Mitfahrgelegenheit war) stark unter FOMO litt. Aus Angst, es könne doch noch etwas Weltbewegendes passieren, konnte sie nie gehen, bevor nicht der letzte Gast gegangen war.

Freilich war FOMO früher leichter in den Griff zu bekommen. Im Zweifelsfall aus den Augen, aus dem Sinn. Mit Smartphones und sozialen Netzwerken, in denen Menschen 24 Stunden am Tag aktiv sind, ist die Party eben nie vorbei. Wie aber lässt sich FOMO in den Griff bekommen? Hilfreich ist es zum Beispiel, Push-Benachrichtigungen komplett abzustellen. Jedes »Pling« sagt ja nichts anderes als: »Hey, es gibt was Neues! Schau schnell nach!« Ein Klassenchat, der 67 entgangene Messages vermeldet, stellt schon eine große Verlockung dar, doch schnell mal kurz reinzuschauen.

Ich habe auf meinem Smartphone an die 20 Apps, in denen Informationen und Menschen auf mich warten. Doch lediglich von der App, über die ich mit meinen Kindern bzw. meinem Partner kommuniziere, erhalte ich Nachrichten in den Sperrbildschirm. Alle anderen Apps schweigen, wenn ich sie nicht geöffnet habe.

Push-Notifications haben wie die Nachricht selbst durchaus Suchtpotenzial, sagt Anthony Wegener, Wissenschaftler an der Stanford-Universität: «Each time we get a message or text [...] our dopamine reward circuits probably get activated, since the desire for social connection is so wired into us.«[*/128]

Darüber hinaus hilft es, sich Nutzungsmuster zu vergegenwärtigen. Für iOS gibt es beispielsweise die App *Screentime*, für Android-Geräte die App *Quality Time*, die genaue Auskunft über Nutzungsart und -dauer einzelner Apps auf dem Smartphone geben.

Wer möchte, kann sich in den einzelnen Apps auch Limits set-

* Übersetzung (Philippe Wampfler, S. 51): Jedes Mal, wenn wir eine Nachricht erhalten, wird unser Dopamin-Belohnungsmechanismus aktiviert, da unser Wunsch nach sozialer Vernetzung so stark in unserem Hirn ausgebildet ist.

zen. Setzt man sich die selbst, ist das übrigens weitaus wirksamer, als wenn andere es für einen tun.

Wenn es also darum geht, die Nutzungsdauer zu reduzieren, muss man sich vor Augen führen, dass ein Smartphone sehr viele unterschiedliche Funktionalitäten in einem Gerät vereint. Insofern kann es schon hilfreich sein, einzelne Funktionen vom Smartphone zu trennen.

Beispiel Weckfunktion: Einmal habe ich aus Versehen Digital-Detox-Urlaub in einem Hotel gemacht, das die Internetverbindung für seine Gäste gezielt unterdrückt. Nach anfänglichem Ärger fiel mir auf: Abends nicht als Letztes und morgens nicht als Allerarstes in mein Smartphone zu schauen tut mir irgendwie gut.

Wieder zu Hause, habe ich mir einen richtigen Wecker gekauft und neben das Bett gestellt, und nun liegt mein Smartphone nachts im gefühlt 100 Kilometer weit entfernten Wohnzimmer am Ladekabel. Ohne es gemessen zu haben, schätze ich, dass mir dadurch rund 60 Minuten mehr Nachtschlaf samt besserer Laune vergönnt sind, weil ich abends schneller einschlafe, weil ich nachts, wenn ich wach werde und glaube, nicht wieder einschlafen zu können, nicht hineinschaue (und dann doch wieder einschlafe), und weil ich morgens nicht als Erstes lesen muss, was Trump wieder getwittert hat.

Beispiel Kamerafunktion: Wenn ich in den Urlaub an den Strand gehe, nehme ich mein Telefon nie mit. Ich habe mir aber eine digitale Kamera gekauft, mit der ich Fotos machen kann. Die muss ich nicht gleich posten, was mich sehr entspannt, zumal ich dann auch nicht sehe, was meine 500 Freund*innen auf Instagram so machen.

Apropos eigene Schwächen: Es gibt auch Rituale, die man gemeinsam mit den Kindern durchführen kann. Zum Beispiel Smartphoneturmbauen beim Abendessen. Lasst euch vom bastelfreudigsten Kind einen hübschen Sockel bauen, und legt zu Beginn des Essens alle Telefone der Familie im Flugzeugmodus überein-

Vier Anti-FOMO-Tricks:

- Push-Benachrichtigungen abstellen
- Nutzungsverhalten reflektieren
- Aus dem Allrounder Smartphone wieder einzelne Geräte machen
- Gemeinsame Rituale finden und mit gutem Beispiel vorangehen

ander auf den Sockel. Oder baut euch ein Handybett[129] und legt eure Telefone gemeinsam zu einer bestimmten Uhrzeit schlafen.

Social-Media-Sucht aka* süchtig nach Likes?

Es nervt schon ein bisschen, wie besessen die Kinder und Jugendlichen darauf sind, dass die Inhalte, die sie im Netz teilen, beachtet, gelikt und kommentiert werden, oder?

Als ich 2004 anfing zu bloggen, habe ich es in erster Linie aus einem Mitteilungsbedürfnis heraus gemacht. Ich hatte früher schon Geschichten geschrieben, aber die Möglichkeit, sie jetzt einfach zu veröffentlichen, fand ich irgendwie schick. Ab und zu habe ich Freund*innen sogar extra angerufen, um ihnen zu sagen, dass ich etwas Neues geschrieben habe. Wie viele Leser*innen ich hatte, war für mich aber nicht relevant.

Ein Jahr später gewann ich bei ZEIT ONLINE einen Preis für mein Blog. Ich war völlig perplex. Gab es etwa Leute, die ich persönlich nicht kannte, die mein Blog gelesen hatten? Ich machte mich schlau, wie man Zugriffszahlen erfassen kann, und fiel aus allen Wolken: mehrere Tausend Abrufe pro Monat? Irre!

Von da an schaute ich beinahe täglich in die Zugriffszahlen, schrieb und schrieb und versuchte Mechanismen zu verstehen,

* also known as

die mir (neue) Leser*innen brachten. Irgendwann wurde mir das zu anstrengend, und ich schaute nur noch sporadisch in die Statistik. 2013 habe ich meinen ersten Beitrag (»Trotzyoga«) geschrieben, der allein über 100.000-mal abgerufen wurde. Ich war begeistert und dann wieder sehr beleidigt, wenn andere Beiträge, die ich auch unterhaltend fand, nur einige 10.000-mal gelesen wurden.

Für Twitter gab es jahrelang den Dienst *Favstar*, der zeigte, welche der eigenen Tweets besonders viele Favs bzw. Sternchen bekamen. Bis heute habe ich Phasen, in denen mir die Anzahl von Likes und Favs wichtig ist, gefolgt von »Is' mir doch egal, ich schreibe einfach«-Phasen.

Irgendwann fiel mir mein Psychologiestudium wieder ein: Ein Grundbedürfnis des Menschen ist das Affiliations- bzw. Zugehörigkeitsbedürfnis, das mittels sogenannter Legitimitätssignale gestillt wird. Sich in sozialen Netzwerken aufzuhalten ist eine Form, Legitimitätssignale zu sammeln und auszutauschen. Auf Twitter beispielsweise wird einem über die Anzahl der Follower, Favs, Retweets und Replys (FFRR) signalisiert: »Du bist okay, du gehörst in unsere Gemeinschaft.« Je mehr FFRR, desto mehr Legitimitätssignale.

Den Like-Button auf Facebook kann man sogar als Legitimitätsspender in Reinform bezeichnen. Genauso sieht es mit Verlinkungen, Erwähnungen in anderen Blogs oder Onlinezeitungen aus. Seiten wie *Favstar* haben also nichts anderes gemacht, als die Anzahl der Legitimitätssignale optisch darzustellen.

Wer im Internet sehr aktiv ist und infolgedessen zu Lesungen eingeladen wird, Preise erhält, in den »Lieblingstweets des Monats« anderer Leute erscheint, die Möglichkeit bekommt, Artikel in Zeitungen und Magazinen zu veröffentlichen, dessen Legitimitätsspeicher ist randvoll und das Affiliationsbedürfnis entsprechend befriedet.

Das macht das Internet so verführerisch und verdeutlicht, welche Sogwirkung all diese Mechanismen haben und wieso es für viele Menschen so attraktiv ist, sich stundenlang auf sozialen Plattformen aufzuhalten. Es müssen außerdem nicht immer Zehntausende Legitimitätssignale sein, es reichen schon einige wenige von den »richtigen« Leuten.

Mittlerweile gibt es eine Menge Vorbilder in Sachen Abonnenten und Likes. Gerade für Kinder und Jugendliche, die bekannten Influencer*innen folgen. Daher ist es auch nicht verwunderlich, dass Kinder heute nicht mehr Tierpfleger*in oder Feuerwehrmann, sondern YouTube-Star werden wollen. Viele Erwachsene machen sich darüber lustig. Ich sage meinen Kindern immer: »Wenn ihr so viel Kohle ranschafft wie Bianca Claßen von *BibisBeautyPalace**, soll's mir recht sein.«

Generell muss man über Berufswünsche so wenig herziehen, wie man sich deshalb sorgen muss. Sie verwachsen sich oft. Aus mir im Nachhinein unerfindlichen Gründen wollte ich jahrelang Innenarchitektin werden. Dabei glaube ich nicht, dass ich mit acht wusste, was eine Innenarchitektin überhaupt macht. Eigentlich weiß ich es bis heute nicht. Ich fand einfach das Wort toll, und der Beruf klang irgendwie wichtig.

Leider wissen Kinder häufig nicht, welche Produktionsmaschinerie hinter den großen Accounts steht und wie schwer es ist, so viele Fans zu haben. Wenn sie selbst beginnen, Inhalte ins Netz zu stellen, sind sie erst mal unendlich enttäuscht, weil es nicht Hunderte von Likes gibt.

Redet ruhig und sachlich mit euren Kindern darüber.

Wie baut man sich eine Community auf? Wie viel Arbeit steckt in einem Fünf-Minuten-Clip? Mit was müsste man sich gegebenenfalls beschäftigen, wenn man so professionell produzieren will wie die Stars (Videoschnitt, gute Kamera, Beleuchtung, Drehbuch etc.)? Wie viele Leute sind involviert? Was kostet die Ausrüstung? Wenn ihr die Antworten selber nicht wisst, sucht gemeinsam mit euren Kindern eine Dokumentation zu dem Thema. Die Dokumentation »Kinder im Netz« geht zumindest in großen

* geschätztes Jahreseinkommen über Werbeeinnahmen: > 500.000 Euro

»Kinder im Netz« (SRF, 8.5.2019)

Teilen darauf ein, wie viel Arbeit es bedeutet, selbst Follower zu generieren, wie man mit Kommentaren umgeht und wie schwer es ist, mit erfolgreichen YouTuber*innen in Kontakt zu treten.

Hier ein kleiner Tipp, wie man sich von Likes unabhängig macht: Für den Chrome- und den Firefox-Browser gibt es kostenlose Add-Ons, die Likes und andere »Beliebtheitsmesser« auf Instagram, Twitter und Facebook ausblenden (z. B. den *Demetricator*). Vielleicht ist es ein Experiment wert, diese Add-Ons zu installieren und sich quasi frisch und unbeeinflusst Inhalte anzuschauen, um dann zu entscheiden, ob man sie gut und bereichernd findet oder eher nicht.

Denn ob ein Beitrag viele Likes bekommt, hängt nicht unbedingt von der Qualität ab. Das macht das Spiel »Viral oder egal?« aus der Show *Neo Magazin Royale* von Jan Böhmermann sehr anschaulich. Da werden Videoclips gezeigt, und die Spieler*innen müssen raten, wie viele Klicks das Video wohl hat. Wer näher an der tatsächlichen Zahl ist, bekommt einen Punkt.

Einmal im Flow, bekommste nix mehr mit

Dieses Kapitel schreibe ich übrigens ausschließlich, um mir den Traum zu verwirklichen, den ich als Psychologiestudentin hatte:

einmal den Namen Mihály Csíkszentmihályi fehlerfrei ausschreiben!

Mihály Csíkszentmihályi (sprich: Mi-hai Tschick-Sent-Mi-hai-i) hat nämlich den Begriff »Flow« geprägt. Flow bezeichnet das als beglückend erlebte Gefühl eines mentalen Zustandes völliger Vertiefung und restlosen Aufgehens in einer Tätigkeit (wer kennt das Gefühl nicht aus dem Job? *husthust*). Claudia Schmidt beschreibt es auf *flowseeker.de* folgendermaßen: »Fast so als wenn du in einer Blase sitzen würdest, nimmst du die Dinge um dich herum nicht mehr richtig wahr. Sie werden zum Hintergrundrauschen, so wird Zeit und Raum relativ. So können sich Momente wie Stunden anfühlen oder Stunden in Bruchteilen einer Sekunde vergehen. [...] Du gehst restlos in der Tätigkeit auf, vergisst zu essen und bist wie in einem Rausch. [...] Noch dazu fühlst du dich großartig und erfüllt.« [130]

Demnach ist Flow ein Zustand, der sich gut anfühlt und deshalb durchaus erstrebenswert ist. Nach Csíkszentmihályi tritt Flow ein, wenn wir zum Beispiel ein klares Ziel haben, unsere Fähigkeiten genau der Herausforderung entsprechen und wir intrinsisch motiviert sind (etwas also von uns aus wollen).

Kinder rutschen oft einfach so in einen Flow-Zustand. »[Sie] haben sie noch problemlos, diese Momente des ›Flow‹«, schreibt Susanne Mierau auf *geborgen-wachsen.de*, »in denen ihr Handeln einfach dahinfließt, in denen sie sich ganz einer Sache hingeben und ihr Bewusstsein gar nicht mehr zu trennen ist von der Handlung. [...] Alles andere in der Umgebung wird vergessen. [...] Eine Ermahnung, eine Stimme von außen wird tatsächlich nicht wahrgenommen, so sehr sind sie konzentriert. [...] Der Antrieb für dieses Handeln liegt in ihnen selbst. Ihr Forscherdrang verleitet sie dazu, sich dieser Neugierde hinzugeben. Es beobachtet, erprobt, nimmt Grenzen wahr und testet sie aus. Was kann ich? Was kann ich nicht?« [131]

Kinder können im alltäglichen Spiel aufgehen. Sie sind in ihr Autospiel versunken, in das Aufbauen von fantastischen Gebäuden, ins Malen. Sie haben kein Gefühl dafür, was Zeit ist. »Noch 15 Minuten« ist eine Aussage, deren Inhalt höchstens abstrakt und wie aus der Ferne wahrgenommen wird.

Wir haben in unserem Haushalt Kinder, die leseverrückt sind. Sie lesen und lesen und lesen – und wenn alle Bücher gelesen sind, fangen sie von vorne an. Sie wollen zum Einschlafen lesen, sie wollen früher geweckt werden, damit sie vor der Schule lesen können, sie vergessen ihre Hausaufgaben, weil sie den ganzen Nachmittag lesen, und diese fallen ihnen erst wieder ein, wenn ich von der Arbeit nach Hause komme. Über das Lesen vergessen sie Raum und Zeit.

Besonders schnell kann sich ein Flow-Zustand beim Computerspielen einstellen. Denn da sind alle Voraussetzungen gegeben: Das Spielziel ist klar, die Spieler*innen sind eigenmotiviert, sprich, da ist niemand, der von außen befiehlt: »So, Kind, du spielst JETZT sofort mindestens EINE Stunde dieses Spiel!«, und dank Vorerfahrung und Spieldesign gibt es idealerweise ein Gleichgewicht zwischen Spielherausforderung und Fähigkeiten. Die optimale Mischung aus Anspannung und Belohnung. Handlung und Bewusstsein verschmelzen, und alle Aufmerksamkeit richtet sich auf das Computerspiel aus. In diesem fokussierten Zustand die Außenwelt wahrzunehmen ist gar nicht so einfach.

Zudem erleben sich Kinder und Jugendliche beim (Computer-) Spielen als selbstwirksam, das heißt, sie können eine schwierige Situation oder Herausforderung aus eigener Kraft erfolgreich bewältigen. Sich selbstwirksam zu erleben ist ein gutes Gefühl und beeinflusst das Selbstbewusstsein auf lange Sicht positiv. Aus jedem Erfolg ziehen wir die Erfahrung, dass wir etwas schaffen können, was die Wahrscheinlichkeit erhöht, auch die nächste Herausforderung optimistisch anzugehen.

Kein Wunder also, dass Kinder und Jugendliche manchmal total versunken, fast schon apathisch vor einem Computerspiel sitzen. Es liegt in ihrer Natur, in Dingen aufzugehen und alles um sich herum zu vergessen.

Da fällt es tatsächlich manchmal schwer, aus diesem Zustand wieder aufzutauchen – insbesondere wenn das nicht eigenmotiviert geschieht, zum Beispiel weil ein Spannungsbogen abgeschlossen ist und das Kind selbst entscheidet aufzuhören. Klassischerweise sind es Erwachsene, die gerne wollen, dass das Kind »Jetzt sofort!« mit dem Spielen aufhört. So reagieren manche Kinder gereizt oder wütend auf diese Störung (»Abendessen!«). Das wiederum liegt an einem durcheinandergeratenen Kontrollmechanismus im präfrontalen Cortex. Geht das Gehirn im Flow-Zustand auf Standby, kann der Kontrollmechanismus, vor allem bei jüngeren Kindern, aussetzen. Auf einen störenden Außenreiz wird folglich unkontrolliert (wütend) reagiert.

Diese teils aggressiven Verhaltensweisen deuten Eltern oft als eine Art Entzugserscheinung. Auch werden Flow-Zustand und Sucht oft fälschlicherweise gleichgesetzt, was zum Teil daran liegen mag, dass man als erwachsener Mensch so schwer und so selten in einen Flow-Zustand gerät, dass einem dieser Zustand fremd und gefährlich erscheint. Äußere Zwänge, die ewige To-do-Liste im Kopf, Zeitmangel. All das erschwert es Erwachsenen enorm, in den Flow zu kommen. Das ist sehr schade – denn ist es nicht wunderbar, den Kopf total frei zu haben und in einer Sache aufzugehen? Wahrscheinlich gelingt es den meisten Erwachsenen noch am ehesten beim Sport, Flow zu erleben. Aber selbst das ist leichter gesagt als getan. Ich habe es wirklich jahrelang mit Joggen versucht. Nur fühle ich mich beim Laufen nie eins mit meinem Atem und meinem Körper. Mir tut alles weh. Schneller zu laufen liegt vielleicht meinem Muskelapparat, nicht aber meinen Lungen. Und wenn ich so laufe, dass ich keine Atemprobleme habe, gerät motorisch alles durcheinander.

So etwas wie Flow erlebe ich, wenn ich an kinderfreien Tagen Bügelperlenbilder mache. Ja, richtig gelesen: Bügelperlenbilder. Kann ich sehr empfehlen, vor allem wenn keine Kinder dabei sind. Ein Bild planen, sich ein Ziel setzen und dann einfach machen. Man muss sich auf die klitzekleinen Perlen konzentrieren, sie aufnehmen und auf die Steckplatte balancieren. Am Ende bügelt man das Kunstwerk, ohne es vorher versehentlich herunterfallen zu lassen – und selbst wenn … Dann flucht man, aber man muss nicht in tränengefüllte Augen eines Kleinkindes schauen, weil man gerade die Arbeit von zwei Stunden hat fallen lassen. Man hasst einfach kurz sich selbst, fühlt sich aber keiner weiteren Person gegenüber schlecht.

Neben der Fähigkeit von Kindern und Teenagern, leicht in einen Flow-Zustand zu kommen, halte ich die Kindheit und Jugend generell für eine Phase, in der man enthusiastisch in Themen versinken kann. Ich habe als Kind wie irre gelesen, mir Stunden und Tage mit *Point-and-Click-Adventures* um die Ohren gehauen, und ich möchte nicht wissen, wie viele Stunden ich als Jugendliche vor Trash-TV wie *Big Brother* und *Popstars* verbracht habe.

Es ist normal, als jugendlicher Mensch Dinge exzessiv zu tun. Zur Jugend gehört auch das Ausprobieren. Plötzlich darf und kann man etwas, was einem vor ein paar Jahren noch verwehrt, zu gefährlich, zu kompliziert war. Neue Welten tun sich auf. Die Abhängigkeit von den Erwachsenen löst sich Stück für Stück. Endlich frei! Klar, dass da ausprobiert und ausgekostet wird, denn man ist eben noch nicht so eigenverantwortlich wie später als erwachsener Mensch.

Hier nochmals kurz zusammengefasst:

- Kinder/Jugendliche kommen noch viel leichter in den Flow-Zustand als Erwachsene.
- Es ist schwer, aus dem Flow-Zustand wieder aufzutauchen.
- Wenn man im Flow-Zustand ist, kann es passieren, dass der Mechanismus aussetzt, der unsere Gefühle kontrolliert.
- Flow hat nichts mit Sucht zu tun.
- Maßvolles Verhalten ist generell keine Stärke von Jugendlichen.

Wenn sich Eltern ob der Maßlosigkeit des jugendlichen Handelns sorgen, hilft es vielleicht, diese fünf Aspekte im Kopf zu haben und sich bewusst zu machen, dass Computerspiele den Flow begünstigen, Selbstwirksamkeit fördern sowie das Bedürfnis nach sozialen Kontakten (gemeinsames Spielen mit anderen Jugendlichen) und Anerkennung befriedigen. Möchte man, dass Kinder und Jugendliche weniger Computerspiele spielen, muss man ihnen Alternativen bieten, die ebenfalls all das bieten.

Auch Kinder haben ein Recht auf Privatsphäre

Weil viele Eltern so sehr fürchten, ihr Kind könne süchtig werden, erwägen sie, seinen Internetkonsum zu kontrollieren und zu regulieren. Das halte ich für keine gute Idee.

Als unser zweites Kind eingeschult wurde, wollte es unbedingt allein in die Schule gehen. Genau genommen haben wir es überreden müssen, dass wir es zur Einschulungsfeier begleiten dürfen. Das sei doch nicht nötig, wir wüssten doch schon vom ersten Kind, wie so eine Einschulung ablaufe, da passiere nun auch nichts anderes, zumal es dieselbe Schule sei. »Ich bin jetzt wirklich alt genug, auch mal was ohne euch zu machen.« Da hatte das Kind natürlich recht. Jedenfalls im Prinzip. Die Schule ist zu Fuß problemlos zu erreichen, und es ist auch keine gefährliche Straße zu überqueren. Also eigentlich kein Problem für Sechsjährige. Dennoch nahmen wir an der Einschulung teil, und als der erste reguläre Schultag nahte, ging ich den Weg einige Male zusammen mit dem genervt stöhnenden Kind. Danach ging es »alleine«. In Anführungszeichen deshalb, weil ich zunächst noch heimlich hinterherschlich.

Von da an ließ ich das Kind auch andere Dinge allein machen. Es ging zum Beispiel allein auf den Spielplatz, was zur Folge hatte, dass ich aufgeregte Anrufe anderer Eltern bekam, sie hätten unser Kind total allein (vermutlich unter 20 bis 30 anderen Kindern) auf dem Spielplatz gesehen. Ob es das denn dürfe?

»Ja, das darf es.« Auch der Spielplatz liegt ganz in der Nähe unserer Wohnung. Den Weg kennt das Kind quasi seit der Geburt. Zusammen waren wir mindestens 300-mal dort.

Tatsächlich dürfen unsere Kinder ziemlich viel allein. Mit scharfen Messern schneiden (vielleicht nicht unbedingt mit einem Damastmesser, aber durchaus schon als Dreijährige), mit öffentlichen Verkehrsmitteln durch die Gegend fahren, allein ins Freibad. Meistens machen sie einen Vorschlag, und ich lasse mir dann erklären, wie sie es machen wollen, und wenn es mir plausibel erscheint, lasse ich sie machen. Nicht selten sitze ich dann zu Hause und frage mich, ob ich nun die entspannteste oder die leichtsinnigste Mutter der Welt bin, aber bislang – toi, toi, toi – verlief alles ohne größere Zwischenfälle.

Kinder brauchen Freiräume. Sie brauchen Privatsphäre – und auch ein bisschen Nervenkitzel. Zu einer gelungenen Entwicklung gehört es, immer mehr Aufgaben eigenständig zu bewältigen. Kinder müssen sich selbstwirksam erleben können, und das geht nun mal am besten, wenn sie Dinge allein tun können. Das gibt ihnen das Gefühl, Kontrolle über ihr eigenes Leben zu haben.

Natürlich könnte man bei Unternehmungen Dutzende Vorkehrungen für den Fall der Fälle treffen. Das Handy mitgeben, falls sie sich verlaufen. Die Telefonnummer auf den Arm schreiben. Die anderen Eltern bitten, immer ein Auge aufs Kind zu ha-

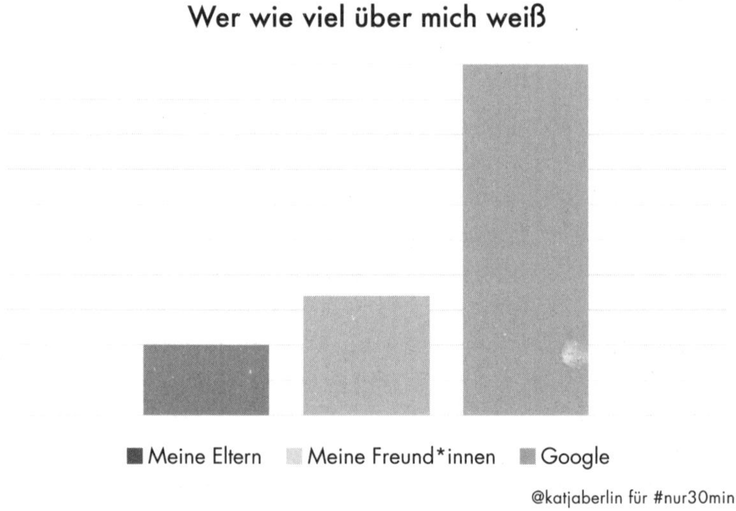

ben. Je nach Situation sollte man tatsächlich über so etwas nachdenken. Allerdings bin ich der Meinung, dass zu viel Vorsicht und zu viel Sicherheit Kinder daran hindern, sich zu entfalten und zu lernen.

Meine Kinder sind schon mit der U-Bahn von A nach B gefahren, bevor sie ein Handy hatten. Ich habe ihnen den Weg erklärt und dann gesagt: »Wenn du aus der U-Bahn rauskommst, musst du in Fahrtrichtung laufen und dann den rechten Ausgang nehmen. Wenn du nach oben kommst, siehst du einen Blumenladen, da läufst du geradeaus. Sollte was schiefgehen, gehst du einfach wieder zurück und probierst einen neuen Ausgang. Es gibt vier Stück. Du hast keinen Zeitdruck. Wenn es irgendwie gar nicht klappt, fährst du wieder zurück nach Hause.«

Wir laufen zusammen Wege ab, und ich zeige ihnen, wie man sich orientiert. Hier das Hochhaus, da der Zooladen mit den niedlichen Kaninchen, am Garten mit den Stockrosen links abbiegen. Auf dem Rückweg alles umgekehrt: Stockrosen, Kaninchen, Hochhaus.

Wenn die Kinder die Verantwortung haben, selbst zurückfinden zu müssen, sind sie ganz bei der Sache und viel aufmerksamer, als wenn ich ihnen ein Handy in die Hand drücke und sage: »Hier, ruf an, wenn was ist.«

Selber verantwortlich zu sein verändert das Verhalten. Dinge selbst zu schaffen gibt Selbstbewusstsein.

Was das mit digitalen Medien zu tun hat?

Da die Angst vor Sucht und anderen Gefahren wie inadäquaten Inhalten so groß ist, suchen viele Eltern die Lösung in sogenannter Kontrollsoftware. Aus verschiedenen Gründen halte ich nichts von diesen Apps, die Kinder kontrollieren, die filtern und/ oder Internetzeit begrenzen. Dabei werfe ich bewusst alle Apps in einen Topf, denn sie sind immer nur eine Krücke. Eine Krücke, weil man beispielsweise ein junges Kind davor schützen möchte, versehentlich auf etwas Verstörendes zu stoßen. Eine Krücke, weil man sich weder mit den Inhalten noch mit den kindlichen Bedürfnissen und Interessen auseinandersetzen will. Letztlich ist jede dieser Apps nur eine Krücke, weil sie Pseudosicherheit vermittelt.

So gibt es beispielsweise Apps, die Eltern informieren, sobald ihr Kind eine App auf sein Gerät herunterlädt. Eigentlich damit die Eltern die App prüfen und sich dann ein Urteil bilden, ob die App angemessen ist oder nicht. Die Realität sieht oft anders aus: Eltern bekommen eine Nachricht über den Download – und das war's. Es wird nicht geprüft, wie die neue App mit privaten Daten umgeht, ob sie den Standort verrät, ob sie eine Chatfunktion hat etc. Wenn die App nicht gerade »Pornofilme kostenlos« oder »Töten, töten, töten« heißt, wird sie einfach durchgewunken. Mit diesem Kontrollmechanismus ist also rein gar nichts gewonnen.

Auch andere technische Hilfsmittel sind nahezu albern. Da konfigurieren Eltern den WLAN-Router so, dass er den Zugang zum Internet nur zu bestimmten Zeiten zulässt, ohne zu wissen, dass bestimmte Spiele ohnehin offline funktionieren, wie billig eine 10-GB-Prepaidkarte für das Handy ist und haben noch nie von Tethering gehört. Sie haben auch keine Ahnung, wie pipieinfach es ist, die Gerätesperre zu umgehen, indem man auf YouTube nach »Internetsperre umgehen« sucht und seinem Gerät eine neue MAC-Adresse zuweist. Das Witzige daran: Man muss nicht einmal wissen, was eine MAC-Adresse überhaupt ist oder was sie tut. Man macht einfach das, was im Tutorial gezeigt wird – und ohne irgendwas verstanden zu haben, ist die Internetsperre deaktiviert.

Sperren und Filter sind nur eine andere Art des Laisser-faire. Und ganz ehrlich: Wenn euer Kind die Software ausgetrickst hat, dann gratuliert ihm, denn es hat Medienkompetenz bewiesen und ist schon deutlich fitter, als ihr es eingeschätzt habt.

Bis zu einem gewissen Alter sollte man seine Kinder nicht allein im Internet lassen, sondern sie begleiten. Auch sollte man sie bereits vor der Nutzung auf mögliche Situationen hinweisen. Stößt ein Kind völlig unvorbereitet auf ein Gewaltvideo, ist der Schock doch viel größer, als wenn ihr dem Kind vorher gesagt habt: »Hier, schau dir Pokémon-Tutorials an, aber klicke nicht irgendwelche anderen Videos, denn da drin können Sachen vorkommen, die dir Angst machen. Und wenn du aus Versehen trotzdem sowas siehst, schnell Hand draufhalten, ausmachen, aus dem Raum gehen und mich rufen.«

Um Kinder bei der Suche vor unerwünschten Suchergebnissen zu schützen, wird oft die Kindersuchmaschine *fragFINN*.de empfohlen, in deren Suchergebnisse nur kindgerechte, von Medienpädagogen überprüfte Internetseiten auftauchen. Doch so sinnvoll *fragFINN*.de theoretisch ist: Das Suchverhalten von Kindern hat sich gegenüber dem von Erwachsenen verändert. Wo wir googeln (lieber »duckduckgoen«*), geben Kinder und Jugendliche ihre Fragen einfach auf YouTube ein. Für Kinder, die gerade lesen und schreiben gelernt haben und sich noch von ihren Eltern anleiten lassen, mag *fragFINN* vorübergehend eine Alternative sein. Doch sobald die Kinder selber entscheiden können, welche Seite sie ansteuern, geben sie ihre Fragen lieber in YouTube ein.

Und habt ihr mal darüber nachgedacht, was die Apps, welche die Aktivitäten eurer Kinder protokollieren, über eure Kinder wissen? Sie wissen, wann und wie oft euer Kind online geht. Sie wissen, welche Seiten das Kind besucht. Gegebenenfalls zeichnen diese Apps sogar Bewegungsprofile auf und tracken per GPS den Standort. Fragt sich, wie gut die verschiedenen App-Anbieter all diese Daten sichern. Seid ihr sicher, dass diese Daten nicht weitergegeben werden? Wenn euch schon unwohl ist bei dem Gedanken, dass IoT-Staubsauger den Grundriss eurer Wohnung aufzeichnen und weitergeben könnten, wie fühlt sich das erst bei den Daten eurer Kinder an?

Außerdem sind Filter-, Regulier- und Ortungsapps grundsätzlich übergriffig. Im Grundschulalter mögen Kinder solche Apps

---

* www.duckduckgo.com ist eine Alternative zu Google, die Datenschutz in den Vordergrund stellt.

vielleicht noch tolerieren, doch spätestens in der Pubertät wird es dann schwierig. Ist es nicht viel schöner, Kindern verantwortungsvolles Verhalten zuzutrauen? Im Abschnitt »Kinderfotos im Netz!?« (→ Seite 142) bin ich bereits auf das Thema »Kinder und Privatsphäre« eingegangen. Die Studie »Kinder. Bilder. Rechte.« des *Deutschen Kinderhilfswerks* fasst das Thema wie folgt zusammen: »Die Kinder haben ein recht klares Gefühl dafür, wann sie Fotos von sich machen lassen wollen und unter welchen Umständen sie damit einverstanden sind, wenn Bilder von ihnen mit anderen geteilt werden sollen.«[132] Dabei haben Kinder durchaus eigene Kriterien. Sie überlegen beispielsweise, wie viel Vertrauen sie gegenüber den Adressaten haben, sie bewerten die Erkennbarkeit und das Beschämungspotenzial. Die Studie zeigt auch deutlich, dass Kinder und Eltern bei ihren Abwägungen nicht unbedingt zum gleichen Urteil gelangen. Denn Kinder empfinden viel mehr Fotos als problematisch als ihre Eltern. Eltern tauschen sich oftmals nicht aktiv mit ihren Kindern aus. Das hat zur Folge, dass ihnen diese Diskrepanz gar nicht bewusst ist. Leider kommt es aber auch immer wieder vor, dass Eltern die Einschätzung ihrer Kinder einfach ignorieren und die Bilder trotzdem veröffentlichen.

Die Frage der Privatheit stellt sich ebenfalls, wenn es um Passwörter geht. Erst kürzlich habe ich die Folge »Spying or Parenting – Do We Need to Respect Our Kids' Digital Privacy?«* des Podcasts *Their own Devices* gehört. Darin unterhalten sich vier US-amerikanische Eltern darüber, dass sie natürlich die Passwörter ihrer Kinder zu allen Social-Media-Accounts haben; es sei ihnen sonst viel zu unsicher mit diesem Internet. Ich war entsetzt. Vor allem über die Einigkeit der vier Erwachsenen. Selbstredend haben Kinder kein Recht auf Privatsphäre! Es sei gar elterliche Pflicht, alles zu überwachen, was die Kinder online machen.

* Übersetzung: Ausspionieren oder Erziehungsverantwortung wahrnehmen – müssen wir die digitale Privatsphäre unserer Kinder respektieren?

So extreme Positionen habe ich in Deutschland zum Glück noch nicht gehört. Allerdings ist es hierzulande auch ziemlich normal, den Browserverlauf regelmäßig zu checken; und immer wieder bekomme ich mit, dass wie selbstverständlich private Nachrichten auf Messenger-Diensten gelesen werden.

Die DKHW-Studie stellt fest, dass es sich bei dieser Form der Überwachung um eine hilflose Reaktion auf das elterliche Nachgeben handelt, nachdem der Peerdruck zu hoch geworden war, so dass zum Beispiel WhatsApp erlaubt wurde, obwohl Kinder in Deutschland diese App laut AGB erst ab 16 Jahren benutzen dürfen. Das gilt auch für andere Plattformen. Es folgt ein Unwohlsein, das nicht zuletzt aus der eigenen Unwissenheit resultiert. Dieses Unwohlsein »versuchen die Eltern durch teils tiefe Eingriffe in die Privatsphäre des Kindes schützend zu begrenzen. Sie lassen sich von den Kindern Passwörter der sozialen Netzwerk-Accounts geben, durchsuchen das Smartphone des Kindes regelmäßig inklusive der gesandten WhatsApp-Nachrichten und Chatverläufe, finden durch die Standortabfrage von Snapchat den Aufenthaltsort der Kinder heraus oder überprüfen mit Hilfe von Kontroll-Apps, was das Kind genutzt und mit wem es was kommuniziert hat.«

Höchst unethisch ist es, wenn die Kinder nicht wissen, dass solche Apps installiert wurden, und sie der Verwendung nicht zugestimmt haben. Selbst wenn das Kind sein Okay gegeben hat, kann das Getracktwerden sich negativ auf die Psyche des Kindes auswirken. Denn wird ein Kind permanent überwacht, dann manifestiert sich in ihm der Glaube, dass man ihm nicht vertraut bzw. ihm nichts zutraut. Das ist weder förderlich für das Selbstbewusstsein noch für das Vertrauen in sich selbst und die eigenen Handlungen.

Kinder haben Rechte – in diesem Fall das *Recht auf Privatsphäre*, wie in Artikel 16 der UN-Kinderrechtskonvention festgehalten. Demnach müssen Eltern *nicht* alles wissen! Sie dürfen ihren Kindern nicht hinterherschnüffeln, indem sie zum Beispiel ungefragt an das Smartphone des Kindes gehen und darin lesen oder gezielt den Browserverlauf eines Computers absuchen. Ein persönliches Endgerät zu nehmen und zu inspizieren ist genauso übergriffig und falsch, wie heimlich das Tagebuch anderer Menschen zu lesen. Darüber hinaus haben Eltern kein Recht darauf, die Passwörter ihres Kindes zu bekommen. Für E-Mails und andere Nachrichtendienste gilt das Briefgeheimnis.

Bei allen Arten von Kontrolle, ob mit oder ohne Einwilligung, schwingt für mich zusätzlich das unangenehme Gefühl mit, dass wir unseren Kindern vermitteln, Überwachtwerden sei normal und sorge für Sicherheit. Ein trügerisches Gefühl, auch im gesamtgesellschaftlichen Rahmen. Und ich halte es für besonders problematisch, das von jenen zu lernen, zu denen man in enger Beziehung steht. Ich möchte die Überwachungsdebatte an dieser Stelle nicht führen, aber doch festhalten:

- Dort, wo überwacht wird, gibt es nicht mehr Sicherheit. [133]
- Präventiv und zur Abschreckung hilft Überwachung so gut wie gar nicht.
- Die Kriminalitätsrate sinkt nicht, wo mehr überwacht wird.
- Für Sicherheit die persönliche Freiheit aufzugeben ist sowohl im Erwachsenenkontext als auch im gesellschaftlichen Kontext betrachtet alles andere als erstrebenswert.

Wenn Kinder eine soziale Plattform wie Instagram nutzen wollen, bevor sie das laut AGB nötige Alter erreicht haben, kann es einen Kompromiss darstellen, sich einen Account und somit auch das Passwort zu teilen.* Hat das Kind jedoch eigene Accounts, sollte man ihm beibringen, dass Passwörter eine höchst wichtige Angelegenheit sind, die man in der Regel nicht teilt. Auch sollte man dem Kind klarmachen, dass sichere Passwörter vor allem lang sind. »MirhatunserletzterSommerurlaubanderOstseegefallen« ist

* Alle Systemadministrator*innen bitte ich, die Augen und Ohren zu schließen.

weitaus schwieriger zu knacken als ein sechsstelliges Passwort mit Ziffern und Sonderzeichen.

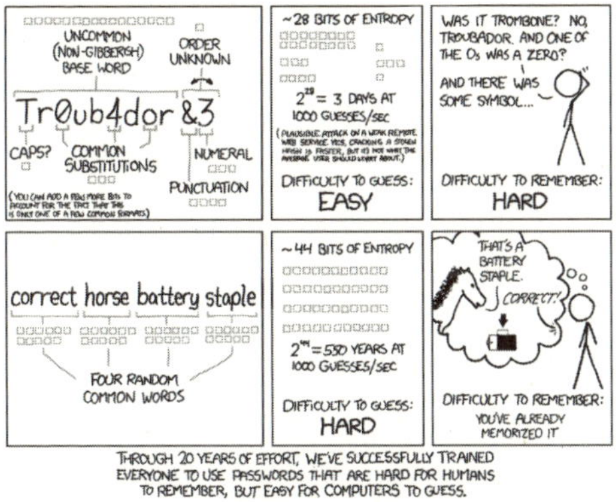

Quelle: Randall Munroe; xkcd.com

Wollt ihr die Privatsphäre eurer Kinder bestmöglich schützen, dann bringt ihr eurem Kind am besten gleich bei, Passwortmanager zu benutzen, und weist darauf hin, dass es in jedem Fall die Zwei-Faktor-Authentifizierung nutzen sollte. Das bedeutet, man kann sich nur einloggen, wenn man das Passwort und einen zweiten, unabhängigen Code eingibt, der zum Beispiel in einer App generiert wird, die wiederum auf dem Smartphone installiert ist und das somit als Token fungiert. Ohne diesen zweiten Code kein Login. Hackt also jemand das Passwort, kann er sich trotzdem nicht einloggen, weil ihm der zweite Code fehlt.

Vorteil des Smartphones als Token: Man hat es meist ohnehin dabei. Bevor ihr jetzt ungläubig nach Luft schnappt: Natürlich könnt ihr auch eigene Token wie Yubikey benutzen. Aber ob das das Richtige für Kinder ist, die auch gerne mal sieben Trinkflaschen im Jahr verschludern, könnt ihr euch ja ausrechnen.

Auch sollte man Kindern beibringen, ihre Endgeräte per Code zu sichern. Ungesicherte Endgeräte sind auch bei Erwachsenen ein absolutes No-Go, weil Unbefugte so jegliche Art von Software darauf installieren können.* Es ist außerdem wichtig, Systeme immer up to date zu halten, um Sicherheitslücken, so gut es geht, auszuschließen. Fraglos gibt es zu dem Themenkomplex Sicherheit noch so manches zu sagen, aber es ist schon viel gewonnen, wenn bestimmte Mindeststandards eingehalten werden.

- Benutzt sehr lange Passwörter.
- Nutzt immer einen Passwortmanager.
- Verwendet für unterschiedliche Logins *unterschiedliche* Passwörter.
- Nutzt die Zwei-Faktor-Authentifizierung.
- Loggt euch aktiv aus, wenn ihr an fremden Endgeräten gearbeitet habt.
- Haltet Betriebssysteme immer auf dem aktuellen Stand.
- Schaltet die Standortdaten ab.
- Teilt mit Apps so wenige persönliche Informationen wie möglich.
- Macht regelmäßig Backups. Das hat zwar nichts mit Sicherheit direkt zu tun, stimmt aber immer.

Auf Sucht kann man nicht kulturoptimistisch schauen, aber:

- Es gibt erlernbare Strategien, um mit all den Verlockungen des Internets umzugehen.
- In den allermeisten Fällen, in denen Eltern sich sorgen, ihr Kind könne internet-/spielsüchtig sein, ist die Sorge unbegründet.
- Vielnutzer*innen sind nicht internetsüchtig.
- Wer den Kindern ein gutes Vorbild ist, federt viel ab.

---

* Ich empfehle den Vortrag »Stalking, Spy Apps, Doxing: Digitale Gewalt gegen Frauen« von Anne Roth, gehalten auf dem 35. Chaos Communication Congress (auch wenn er nicht direkt etwas mit Kindern zu tun hat).

8 SENIORENTREFF FACEBOOK UND TWITTER

Woran man erkennt, dass man alt ist

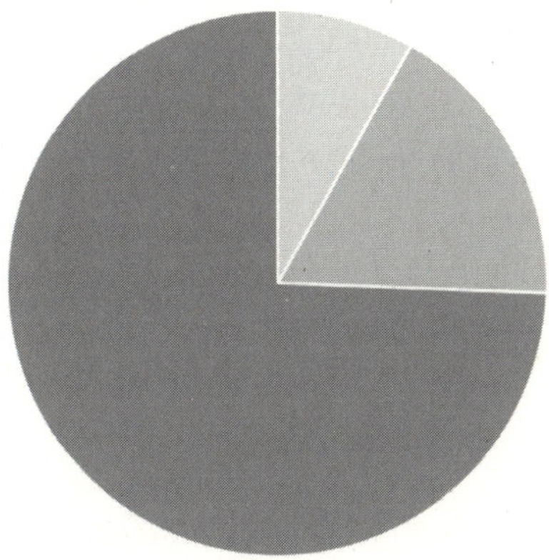

@katjaberlin für #nur30min

Auf das Schreiben dieses Kapitels habe ich mich richtig gefreut. Ich hatte mir nämlich vorgenommen, pro Tag mindestens ein Kapitel zu schaffen. Heute werde ich mein Ziel auf alle Fälle erreichen, denn die Kurzzusammenfassung in Sachen Facebook und Twitter lautet: komplett irrelevant für eure Kinder!

Laut der *JIM*-Studie 2018[134] geben nur 6 Prozent der 12- bis 19-Jährigen Facebook als beliebtestes Internetangebot an. Im Vergleich zum Vorjahr hat sich die Beliebtheit von Facebook zudem mehr als halbiert.

Facebook selbst hat 2 Milliarden Nutzer*innen weltweit und

mehr als 32 Millionen in Deutschland.[135] Allerdings sind da vor allem Erwachsene, weshalb sich die Kinder rargemacht haben. Was gibt es Peinlicheres, als mit Mami oder Papi auf Facebook befreundet zu sein? Je mehr Eltern irgendwo sind, desto weniger Kinder. Umgekehrt: Wie viele Erwachsene kennt ihr, die auf Snapchat, TikTok oder Tellonym sind?

Ähnlich sieht die Statistik übrigens für Twitter aus. Lediglich 3 Prozent der 12- bis 19-Jährigen nennen in besagter *JIM*-Studie Twitter als beliebtestes Internetangebot. Was die tägliche Nutzung angeht, stellt die Studie fest: »Twitter bleibt nach wie vor eine Nischen-Plattform und wird nur von acht Prozent der Jugendlichen regelmäßig genutzt.« Auch die ARD/ZDF-Onlinestudie 2018 zählt nur 5 Prozent Nutzer*innen zwischen 14 und 19 Jahren, die Twitter täglich nutzen.[136]

Alle Themen in puncto Medienerziehung, die insbesondere für Facebook relevant sind, werden in anderen Abschnitten behandelt: Datenschutz bei WhatsApp (→ Seite 69), Bild- und Urheberrechte bei TikTok (→ Seite 116). Lediglich das Thema Fake-News gehört eindeutig hierher, weil es speziell für diese beiden Plattformen (aber auch für YouTube) eine Rolle spielt.

Hoaxes, Fake-News und die Wahrheit

»N. hat sich heute schon zweimal Eis aus dem Gefrierfach genommen!«, ruft eines unserer Kinder am Abendbrottisch, als ich vorschlage, heute Nachtisch zu essen. »Fake-News!«, schreit N. halb lachend zurück. Läuft eine Konversation so ab, können wir Eltern uns sicher sein: N. hat sich heute mindestens zweimal aus dem Gefrierfach bedient.

Was die Kinder hier nämlich halb im Spaß machen, ist, Donald Trump zu imitieren, der mit Vorliebe die US-amerikanische Presse in Großbuchstaben auf Twitter beschimpft, wenn die etwas berichtet, das ihm nicht in den Kram passt. Unsere Kinder persiflieren also Trump am Abendbrottisch und gestehen auf der konnotativen Ebene ein, dass die ursprüngliche Aussage eigentlich stimmt.

Fake-News sind, sehr vereinfacht gesagt, Nachrichten, die nicht der Wahrheit entsprechen, sich aber Mühe geben, wie echte Nachrichten auszusehen, und die gleichzeitig von dem/der Urheber*in mit einem bestimmten, meist politischen Ziel verbreitet werden. Man kann Fake-News somit als gezielte Falschmeldungen zum Zweck der Stimmungsmache bezeichnen.

Und in der Tat: In Zeiten des Internets ist es schwierig geworden, richtig von falsch zu unterscheiden. Nicht nur für Kinder und Jugendliche. Dabei ist es für all jene, die ihre Informationen überwiegend aus dem Netz beziehen, besonders wichtig, den Wahrheitsgehalt von Nachrichten einschätzen zu können.

Zumal Informationen eben nicht nur auf (seriösen) Nachrichtenportalen gesucht werden, sondern auch in sozialen Netzwerken – und da gibt es spezifische Effekte: Stammt eine Information von einer Website, die ein/e Freund*in geteilt hat, ist man geneigt, diese als vertrauenswürdig einzuschätzen. Man überträgt das Vertrauen, das man in eine*n Freund*in hat, auf dessen Empfehlung. Spült jemand einem eine Nachricht in die Timeline, die dem entspricht, was wir ohnehin schon glauben, halten wir sie eher für wahr und teilen sie daher auch schneller.

Darum empfiehlt es sich, zusammen mit euren Kindern zu lernen, wie man Nachrichten auf ihren Wahrheitsgehalt hin überprüft:

1. Fragt nach der Vertrauenswürdigkeit der Webseite oder des Kanals, der eine bestimmte Information verbreitet. Sucht das Impressum bzw. den Betreiber, und prüft die Adresse im Browser.
2. Gibt es mindestens eine weitere Quelle zu der Information? Um das herauszufinden, gebt die zentralen Informationen in eine Suchmaschine ein.

3. In der Google-Bildsuche kann eine Rückwärtssuche durchgeführt werden. Speichert ein Foto aus der Nachricht, die ihr prüfen wollt, und ladet es zum Abgleich hoch. Dazu navigiert ihr auf die Bildsuche und klickt rechts neben dem Eingabefenster das kleine Kamerasymbol an. Manchmal lässt sich so die ursprüngliche Quelle eines Fotos finden, oder man stößt auf Hinweise, dass das Foto manipuliert wurde. (Das ist übrigens auch ein guter Check für die Seriosität von Profilfotos und ein sehr hilfreiches Feature beim Onlinedating.)
4. Kommt euch etwas komisch vor, sucht die Nachrichten direkt auf *tagesschau.de/faktenfinder*, *correctiv.org*, *mimikama.at* oder *hoaxmap.org*.
5. Übt mit euren Kindern, Nachrichten einzuschätzen, indem ihr zum Beispiel regelmäßig (einmal am Tag) Nachrichten von seriösen Anbietern verfolgt. Man kann zum Beispiel auf Deutschlandfunk die Presseschau als Podcast abonnieren oder die »Tagesschau in 100 Sekunden« *(tagesschau.de/100sekunden)* anschauen. So bekommen die Kinder nach und nach eine Vorstellung vom Weltgeschehen und entwickeln ein Gefühl für seriös bereitgestellte Nachrichten.

Und nicht zuletzt: erst denken, dann teilen! Wenn ihr euch unsicher seid, teilt die Information erst mal nicht. Viele Algorithmen sozialer Medien funktionieren so, dass mehr Likes und Reaktionen zu einem besseren Ranking führen. Wenn man also im Zweifelsfall nicht likt, kommentiert, verlinkt oder teilt, trägt man nicht zur weiteren Verbreitung bei.

Für ein besseres Verständnis von Fake-News und sofern eure Kinder schon älter als zwölf sind, empfehle ich euch das Buch »Fake News« von Karoline Kuhla. Und liebe Leser*innen: Unterstützt unabhängigen Journalismus, indem ihr für qualitativ hochwertige und vertrauenswürdige Inhalte und Nachrichtenportale im Netz zahlt, damit diese nicht aussterben.

Kulturoptimist*innen schauen auf Facebook und Twitter und sehen ...

- Plattformen, auf denen die Erwachsenen fast unter sich sind.
- Plattformen, auf denen sich Falschmeldungen rasend schnell verbreiten können, wenn sie ungeprüft und leichtfertig geteilt werden. Jede/r Einzelne kann aber dazu beitragen, dass solche Falschmeldungen sich nicht massenhaft verbreiten.

9 PORNOS MÜSSEN ABER NUN WIRKLICH NICHT SEIN

tl;dr

- Es ist sinnvoll, frühzeitig (eigentlich schon im Kindergartenalter) mit der Sexualerziehung zu beginnen.
- Bis zur Pubertät sind Kinder gar nicht an Pornos interessiert – und danach versuchen sie, in Pornos unter anderem Antworten auf ihre Fragen über Sexualität zu finden.
- Kinder und Jugendliche sollten wissen, dass es Pornografie gibt und dass es sich dabei um Inszenierungen handelt.
- Damit Kinder sich selbst vor inadäquaten Inhalten schützen können, ist es wichtig, dass wir im Alltag ein Nein von ihnen gelten lassen.

Schauen wir uns zunächst die gesetzliche Lage an: Nach Paragraf 184 des Strafgesetzbuches («Verbreitung pornographischer Schriften«) ist es verboten, Jugendlichen unter 18 Jahren pornografisches Material zugänglich zu machen. Dem Gesetzestext ist Folgendes zu entnehmen:

Wer eine pornographische Schrift (§ 11 Absatz 3)

1. einer Person unter achtzehn Jahren anbietet, überläßt oder zugänglich macht,
2. an einem Ort, der Personen unter achtzehn Jahren zugänglich ist oder von ihnen eingesehen werden kann, zugänglich macht,

[...]

wird mit Freiheitsstrafe bis zu einem Jahr oder mit Geldstrafe bestraft [...]

Die Verbreitung von Pornografie über das Internet ist demnach verboten, solange der Anbieter nicht sicherstellt, dass das Material ausschließlich Erwachsenen zugänglich gemacht wird. Eine Altersprüfung ist also vorgeschrieben. Wie ihr sicherlich schon gemerkt habt, halten sich die meisten Anbieter nicht daran, oder man klickt einfach ohne weitere Prüfung »Ja, ich bin 18 Jahre alt« an.

Theoretisch dürften unter 18-Jährige keine pornografischen Inhalte sehen. Doch aktuellen Studien[137] zufolge hat fast die Hälfte der 14- bis 20-Jährigen bereits Pornografie gesehen; bei den 14- und 15-Jährigen ist es immerhin ein Drittel. Dabei kommt rund die Hälfte dieser Kontakte mit Pornografie ungewollt bzw. versehentlich zustande.

Interessant ist auch, dass Jugendliche in der Regel nicht allein Pornografie konsumieren. Jungs schauen sich Pornos meist zusammen mit Freunden an, Mädchen in der Partnerschaft.[138] Hat mich bei der Recherche zu diesem Buch erst überrascht, aber dann ist mir eingefallen, dass es bei mir im Grunde ähnlich war. Die ersten Pornos auf VHS (!) habe ich gemeinsam mit meiner besten Freundin angeschaut und mich dabei sehr gelangweilt; sie wollte den äußerst handlungsarmen Film aber tatsächlich bis zum Ende schauen (ja, es war dieselbe Freundin, die unter FOMO leidet). Wir waren ungefähr 14 Jahre alt. Später als Studentin habe ich zusammen mit ein paar interessierten Kommilitonen einer WG Pornos angeschaut – natürlich aus rein intellektuellen Beweggründen: Wir haben west- und ostdeutsche Pornos miteinander verglichen. Es ist schon erstaunlich, was man so alles vergisst, wenn man mal kurz 20 Jahre lang nicht daran denkt. Deshalb kann ich in Bezug auf Kinder und Jugendliche und deren Verhaltensweisen nur empfehlen, sich vor jedem Meckern und/oder Verbieten daran zu erinnern, was man selbst als Kind oder

Jugendliche/r gemacht hat. Das muss die Sache als solche nicht besser machen – allerdings bekommt man so vielleicht einen Zugang zu der Gedankenlosigkeit, die bisweilen zu schlechten Handlungsergebnissen führt. Es hilft, dem Kind oder Jugendlichen nicht sofort böse Motive zu unterstellen.

Zum Stichwort Gedankenlosigkeit: »Die Zahl von Ermittlungsverfahren gegen Minderjährige wegen Kinderpornografie* ist stark gestiegen«, meldete der MDR am 18. August 2019. »Laut polizeilicher Kriminalstatistik gerieten 2018 etwa 2.100 Kinder und Jugendliche ins Visier der Ermittler wegen Herstellung, Verbreitung und Besitz kinder- oder jugendpornografischer Inhalte. Das sind mehr als ein Viertel der insgesamt 8.022 Tatverdächtigen.« [139] Das liege vor allem daran, so der Kriminologe Thomas Gabriel-Rüdiger, »dass Minderjährige immer früher ein Smartphone besitzen, ohne die entsprechende Medienbildung zu erhalten«. Schon Grundschüler, sagt er, fertigten Nacktbilder von sich an. [140]

Den meisten ist eben überhaupt nicht klar, dass sich unter 16-Jährige der Herstellung von Kinderpornografie strafbar machen, wenn sie sich nackt fotografieren oder sich bei sexuellen Handlungen filmen.

Auch wenn es euren Kindern sicherlich peinlich ist: Das solltet ihr ruhig mal beim nächsten Abendbrot ins Gespräch einfließen lassen.

Pornokonsum schadet – oder etwa nicht?

Ich will es gar nicht so spannend machen, darum hier ein Auszug aus der Klicksafe-Broschüre »Let's talk about Porno«: »Annahmen,

---

* Der unabhängige Beauftragte für Fragen des sexuellen Missbrauchs empfiehlt, diesen Begriff nicht zu verwenden, sondern stattdessen von »Missbrauchsdarstellungen« zu sprechen. »Der Begriff ›Kinderpornografie‹ ist ungenau und verharmlosend. [...] Es gibt keine Sexualität mit Kindern, denn sexuelle Handlungen an oder mit Kindern sind immer sexuelle Gewalt.«

Pornografiekonsum führe zu verfrühtem Geschlechtsverkehr oder zur Entstehung bzw. Festigung von geschlechtsbezogenen Klischees, trage zur Entstehung sexistischer und frauenverachtender Einstellungen bei, relativiere sexuelle Gewaltanwendungen gegen Frauen, beeinträchtige das Sexual- und Sozialverhalten von Jugendlichen, führe zur Vereinzelung, befördere die Masturbation, setze unrealistische Schönheitsmaßstäbe, mache süchtig, verfälsche das Bild der Beziehung zwischen den Geschlechtern und begünstige den sexuellen Leistungsdruck, lassen sich wissenschaftlich nicht belegen.«[141]

Na, dann kann man das Thema ja eigentlich ad acta legen, oder? Jein. Man darf aber aufhören, panisch zu hyperventilieren, dass das Abendland untergeht und die Sitten verfallen, wenn sich Jugendliche Pornos anschauen. Wichtig ist es, im Hinterkopf zu behalten, dass Jugendliche ab der Pubertät ein hohes Informationsbedürfnis in Sachen Sexualität haben. Jugendliche versuchen, diese Informationslücke unter anderem mit Pornos zu stillen.* Dabei kann es passieren, dass Pornografie mit Sexualität verwechselt wird. Darum sprecht mit Jugendlichen über Sexualität. Die grundlegende Aufklärung (Wo kommen eigentlich die Babys her?) sollte schon im Grundschulalter erfolgt sein.

Ehrlich gesagt habe ich mir gar keine Gedanken gemacht, wie das jetzt mit Pornografie, Internet und (meinen) Kindern ist, bevor ich anfing, dieses Buch zu schreiben. Bei uns in der Familie verwenden wir weder Filter, noch sperren wir Seiten im Router. Für jüngere Kinder könnte man das aber machen. Bei vielen Routern geht das sogar recht einfach, indem für die Endgeräte, die die Kinder nutzen, ein Nutzerprofil erstellt und das BPjM-Modul aktiviert wird. Das ist eine Liste jugendgefährdender Domains der ***B**undes**p**rüfstelle für **j**ugendgefährdende **M**edien*, die ständig ak-

* Was natürlich nicht ausschließt, dass Pornos auch konsumiert werden, weil sie sexuell erregen.

tualisiert wird. Natürlich kann man beliebige Domains auch per Hand auf eine Blacklist setzen. Konsequenterweise muss dann aber auch das Smartphone entsprechend konfiguriert werden, denn das kann ja unabhängig vom WLAN aufs Internet zugreifen. Ob man dann wirklich alle Seiten erwischt hat, die für Kinder ungeeignete Inhalte zeigen, sei mal dahingestellt. Die Liste des BPjM-Moduls ist zwar nicht einsehbar, soll aber rund 3.000 Domains enthalten, so dass man zumindest für jüngere Kinder eine ganz passable Lösung haben dürfte. Als Nächstes müsste man Gastzugänge für fremde Geräte im Router einrichten und diese entsprechend filtern. Sonst können Kinder mithilfe der Endgeräte von Freund*innen auf die Seiten kommen, die sie nicht sehen sollen. Konsequenterweise müsstet ihr dann alle Eltern im Freundeskreis der Kinder überreden, das Gleiche zu tun ...

Ich setze lieber auf Aufklärung und Vertrauen, als mir die Mühe zu machen, technische Filter, die man doch sehr leicht umgehen kann, zu installieren. Zumal ich der festen Überzeugung bin, dass Kinder in künstlich gefilterten Welten nicht medienkompetent werden können.

Wer überspitzt sehen will, was passiert, wenn man die Filteridee bis zum Äußersten treibt, der sollte sich die Folge »Arkangel« der Netflix-Serie *Black Mirror* ansehen. Hier erhält ein Mädchen ein Hirnimplantat, das nicht nur per GPS den Standort des Kindes trackt, sondern auch auf dessen Wahrnehmung zugreifen kann. Die Mutter kann per App sehen und hören, was ihre Tochter sieht und hört. Lässt etwas den Cortisolspiegel im Blut des Kindes ansteigen – das Kind empfindet Stress –, wird der betreffende Inhalt verpixelt. Das Resultat ist für Zuschauer*innen und die Protagonistin gleichermaßen verstörend.

Wie man auch filtert und sichert:
Voreinstellungen sind umgehbar!

Bin ich naiv-sorglos, weil ich nichts dergleichen je gemacht habe? Ich gehe tatsächlich davon aus, dass sich meine Kinder (initiiert durch zahlreiche Diskussionen und Aufklärung) selbst vor verstörenden Inhalten schützen. Sie stellen Film, YouTube-Clip und Hörspiel aus, wenn sie sich gruseln oder Dinge komisch finden. Und ich hoffe auch, dass sie Nein sagen können, sollten sie Mutproben gestellt bekommen. So ist es beispielsweise durchaus üblich, dass sich (insbesondere Jungs) Ausschnitte von Gewaltpornografie gegenseitig auf dem Handy zeigen. Kinder, die noch nicht in der Pubertät sind, verstört so etwas zweifach. Zum einen weil sie an Sexualität noch gar nicht interessiert sind und zum anderen natürlich aufgrund der Gewaltdarstellungen. Es fällt Kindern und Jugendlichen aber schwer, einem entsprechenden Gruppendruck standzuhalten und zu sagen: »Das möchte ich nicht sehen«, und wegzugehen.

Im folgenden Video schildert ein Jugendlicher, wie ihm als Siebtklässler von älteren Schülern ein Hardcore-Porno gezeigt wurde. Er beschreibt seine Gefühle und hält fest, dass er eigentlich lieber Nein gesagt hätte. Schaut euch das Video zusammen mit eurem Kind an, macht ihm klar, dass die beschriebene Situation auftreten kann, und besprecht, wie euer Kind darauf reagieren könnte.

Truth to be told: Ilja berichtet über seine ersten Erfahrungen mit Pornografie

Ihr macht euer Kind für solche Situationen stark, wenn ihr sein Nein im Alltag akzeptiert. Auf den Seiten des unabhängigen Beauftragten für Fragen des sexuellen Kindesmissbrauchs sind wichtige Faktoren genannt, die Kinder vor sexuellem Missbrauch schützen, unter anderem: »Damit Kinder und Jugendliche ihr Unbehagen und ihre Abwehr bei sexuellem Missbrauch oder sexuellen Übergriffen ausdrücken können, sollten sie in ihrer Familie wie von betreuenden Fachkräften gelernt haben, dass Erwachsene nicht immer im Recht sind. Die Erfahrung, dass ihr Widerspruch, ihr Nein, nicht einfach übergangen wird und ihre Mitsprache Bedeutung hat, ist sehr wichtig.«[142] Auch die Frage, wie mit Geheimnissen umgegangen werden sollte, wird hier aufgegriffen: »Eltern sollten möglichst wenige Geheimnisse im Familienleben zulassen, damit sich keine ›Geheimniskultur‹ entwickelt. Wer daran gewöhnt ist, dass alles Unangenehme durch Stillschweigen aus der Welt geschafft wird, ist nicht ausreichend vorbereitet, wenn ein Täter oder eine Täterin Geheimhaltung erzwingen will. Eltern und Fachkräfte sollten Kindern schon früh vermitteln, dass man über ›schlechte‹ Geheimnisse [...] reden darf! Das ist kein Petzen und kein Verrat!«

Entscheidend ist, dass sich Kinder und Jugendliche an euch wenden, wenn sie verstörende Inhalte im Netz gesehen oder von anderen gezeigt bekommen haben. Diese beiden Aspekte spielen übrigens auch eine große Rolle bei der Prävention von Cybergrooming.

Kinder bis 14 Jahre

Suche ich im Netz nach Informationen zu »Pornografie und Jugendliche«, befassen sich interessanterweise 80 Prozent der Angebote mit sexueller Aufklärung im Sinne von Fortpflanzung und beschränken sich thematisch auf Penetrationssex. Das hinterlässt ein großes Fragezeichen in meinem Kopf: Warum ist das so? Ganz ähnlich verhält es sich ja auch mit dem Sexualkundeunterricht in der Schule. Wie Babys entstehen, ist schnell erklärt. Ich behaupte aber mal, dass Teenager sich nicht zeitnah fortpflanzen wollen. Daraus leite ich ab: Sie wollen zwar wissen, wie man verhütet, sind aber gleichzeitig an einem viel größeren Spektrum von Sexualität interessiert als nur an den Spielarten, die das Ergebnis »Baby« hervorbringen. Deswegen ist es nicht sonderlich klug, Aufklärung auf das Thema Fortpflanzung zu begrenzen. Heranwachsende haben ganz andere Fragestellungen und suchen ab dem Teenageralter Orientierung.

Diese Aufklärungsarbeit sollte auch von Eltern geleistet werden. Einen sehr gelungenen Einstieg bietet das Buch »Wie sag ich's meinem Kind?« von Katja Grach, das es als kostenlosen Download auf ihrer Website *tiefdurchatmen.com* gibt.[143] »Erwachsene vergessen auch leicht und gerne bei ihrer Erklärungsnot, dass Sex generell viel mehr als ein Penis in einer Vagina ist«, so die Sexualpädagogin. »Wenn es um die Zeugung von Babys geht, erweist sich das zwar als recht praktisch, muss aber erstens nicht Teil von vorpubertären Aufklärungsgesprächen sein, und zweitens ist es nicht besonders hilfreich, wenn es das einzige Bild ist, das über Sexualität vermittelt wird. Googeln unsere Kiddies Sex, werden sie aber genau das finden: Genitalien, die aufeinanderklatschen. Küssen ist nicht. Kuscheln ist nicht. Das kommt maximal in Hollywood-Liebesschnulzen vor, die ebenfalls fern von jeglicher Realität existieren. Aber genau DAS, was hier fehlt, wäre eigentlich auch mal ganz wichtiger Gesprächsstoff.«

Warum es sinnvoll ist, Kinder schon früh und möglichst gut aufzuklären, beantwortet die Autorin ebenfalls. Entgegen der Befürchtung, dass Jugendliche, die besonders viel über Sex und sexuelle Handlungen wissen, das auch alles zeitnah ausprobieren wollen, ist durch zahlreiche Studien belegt, dass das genaue Gegenteil der Fall ist: »Je früher aufgeklärt wird, desto später das erste Mal. Der Sexualtrieb entwickelt sich ohnehin ganz unabhängig von der Information über Sexualität erst mit der Pubertät. Das Unbekannte verliert vermutlich auch ein bisschen an Reiz, wenn es gar nicht so unbekannt ist.«

Auch andere Studien zeigen: Das Interesse an Pornografie als Informationsquelle ist an das Alter gekoppelt. Es erlischt mit zunehmendem Alter und zunehmender sexueller Erfahrung.[144] Das heißt, je aufgeklärter Jugendliche sind, desto weniger dringend werden sie (unbegleitet) Informationen im Internet suchen und/ oder eilig eigene Erfahrungen sammeln wollen.

Mein Eltern-Hack zur Frage der Aufklärung: Legt euch Massen an guten Aufklärungsbüchern zu, und steckt sie zwischen die anderen Kinderbücher ins Regal, so dass eure Kinder sie zufällig entdecken, anschauen und lesen können. Hier ein paar Lektüretipps:

- »Klär mich auf« und »Klär mich weiter auf« von Katharina von der Gathen (5 bis 12 Jahre, auf dem Buch steht »ab 8 Jahre«)
- »Mein erstes Aufklärungsbuch: Aufklärung für Kinder« von Dagmar Geisler et al. (ab 5 Jahre)
- »Das Liebesleben der Tiere« von Katharina von der Gathen (ab ca. 6 bis ca. 12 Jahre)
- »Wie ist das mit der Liebe? Fragen und Antworten zur Aufklärung« von Sanderijn Van der Doef (ab 9 Jahre)
- »Girlsplaining« von Katja Klengel (ca. 10 bis 16 Jahre)

Um jüngere Kinder zu schützen, könnt ihr folgende Maßnahmen ergreifen:

1. Den Zugang erschweren. Das heißt jüngeren Kindern Geräte ohne Internetanschluss zur Verfügung stellen oder vorher Inhalte auswählen, die geschaut werden dürfen. Solltet ihr jüngere Kinder längere Zeit mit einem Endgerät samt Internetanschluss allein lassen wollen, bieten Filter eine vorübergehende Behelfslösung.
2. Die Selbstregulation von Kindern fördern und darauf vertrauen, dass Kinder nicht alles anklicken und ausprobieren, was sie sehen.
3. Als entspannte/r Gesprächspartner*in in Sachen Aufklärung bereitstehen. Übt schon mal, indem ihr einfach mal laut sagt:

»Ja, an der Vulva kann man spielen, einfach weil es Spaß macht. Man macht das aber im Privaten.«

4. Spätestens ab Grundschulalter aufklären.
5. Kinder darauf vorbereiten, dass es Inhalte im Internet gibt, die verstörend wirken können. Ob nun in Form von Gewaltdarstellungen oder Pornografie. Es ist ein großer Unterschied, ob Kinder sich gezeichnete Aufklärungsbücher anschauen und eine bestimmte Fantasie zum Wort »Penis« haben oder ob sie explizite Darstellungen im Netz sehen. Macht den Kindern keine Panik, aber bereitet sie darauf vor, dass es das gibt, und macht ihnen klar, dass sie sich immer an euch wenden können. Es ist übrigens unnötig, genau zu schildern, was ein Kind zu sehen bekommen könnte. Es genügt, darauf hinzuweisen, dass es etwas Verstörendes sehen könnte.

Aber was, wenn ein Kind (deutlich unter 16 Jahren) doch auf pornografische Inhalte gestoßen ist (und ihr es mitbekommt)?

- Macht dem Kind keine Vorwürfe, sondern findet erst mal heraus, wie das Kind auf die besagten Inhalte gestoßen ist (um daraus für die Zukunft zu lernen).
- Erkundigt euch, welche Gefühle das Kind hatte, als es auf den Porno gestoßen ist, und geht empathisch darauf ein.
- Erläutert dem Kind sachlich, was ein Porno ist. Weist darauf hin, dass es sich um Inhalte handelt, die nicht für Menschen unter 18 Jahren geeignet sind.

Jugendliche ab 14 Jahre

Im Hinblick auf Teenagerkinder ist das Vorgehen etwas schwieriger. Aber fangen wir doch einen Schritt vorher an: Schaut euch mal, sofern ihr das noch nicht gemacht habt, die gängigen Pornoseiten im Netz *(pornhub.com, youporn.com)* an, um euch einen Eindruck zu verschaffen, was die Jugendlichen erwartet, wenn sie nach Pornografie im Netz suchen.

...

Na, wieder da?

Die Sache mit Pornografie und Internet lässt sich am besten mit der »Rule 34« (Regel 34) zusammenfassen. Sie lautet: »If it exists, there is porn of it. No exceptions.«*

Angeblich gibt es auch eine »Rule 35«: »If no porn is found at the moment, it will be made.«**

Das heißt, wenn Jugendliche nach irgendwas Bestimmtem suchen und den Suchbegriff mit »porn« verbinden, wird es sehr wahrscheinlich ein Suchergebnis dazu geben.

Ich hab's ausprobiert (natürlich im privaten Browsertab, damit meine Autovervollständigungen von URLs und mein Browserverlauf mir während eines Vortrags nicht zum Verhängnis werden) und kann Rule 34 eindeutig verifizieren und dabei gleichzeitig bestätigen, dass sich ohne weiteres ausreichend verstörende Inhalte finden lassen.

Insofern lautet die Antwort auf die Frage »Wie bewahrt man seine Teenagerkinder vor Pornografie im Internet?«: »Wahrscheinlich gar nicht.«

Auch Katja Grach hat festgestellt, dass es genügt, bestimmte Begriffe in ein Suchfenster einzugeben: »Werden unsere Kinder mit uns darüber reden? Vermutlich nicht. Die wissen ganz genau, dass sie das eigentlich nicht gesehen haben sollten. Aber es gibt ihnen doch einen Einblick in die Welt von Erwachsenen, bei dem sie nicht wissen können, dass das nicht der Realität [...] entspricht. Von unrealistischen Körperbildern wie aufgeplusterten Barbies und Riesenpimmeln, die stundenlang dahinrammeln können, ganz zu schweigen.

Anfangs werden sie es vermutlich eklig finden, aber irgendwie vielleicht auch faszinierend. Und wenn sie körperlich schon in der Lage dazu sind, kann es durchaus sein, dass sie trotz Ekelgefühls davon erregt werden, ganz egal ob sie das wollen oder nicht.

---

* Übersetzung: Wenn es existiert, gibt es davon Pornografie. Und zwar ohne Ausnahmen.

** Übersetzung: Falls im Moment kein pornografisches Material zu finden ist, wird es noch gemacht werden.

Wenn dann Pubertierende erst mal entdeckt haben, dass es ihnen ein gutes Gefühl geben kann, sich solche Sachen anzusehen und sich dabei zu berühren, dann werden sie es auch tun. Daran ist ja prinzipiell nichts Schlechtes. Die Frage ist nur, was sie sich da anschauen.«[145]

Und das kann ein Problem sein.* Das leuchtete mir schon 2012 ein, als ich einen Vortrag von Cindy Gallop zu ihrem Projekt *Make Love not Porn*[146] hörte.[147] Sie berichtete sehr unterhaltsam, dass Internetpornos aufgrund ihrer leichten Verfügbarkeit inzwischen die Standardquelle seien, wenn Jugendliche und junge Menschen sich fragen, wie das mit dem Sex eigentlich funktioniert. Allerdings lerne man bedauerlicherweise nicht unbedingt etwas über befriedigende Sexualität, sondern eigne sich seltsame Standards an.

Aufgrund dieser These hat Cindy Gallop mit *Make Love not Porn* eine Plattform geschaffen, auf der gewöhnliche Menschen (also keine professionellen Pornodarsteller*innen) Videos zur Verfügung stellen, die zeigen, wie sie miteinander oder allein Sex haben. Die Videos sind nach Themen sortiert, und es wird auch darüber geredet, wie wer es mit wem gerne auf welche Art macht. Auf der Seite selbst steht: «Porn is performative, manufactured entertainment. If porn is the Hollywood blockbuster movie, [Make Love not Porn] is the documentary.«**

Cindy Gallop sagt außerdem, dass der Konsum von herkömmlichen Pornos zweifelhafte Erwartungen aufbauen kann, insbesondere wenn 0815-Pornos als Aufklärung in einer Phase der Orientierung und nicht ausschließlich als sexuelle Erregungsgrundlage konsumiert werden.

---

* Wie eingangs geschildert, gibt es aber keine wissenschaftlichen Belege für diese Befürchtung, zumindest nicht, was die langfristige Perspektive angeht. Doch ebenso wie Cindy Gallop (→ im Folgenden) und vielen anderen gelingt es mir nicht, sie komplett abzuschütteln. Deswegen befasst sich das Kapitel mit der Abfederung möglicher negativer Effekte.

** Übersetzung: Pornos sind performative, hergestellte Unterhaltung. Wenn Pornos die Blockbuster aus Hollywood sind, dann ist [Make Love not Porn] die Dokumentation.

Mit Jugendlichen solltet ihr über folgende Themen sprechen:

1. Stellt der Form halber klar, dass pornografische Inhalte rechtlich erst ab 18 freigegeben sind.
2. Erläutert, dass ihr Bedenken habt, weil ihr befürchtet, dass Standardpornografie ein verzerrtes Bild von Sexualität vermitteln kann – auch die, die vorgibt, von Amateuren gedreht worden zu sein. Denn Pornofilme sind inszenierte Produkte.
3. Sprecht über die gängige Darstellung von Mann und Frau in Pornos: Frauen als reine Sexualobjekte, die entweder unterwürfig oder verdorben sind. Männer als dominante Leistungsbringer, die lediglich an Penetrationssex interessiert sind, die immer kommen können, und das am liebsten ins Gesicht einer Frau.
4. Thematisiert, dass Sexualität zwar nicht mit Liebe verbunden sein muss, dass umgekehrt Sexualität aber was mit Sympathie und/oder Liebe zu tun haben kann.
5. Redet darüber, dass Pornos oft unter sehr schlechten Bedingungen produziert werden. Die Darsteller*innen bekommen in der Regel wenig Geld, es gibt einen hohen Zeitdruck bei der Produktion, und oft wird der Verzicht auf Kondome (zum Schutz vor HIV und Geschlechtskrankheiten) erzwungen.
6. Geht auch darauf ein, dass Sex immer nur im gegenseitigen Einvernehmen stattfinden sollte – was Pornos so nicht immer wiedergeben.
7. Lasst vielleicht auch durchscheinen, dass Sex mehr als heteronormativer Penetrationssex ist.

Letztlich solltet ihr akzeptieren, dass es ganz normal ist, sich für Pornografie zu interessieren, und den Jugendlichen sinnvollerweise Privatsphäre und Freiraum lassen.

Übrigens gibt es auch für Teenager spannende Aufklärungsbücher wie »Make Love« von Ann-Marlene Henning und Tina Bremer-Olszewski, das sehr explizite Abbildungen enthält, qualitativ hochwertig erläutert und dabei ein sehr großes Spektrum von Sexualität aufzeigt. Über 250 Seiten »Dr. Sommer« ohne den Rahmen des inhaltlich fragwürdigen BRAVO-Magazins.

Es schadet sicherlich auch nicht, mit den älteren Teenagerkindern (frühestens ab 16 Jahren) zumindest darüber zu reden, dass es Pornografieseiten im Internet gibt, die sich anders mit dem Thema beschäftigen. Neben *makelovenotporn.com* gehört auch *XConfessions* von Erika Lust dazu. Spannend sind zudem Projekte wie *OMGyes.com*, mit denen Frauen lernen können, wie Selbstbefriedigung funktioniert. All diese Angebote sind jedoch kostenpflichtig.

Natürlich kann es auch sein, dass Jugendliche in diesem Alter nicht mit euch Eltern über dieses Thema sprechen wollen. Insofern war das wohl eher ein Tipp für Erwachsene, der nochmals verdeutlicht: Das ausschließlich böse Internet gibt es nicht.

Kulturoptimist*innen schauen auf Internet-Pornografie und sehen ...

- dass sie für Kinder, deren Fragen zu Sexualität prinzipiell gut beantwortet werden, erst mal keine Gefahr darstellt.
- kein Problem, wenn Kinder bereits gelernt haben, dass ihr Nein ernst genommen wird und Wirkung zeigt. Denn dann können sie auch zu Pornofilmen, die ihnen als Mutprobe präsentiert werden, leichter Nein sagen.

10 HÖRSPIELE, HÖRBÜCHER UND PODCASTS? NA KLAR!?

tl;dr

- Auch bei Hörspielen, Hörbüchern und Podcasts brauchen Kinder Begleitung.

»Hä? Gehört das wirklich in ein Buch über Kinder und digitale Medien?« Ich finde ja, denn im Hinblick auf Hörangebote gibt es eine Schieflage: Tatsächlich habe ich noch nie Eltern getroffen, die sich diesbezüglich um irgendwas Sorgen machten.

Funfact: obwohl alle Internetsucht-Studien den Konsum von Hörmedien in die Screentime einberechnen. Da hat man schnell ein paar Stunden Internet zusammen: morgens die Nachrichten des Tages als Podcast, danach die Presseschau, auf dem Weg zur Arbeit einen Podcast über die politische Lage in Deutschland und abends ein Radiofeature über Gleichberechtigung ... Zack sind vier Stunden auf dem Screentime-Konto verbucht.

Es ist schon erstaunlich, dass sich Eltern über kindlichen Hörkonsum kaum Gedanken machen. Während Kinder, die mehr als 30 Minuten pro Tag Computer spielen, schon in die Suchtecke gedrängt werden, ist ein Vielfaches der Zeit im Zusammenhang mit Hörspiel & Co. nicht der Rede wert (dabei ist Hören auch noch total passiv oder – noch schlimmer – reine Hintergrundbeschallung, und das Kind konzentriert sich gar nicht auf das Gehörte!eins11!)

Meine Hypothese lautet, dass die Elterngeneration mit Hörspielen aufgewachsen ist. Kassetten und Schallplatten hatten vermutlich fast alle – und das, was man kennt, kann man beurteilen. Dann bleiben auch die Ängste und der Zeigefinger weg. Genau deshalb ist das Zitat von Douglas Adams so passend:

> »Anything that is in the world when you're born is normal and ordinary and is just a natural part of the way the world works. Anything that's invented between when you're fifteen and thirty-five is new and exciting and revolutionary and you can probably get a career in it.
> Anything invented after you're thirty-five is against the natural order of things.«*

Ich habe noch lebhafte Erinnerungen an all die spannenden *Jan-Tenner*-Folgen, die ich rauf und runter gehört habe. Damals schon hochmodern auf Kassette. Ebenso nostalgisch erinnere ich mich an meine Schallplatten, wie ich sie vorsichtig aus der Papierhülle nehme, auf den Schallplattenspieler lege und langsam die Nadel sinken lasse. Wie sich manche Platten auf und ab bewegen, wie manche hängen bleiben und irgendwann anfangen zu leiern. Am liebsten hörte ich meine Märchensammlung, auf der auch das Lied »Der König in Thule« war, das ich immer und immer und immer wieder hören konnte, weil es so wunderbar traurig war.

Früher war es schon viel, wenn man zehn Kassetten und Schallplatten hatte. Über so eine eingeschränkte Auswahl kann man heute nur lachen. Es gibt zahlreiche Plattformen wie Spotify, Audible, Deezer und Amazon Prime Music, deren Angebot so groß ist, dass man niemals alles hören kann. Wir sind auch dank-

---

* Übersetzung: Alles, was es schon gibt, wenn du auf die Welt kommst, ist normal und üblich und gehört zum selbstverständlichen Funktionieren der Welt dazu. Alles, was zwischen deinem 15. und 35. Lebensjahr erfunden wird, ist neu, aufregend und revolutionär und kann dir vielleicht bei deiner beruflichen Karriere helfen. Alles, was erfunden wird, nachdem du 35 bist, richtet sich gegen die natürliche Ordnung der Dinge.

bare Konsumenten von *ohrka.de* und *vorleser.net* und besuchen regelmäßig die Bibliothek, um uns dort Hörspiele auszuleihen. Inzwischen gibt es auch die *onleihe.net*, wo man sich mit seinem Bibliotheksausweis anmelden kann und für eine begrenzte Zeit Hörspiele herunterladen kann.

Dass die Vielfalt so groß geworden und es nicht mehr nötig ist, Kassetten, CDs und Platten zu besitzen, ist für Eltern eine echte Erleichterung. Ende der 1980er konnte meine jüngere Schwester mich noch foltern, indem sie permanent ihre Bibi-Blocksberg-Sammlung laufen ließ. Selbst das erste Kind unserer Familie hörte noch tagein, tagaus dieselben Hörspiele, bis wir Eltern wimmernd um Gnade betteln mussten. Das hat, zum Glück, ein Ende. Natürlich lieben Kinder nach wie vor Wiederholungen, doch Eltern können heute viel einfacher die eine oder andere Alternative anbieten.

Apropos Alternativen: Manchmal ist es schon lustig, für was sich Kinder interessieren. Eines unserer Kinder entwickelte in der Kindergartenzeit ein großes Interesse an Politik und hörte sich durch unterschiedliche Radioformate (das ist übrigens das Kind, das mal Bundeskanzlerin wird. Ihr werdet schon sehen!). Mittlerweile lesen Systeme wie Alexa auch kindgerechte Nachrichten vor, wenn man zum Beispiel »Alexa, starte die Kindernachrichten« sagt. So kann man wenigstens sicher sein, dass die Nachrichten kindgerecht aufbereitet sind.

Das andere Kind ist naturwissenschaftlich interessiert, was sich mit Podcasts aller Art befriedigen lässt, denn es möchte sich lieber über bestimmte Themen informieren, als komplette Hörspiele oder Hörspielserien zu verfolgen. Wenn es etwas über Raubkatzen oder Orkane erfahren will, werden wir bei den Podcasts viel schneller fündig. Dafür gibt es Suchmaschinen wie *fyyd.de* und *podfilter.de*, oder ihr steuert Seiten wie *Kidspods* an, die extra für und von Kindern gemacht sind.

Im Vergleich zu den USA ist es derzeit noch (!) nicht so weit verbreitet, Werbung in Podcasts einzubauen. Das schätze ich sehr. Insbesondere das Privatradio macht mich in dieser Hinsicht irre. Was die Kinder dort für einen Quatsch hören müssen, ist wirklich zum Kopf-auf–den-Tisch-Hauen. Leider trifft das oft nicht nur auf die Werbung, sondern auch auf die Sequenzen dazwischen zu (die ich kaum »Programm« nennen möchte). Bei uns zu Hause läuft in der Regel *Deutschlandradio*, doch als ich eines Nachmittags ins Kinderzimmer kam und die Radiomoderatoren hörte, war ich total verwirrt. Waren die betrunken? Unter Drogen? Ein Aprilscherz? Karnevalsondersendung? Es stellte sich heraus, dass eines der Kinder auf einen Privatsender umgestellt hatte. Meine Güte!

Wenn Radio für Kinder (5 bis ca. 12 Jahre), dann bitte so etwas wie *Kakadu*[148]. *Kakadu* kann man sonntags auf *Deutschlandfunk Kultur* hören, und derzeit (Stand: August 2019) gibt es zusätzlich jede Woche zwei Folgen als Podcast. Der NDR hat ebenfalls empfehlenswerte Formate im Programm (u. a. *Mikado*[149]). Und das Podcast-Label *Viertausendhertz* produziert »Weißt du's schon? Das Hörrätsel für Kleine und Große«.[150]

Sollen Kinder ihr Hörprogramm eigenständig auswählen?

Da ich selbständige Kinder mag, finde ich das Thema Audio-Plattformen gar nicht so trivial. Zumal die meisten Anbieter sich einen Dreck darum scheren, ob und wie man Kindern Inhalte altersgemäß zur Verfügung stellt. Vielleicht weil so wenige Eltern Bedenken haben, wenn es um Hörspiele & Co. geht?

Für Kinder, die noch nicht sicher lesen können, ist es ohnehin ziemlich schwierig, sich selbst etwas auszusuchen. Sie müssen gegebenenfalls die Browseradresse kennen und eingeben können, um dann anhand von Bildern aus dem Angebot auszuwählen, oder sich in einer App zurechtfinden.

Deezer – eine löbliche Ausnahme – hat das schön gelöst: Dort wird das Alter der Kinder hinterlegt, und dann werden in ihrem Account nur altersgerechte Inhalte angezeigt.

Bei allen anderen Anbietern empfehle ich, sofern möglich, gemeinsam mit den Kindern auszuwählen und die entsprechenden Hörspiele herunterzuladen.

Alternativ könnt ihr auch die Endgeräte mit einem Filter versehen oder entsprechende Apps verwenden. Wer ein Premium-Abo bei Spotify oder ein Apple-Music-Abo hat, der kann beispielsweise *Ooigo* nutzen. Diese App ist auch für Kinder gut bedienbar und stellt die Inhalte altersgemäß zur Verfügung.

Obwohl ich vom Filtern nicht so viel halte, sehe ich im Zusammenhang mit Hörmedien durchaus Vorteile. Während es bei allen anderen Medien im Grunde dazugehört, dass die Kinder entweder von Erwachsenen begleitet werden oder aber alt genug sind, selbst zu reagieren, wenn sie auf ungeeignete Inhalte stoßen, lassen Eltern oft schon ihre Kindergartenkinder mit Hörspielen allein.

Insofern solltet ihr euch durchaus Gedanken darüber machen, wie ihr vermeiden könnt, dass die Kinder an Formate geraten, die ihnen unter Umständen Angst machen oder sie beunruhigen.

Ist es nicht möglich, Hörspiele herunterzuladen und offline verfügbar zu machen, ist es gut, wieder auf CDs zurückzugreifen, die man sich entweder in der Bibliothek ausleiht oder gebraucht und somit günstig kauft.

CDs können die Kleinen anhand des Covers auswählen und dann selbst in den CD-Player legen und anhören. Ähnlich einfach zu bedienen sind *Tonies*, die ich persönlich aber für überteuert halte.

Da kleine Kinder Wiederholungen lieben, genügt zu Anfang ein überschaubares Kontingent mit Olchis, Conni, Bobo Siebenschläfer und Co. Erst wenn die Kinder älter sind und gut lesen können, kann man sie getrost auf das größere Angebot loslassen und – nach erfolgter Aufklärung – darauf zählen, dass sie sich nicht »Jo Nesbø«-Hörbücher anhören. Und bei Kindern ab elf Jahre würde ich mir wirklich keine Sorgen mehr machen, dass ein Kind nicht für sich selbst beurteilen kann, was ihm guttut und was nicht.

Kulturoptimist*innen schauen auf Hörspiele & Co. und sehen …

- ein großes und vielfältiges Angebot für die Ohren, in dem sich für jedes Alter und jedes Interesse etwas Passendes finden lässt.

11 AUGMENTED UND VIRTUAL REALITY – LEBEN WIR BALD ALLE IN DER MATRIX*?

tl;dr

- Während Augmented Reality langsam seinen Platz in unserem alltäglichen Leben findet, ist Virtual Reality mit erheblichen Extrakosten verbunden und deswegen eher eine Ausnahme.

Messenger-Dienste sind inzwischen so Mainstream, dass auch Großeltern sie auf ihren Smartphones benutzen. Dagegen fristen Augmented- und Virtual-Reality-Technologien derzeit ein Randdasein.

Augmented Reality (AR) lässt sich mit »erweiterte Realität« übersetzen, was bedeutet, dass die Realität durch virtuelle Elemente angereichert wird. Als Hardware benötigt man beispielsweise ein Smartphone mit Kamera und GPS, so dass Spielelemente direkt in die Umgebung projiziert werden können.

Bekannteste Software- bzw. App-Beispiele sind Spiele wie *Ingress*, *Pokémon GO* und *Harry Potter: Wizards Unite*. Auch die Filter bei Snapchat und auf Instagram gehören zu Augmented Reality. Außerdem gibt es so zauberhafte Instagram-Accounts wie den des Künstlers Marty Cooper[151], der Realität »augmented«, also durch kleine Wesen anreichert, die er auf Folien malt und vor einen Hintergrund hält. Bei Augmented Reality geht es demzufolge um unterschiedliche Arten von Realitätsveränderung.

* Team Blaue Pille!

Rattfratz bei Pokémon Go! (Screenshot)

Virtual Reality (VR) erschafft mithilfe einer sogenannten Datenbrille ein 360-Grad-3-D-Bild vor den Augen des Betrachters. Um mit dieser virtuell erschaffenen Realität interagieren zu können, sind zusätzlich Controller erforderlich.

Anders als bei Augmented Reality geht es bei Virtual Reality also nicht ohne spezifisches Equipment wie die *Oculus Rift*, *Sony PlayStation VR* oder die *HTC Vive*.

VR-Technologie gibt es schon einige Jahrzehnte, doch mit Blick auf die neue (für Privathaushalte theoretisch bezahlbare) Hardwaregeneration wird seit zwei Jahren prophezeit, dass nun endlich die große VR-Zeit über uns hereinbreche. Ich halte das allerdings für einen künstlichen Hype. Nach wie vor haben die allerwenigsten Menschen so etwas zu Hause herumstehen. Aufgrund der geringen Verfügbarkeit ist es für Eltern schwierig einzuschätzen, ob die jeweilige VR-Technologie bzw. das Spiel kindertauglich ist oder nicht. Grundsätzlich fällt es Kindern bei VR schwerer, Realität und Fiktion zu unterscheiden. Bei AR hingegen ist eigentlich immer klar, was virtuell und was echt ist.

Augmented Reality kenne ich persönlich vor allem von *Wikitude* und *Pokémon GO* (und meinen erfolglosen Versuchen, Sternenbilder am wolkenverhangenen Stadthimmel mit *Star Chart* zu sehen). AR übt auf mich eine kindliche Faszination aus. Dank AR kann ich in geheime Parallelwelten blicken, also Dinge sehen, die andere nicht sehen können. Dinge, die mich zum Teil eines Geheimbundes machen. AR versetzt mich in meine Kindheit zurück, als ich mir vorstellte, allwissende Detektivin und Vorsitzende eines Geheimclubs zu sein.

Wie lustig waren die Zeiten, als *Pokémon GO* noch ganz neu war und sich plötzlich zahlreiche Menschen an öffentlichen Plätzen einfanden, weil dort ein Lockmodul aktiv war. Und ich wusste, warum sich dort alle so seltsam verhielten.

Mir gefällt so etwas, und ich habe keinerlei Bedenken, Kinder damit spielen zu lassen.

Wie bei allen Ablenkungen, ob es sich dabei nun um Musik, Bücher, Träume oder winkende Freund*innen handelt, gilt allerdings die Regel: *Sicherheit vor Spiel!* Meine Kinder müssen zum Beispiel immer das Handy in die Tasche stecken, bevor sie eine Straße überqueren, und dürfen *Pokémon GO* nur an Orten spielen, an denen es ungefährlich ist, auf ein für andere Menschen unsichtbares Pokémon fokussiert zu sein, also auf großen Plätzen, im Park oder auf dem Spielplatz.

Installiert euch am besten selber mal eine AR-App. *Wikitude* ist gut, wenn man Städtereisen macht, und wer's geheimnisvoller mag, der probiert es mal mit *WallaMe*, mit der man an beliebigen Stellen (z. B. an Wänden und Spiegeln) Geheimbotschaften für andere *WallaMe*-Nutzer*innen hinterlassen kann. In Ballungsgebieten funktioniert die App natürlich deutlich besser als in menschenleeren Regionen.

Im Gegensatz zu AR hat mich VR bislang noch nicht überzeugt. Die mir bekannten VR-Spiele finde ich entweder zu gruselig (z. B. *Resident Evil* 7, freigegeben ab 18, obwohl ich zugegebenermaßen sehr schreckhaft bin und dem Horror- und Gruselgenre generell nichts abgewinnen kann) oder zu langweilig (z. B. *Job Simulator*). Erstaunlicherweise muss man bei sehr vielen VR-Spielen etwas machen, auf das man schon im täglichen Leben eigentlich keine Lust hat: Kochen zum Beispiel, und das auch noch schnell und viele Gerichte gleichzeitig. Oder Auto reparieren, und zwar total an der Realität vorbei, indem man einfach irgendwelche Flüssigkeiten direkt in den Motor schüttet bzw. Reifen wechselt, indem man sie auf die Felgen wirft. Meine Kinder teilen meine Meinung übrigens nicht. Sie fanden kochen und Auto reparieren toll.

Toll finde ich VR dann, wenn das eigene Körpergefühl miteinbezogen wird. VR-Achterbahn zu fahren finde ich sensationell, selbst wenn es sich um eine Kinderachterbahn handelt, bei der man von einem fliegenden Einhorn durch einen Zauberwald gezogen wird.

Ja, punktuell gibt es einige ganz schöne VR-Umsetzungen. Gerade neulich haben wir die VR-Variante des Spiels *Keep talking and nobody explodes* gespielt. Hier sitzt Person 1 mit einem ausgedruckten »Bombenhandbuch«, während Person 2 eine VR-Brille trägt und eine Bombe sieht, die innerhalb einer bestimmten Zeit entschärft werden muss. Dafür beschreibt sie, was sie sieht: »Einen roten Hebel rechts und dann drei Kabel. Zwei davon sind weiß, das unterste ist braun.« Die Person mit dem Handbuch sucht die richtige Stelle und gibt Anweisungen zur Entschärfung.

(Von dem Spiel gibt es auch eine Nicht-VR-Version. So oder so: Unbedingt mal mit dem/der Partner*in spielen! Wenn ihr fünf Runden übersteht, ist eure Beziehung stabil. Nichts wird euch jemals auseinanderbringen!)

Zudem sind VR-Spiele, die man im Sitzen spielen kann (Autorennen, Raumschiffe fliegen) tendenziell glaubhafter für das Körpergefühl als Spiele, bei denen man als Spielcharakter den ganzen Körper einsetzen muss, zum Beispiel, um durch lange Gänge zu laufen, denn in der stofflichen Welt sitzt oder steht man mehr oder weniger auf der Stelle.

Insgesamt sind die VR-Anwendungen in meinen Augen noch zu unausgereift, insbesondere wenn man bedenkt, was sie kosten: die Hardware mehrere hundert bis fast tausend Euro.

Da VR-Technologien bislang so wenig verbreitet sind, bietet sich hier eine hervorragende Chance, sie zusammen mit den Kindern von Anfang an zu erforschen. Es spricht also alles dafür, VR einfach mal gemeinsam auszuprobieren. In größeren Städten gibt es dafür zahlreiche Möglichkeiten. Berlin hat beispielsweise eine *VR-Lounge*, diverse *Exit-Game*-Anbieter, die auch VR im Programm haben, sowie *Lasertag*-Anbieter, die ebenfalls zum Teil mit VR-Erweiterungen arbeiten, im Angebot. Oder statt Kino mal in einem VR-Spielecenter eine Runde Erfahrungen sammeln?

Es ist auch möglich, sich monatsweise VR-Brillen zu mieten (zumindest in Berlin). Eine tolle Beschäftigung für die Ferien. Was die Alterstauglichkeit anbelangt, orientiere ich mich an dem, was die Kinder beim Fernsehen oder im Kino »verkraften«. Da meine Kinder sehr sensibel sind, richte ich mich generell nach der Altersempfehlung und packe dann gerne noch ein, zwei Jahre drauf bzw. verschaffe mir erst mal selbst einen Eindruck, bevor ich die Kinder spielen lasse.

VR ist für jüngere Kinder nicht unproblematisch. Schließlich bedeutet VR ja, dass ich als Person in einer anderen Realität aufgehe – was auch mal beängstigend sein kann. Mit AR hingegen bleibe ich immer fest in der eigenen Realität; diese wird nur mehr oder weniger stark verändert. Das finde ich immer spannend – aber nie angsteinflößend. (Jedenfalls solange die Technologie nicht so weit entwickelt ist wie in der *Black-Mirror*-Folge »Erlebnishunger«.)

Kulturoptimist*innen schauen auf Augmented und Virtual Reality und sehen …

- zwei vergleichsweise neue Technologien, die Eltern die Chance bieten, einen Bereich gemeinsam mit den Kindern zu erobern.
- dass AR-Spiele meist mit Bewegung im Freien verbunden sind und somit die elterliche Forderung »Geh doch mal an die frische Luft« erfüllen. Wenn ihr richtig nett seid, gebt ihr euren Kindern eine aufgeladene Powerbank mit auf den Weg.

12 DIE LANGERSEHNTEN ANTWORTEN IN SACHEN MEDIENERZIEHUNG

Wer in der 3. Klasse schon ein Smartphone hat

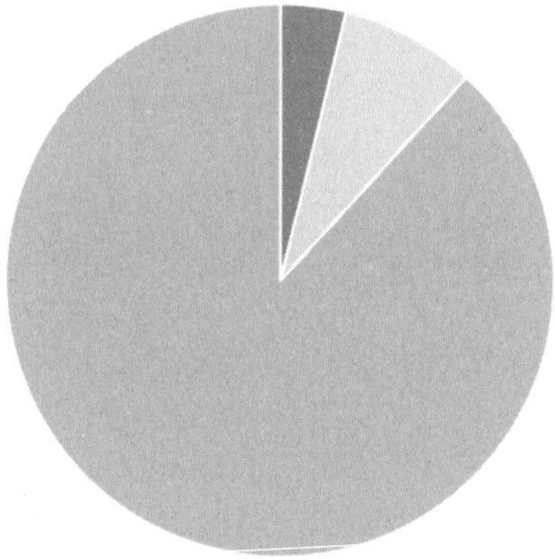

■ 5% der Schüler*innen ■ 10% der Schüler*innen ■ »Alle außer mir«

@katjaberlin für #nur30min

Ich habe euch versprochen, die drängendsten Fragen zu beantworten. Nachdem die erste Frage aus der Einleitung »Machen Computerspiele und soziale Medien süchtig?« bereits ausführlich behandelt wurde (→ Kapitel 7), machen wir gleich mit der nächsten weiter.

Wann soll oder darf mein Kind ein Smartphone haben?

Vielen Eltern ist diese Frage deshalb so wichtig, weil mit dem Smartphone in Kinderhand ein Großteil der Kontrolle über Inhalte und Mediennutzung verloren geht. Das Kind bekommt seinen eigenen Zugang in die Welt des Internets. Jedes unserer Kinder hat kurz nach der Einschulung angefangen, regelmäßig nach einem Smartphone zu fragen. Wenn wir nachgefragt haben, was es denn mit dem Smartphone machen wolle, bekamen wir allerdings keine konkreten Antworten. Es ging erst mal nur ums Haben, weil: »*Alle* Kinder haben schon ein Smartphone!« Ich empfehle deshalb, beim nächsten Elternabend in die Runde zu fragen, wie viele Kinder tatsächlich schon ein Smartphone haben. In den allermeisten Fällen wird sich herausstellen, dass eben nicht alle, sondern nur wenige Kinder eins haben.

Höre ich mich unter Berliner Eltern um, gewinne ich den Eindruck, dass die meisten Kinder erst zum Wechsel auf die weiterführende Schule (in Berlin regulär nach der 6. Klasse, also mit ca. 13 Jahren) ein Smartphone bekommen. Diese Entscheidung hat meist praktische Gründe, weil die Schulwege länger werden und die Kinder sich eigenständig durch die Stadt bewegen. Laut der Bitkom-Studie »Kinder und Jugendliche in der digitalen Welt« (2019) [152] sieht es deutschlandweit etwas anders aus: Demnach haben bereits 75 Prozent der Zehnjährigen ein Smartphone.*

Tatsächlich gibt es einen Punkt, an dem es ganz im Sinne des Kindes ist, ein Smartphone anzuschaffen, und zwar sobald etwa die Hälfte aller Freund*innen eins haben. Denn dann wandert die Kommunikation ins Digitale – und der soziale Druck steigt enorm. Wer weiterhin zur Peergroup gehören möchte, braucht wirklich ein Gerät, um den Anschluss nicht zu verlieren.

Rein statistisch wird der Wunsch nach einem Smartphone also aufkommen, wenn eure Kinder etwa zehn Jahre alt sind. Bis dahin sollte der grundlegende Umgang mit dem Smartphone bereits besprochen sein, und ihr solltet mit euren Kindern auch einmal grob alle Themen (des Buches) angesprochen haben: Datenschutz, Cybermobbing, Cybergrooming, Kostenfallen …

---

* Denn außer in Berlin und Brandenburg erfolgt der Wechsel auf die weiterführende Schule bereits nach der vierten Klasse.

Wesentliche Themen kann euer Kind in diesem Alter durchaus erfassen. Tatsächlich differenziert sich die sogenannte Einsichtsfähigkeit in dieser Zeit noch weiter aus und ist im Schnitt ab Vollendung des 14. Lebensjahres erreicht. Daraus leitet sich ab, dass ihr zehn-, elfjährigen Kindern zwar schon ein Smartphone geben könnt, dass ihr aber kontinuierlich über alle Themen sprechen und Ansprechpartner*in für das Kind bleiben solltet, wenn das Gerät in Benutzung ist.

Auf den Seiten von *SCHAU HIN!* [153] findet ihr für den grundlegenden Rahmen die hilfreiche Checkliste »Ist mein Kind reif für's erste eigene Smartphone?« [154]

Der Zeitpunkt für das erste Smartphone ist nicht so entscheidend wie die Aufklärung im Vorfeld und das gemeinsame Einrichten des Smartphones.

Jetzt ist es wichtig, dass ihr zum Beispiel den FOMO-Mechanismus (→ Seite 206) kennt und besprecht, die Push-Mitteilungen abzustellen, dass ihr gemeinsam vereinbart, wann das Smartphone abends weggelegt wird und dass es keine gute Idee ist, es abends und nachts im Kinderzimmer zu lassen, dass euer Kind weiß, was In-App-Käufe sind und dass es gruselige Kettenbriefe gibt ...

Ganz sicher wird es andauernd Fragen geben, die ihr nicht ad hoc beantworten könnt. Das macht aber nichts, denn ihr könnt Suchmaschinen bedienen; und die geben auf alle Fragen Antworten. Nun weiß ich doch relativ viel über digitale Medien und Technik, und trotzdem komme ich mir gelegentlich vor wie ein Honk: Eines meiner Kinder hat zum Beispiel von einem Großelternteil ein Windows-Phone geschenkt bekommen, das mich regelmäßig in den Wahnsinn getrieben hat. Denn mein Vorwissen über Android- und Applegeräte hat hier nicht weitergeholfen. Zu meiner Erleichterung habe ich ziemlich schnell gelernt, dass sehr viele Apps einfach nicht für Windows gemacht sind und deswegen nicht funktionieren. Dass es für viele Probleme und Wünsche keine Lösung gab, lag also nicht an meiner Unfähigkeit. Betrachtet solche Herausforderungen als Flexibilitätstraining. So bleibt ihr auch unabhängig vom Betriebssystem.

Wie viel Zeit pro Tag sollten Kinder maximal mit digitalen Medien verbringen?

Gibt man diese Frage in eine Suchmaschine ein, landet man auf diversen Seiten, die 30 Minuten pro Tag empfehlen. In Ausnahmefällen gibt es eine Regelung, die ein beliebig verteilbares Wochenkontingent von einer Stunde Medienzeit pro Lebensjahr gestattet.*

Die im April 2019 veröffentlichte WHO-Empfehlung spricht sich für die Altersgruppe der Zwei- bis Fünfjährigen für maximal eine Stunde »sedentary screentime«, also sitzende Bildschirmzeit pro Tag aus.[155] Unter Zweijährige sollten lieber gar nichts mit Bildschirmen machen, wenn die Kinder über fünf sind, kommen weitere 60 Minuten pro Tag hinzu. Für noch ältere Kinder räumt man ein, dass schulische Tätigkeiten ebenfalls am Bildschirm stattfinden, rechnet sie aber nicht zur »sedentary screentime« hinzu.

Interessanterweise ist die WHO-Empfehlung aus einer Metastudie abgeleitet, die unter anderem zu dem Ergebnis kam: »There was no association between objectively measured sedentary time and adiposity or motor development. [...] The overall quality of evidence was rated as very low.«** Das heißt, es gibt keinen oder nur einen sehr schwachen Zusammenhang zwischen »sedentary screentime« und den vermuteten Gefahren wie Fettleibigkeit und verlangsamter motorischer Entwicklung.

---

* An der orientiere ich mich z. B.: 44 Stunden Wochenkontingent reichen mir nämlich völlig.

** Übersetzung: Es gab keinen Zusammenhang zwischen der objektiv erfassten sitzenden Bildschirmzeit und Adipositas und motorischer Entwicklung. [...] Insgesamt besteht lediglich ein sehr niedriger Evidenzgrad.

Auch andere aktuelle Studien wie die der Universität Oxford von 2019 belegen diesen nicht vorhandenen Zusammenhang: »The association we find between digital technology use and adolescent well-being is negative but small, explaining at most 0.4 % of the variation in well-being.«* [156]

Dennoch wird Eltern nach wie vor eine Maximalzeit ans Herz gelegt, und das WHO-Papier wird nicht müde zu empfehlen: The less, the better.**

Damit wäre das Problem gelöst. Die komplexe Frage nach dem richtigen Umgang mit digitalen Medien wird auf die Frage der richtigen Dauer reduziert. Hat man das erst mal im Griff, sind alle Gefahren gebannt. Bleibt lediglich die lästige Dauerdiskussion mit den Kindern selbst, die (aus Gründen!) nicht selten der Ansicht sind, dass der vorgeschlagene Zeitkorridor zu gering ist.

Sitzt man in einer Veranstaltung zum Thema »Kinder und digitale Medien«, so wird von den 30 Minuten Diskussionszeit, die nach einem Vortrag zur Verfügung stehen, gefühlte 20 Minuten darüber diskutiert, wie die richtige Zeitvorgabe lautet. Konservativ 20 Minuten, durchschnittlich 30 Minuten und liberal 60 Minuten, was bei einigen Erwachsenen Kopfschütteln hervorruft. 60 Minuten? Das grenzt ja schon an Verantwortungslosigkeit!

Ich sitze oft etwas ratlos da und frage mich: Wie sollen denn 30 Minuten beim Computerspielen genügen? Es gibt wirklich wenige Spiele, die man sinnvoll in 30 Minuten spielen kann. Schon gar nicht auf der PlayStation. Ich weiß nicht, wie das bei euch ist, aber unsere PlayStation muss immer, sobald sie angestellt wurde, vor Schreck ein 20-GB-Update machen.***

---

* Übersetzung: Der Zusammenhang zwischen der Nutzung digitaler Technologien und dem Wohlbefinden als Erwachsener ist negativ, aber gering, weil er maximal 0,4 % des Spektrums von Wohlbefinden erklären kann.

** Übersetzung: Je weniger, desto besser.

*** Umweltbewusste Menschen lassen die Geräte schließlich nicht im Standby-Modus.

Funfact übrigens: Wenn man unabhängig vom »Was« insgesamt 30 Minuten pro Tag erlaubt, ist es irgendwie sehr naheliegend, dass Kinder und Jugendliche in diesen 30 Minuten auf der Spielkonsole spielen, dabei chatten und gleichzeitig eine Serie streamen, oder? Und dann wird wieder geschimpft, dass sie sich nicht auf eine Sache konzentrieren können. Ich sag mal so: Einfach haben es Kinder und Jugendliche mit den Vorgaben von Erwachsenen auch nicht.

Ich bin für weiche Begrenzungen. Ihr erinnert euch an die Stelle hier im Buch, an der man nach 30 Minuten Lesezeit angekommen ist? Stellt euch vor, jemand bestünde darauf, dass ihr genau dann und *sofort* aufhört. Ist es nicht nachvollziehbar – gerade wenn das Buch besonders spannend ist (es kann ja auch ein mitreißender Roman sein, den ihr gerade lest) –, darum zu bitten, zumindest das Kapitel zu Ende lesen zu dürfen?

Für mich ist die Frage »Wie lange sollen Kinder mit Computerspielen/im Internet verbringen dürfen?« deshalb kaum zu beantworten, wenngleich der dahinterliegende Wunsch nach einfachen Regeln und Schutz des Kindes psychologisch verständlich ist.

Tatsächlich sollte nicht die Frage »Wie lange?« diskutiert werden, sondern die Frage »Was?«. Aber wer möchte schon hören: *»Wie lange für Ihr Kind gut ist, kommt auf Ihren Alltag, auf das Kind und die Art der Nutzung an.«* Denn dahinter liegen viele Differenzierungen, deren Klärung viel Zeit in Anspruch nimmt. Denn würden die Eltern tatsächlich genauer nachfragen, *was* ihr Kind im Internet macht, und es antwortet: »Twitchen«, hieße das für einige Eltern sicherlich: *»Was ist Twitch? Was genau macht mein Kind da? Schaut es sich was an, oder erstellt es Inhalte? Mit wem teilt es seine Inhalte? Gibt es rechtliche Rahmenbedingungen, die zu beachten sind? …«*

Dann doch lieber nach dem »Wie lange?« fragen. Das hat einen weiteren Vorteil: Egal, was die Digitalisierung noch hervorbringen wird, Eltern müssen sich damit nicht auseinandersetzen.

Die Begrenzung von Medienzeit nimmt Eltern die fortwährende Aufgabe ab, sich wirklich mit dem Thema digitale Medien auseinanderzusetzen. Mit der Frage »Wie lange?« scheint zudem die Idee transportiert zu werden, dass Zeitspanne X unschädlich ist, sprich keine irreparablen Langzeitschäden verursacht, während Zeitspanne Y irgendwas kaputt macht. Ich stelle mir das vor wie bei meiner ersten Zahnreinigung: Da holte die Zahnarzthelferin am Ende eine Art Schmirgelpapier hervor, um mir die Zahnzwischenräume zu reinigen. Ich fragte, ob das nicht den Zahnschmelz zerstöre, und sie sagte: »Nein, das ist sehr feines Papier, und meine Bewegungen sind zu langsam. Das Papier entfernt jetzt nur die letzten Reste Belag. Würden Sie das jeden Tag und mit einer schnell rotierenden Maschine machen, dann würde man die Zähne schon kleiner schmirgeln.«

Uuuh. Kleingeschmirgelte Zähne will ja nun niemand. Deswegen lieber nur alle 6 Monate 2 Minuten! Dann ist es gut für mich. Mehr wäre schlecht. Dasselbe mit der täglichen Medienzeit. Jeden Tag 30 Minuten sind okay. Mehr schadet.

Zugegeben: Die Zeitregel ist verführerisch. Sie ist leicht zu verstehen, sie ist leicht umzusetzen, und sie verlangt nicht, sich immer wieder dem Thema digitale Medien zu widmen. Ich bin jedoch davon überzeugt, dass dieser für uns einfache Weg nicht der beste Weg für unsere Kinder ist.

Lieber produzieren als konsumieren!

Warum fühle ich mich unwohl, wenn das Kind Stunden auf TikTok verbringt, nicht aber wenn es Lego spielt? Warum finde ich es nervig, wenn Kinder stundenlang vor YouTube hocken, nicht aber wenn sie die ganze Zeit malen? Nie käme ich auf die Idee, ins Kinderzimmer zu gehen und zu rufen: »Du spielst jetzt schon seit zwei Stunden Lego! Jetzt ist aber endlich Schluss!« Der Unterschied besteht darin, dass im einen Fall konsumiert und im anderen Fall etwas erschaffen wird. (Ein bisschen kommt das Unwohlsein aber wohl auch daher, nicht genau zu wissen, *was* die Kinder da im Internet eigentlich machen.)

Darum versuche ich, meine Kinder bei allem, was mit Internet zu tun hat, dazu zu ermutigen, den Anteil des reinen Konsumierens möglichst gering zu halten und den Anteil, in dem erschaffen wird, auszudehnen oder fast gar nicht zu begrenzen.

Mein jüngstes Kind malt von Herzen gerne. Zur Inspiration schaut es in Kinderbücher, betrachtet Blumen und Bauwerke – und dann malt es, was es gesehen hat.

Es bittet mich außerdem ununterbrochen, in der Bildsuche der Suchmaschine nach Dingen zu schauen: Wie sehen Suffolk-Schafe aus? Welche Arten von Wölfen gibt es? Existieren bunte Würmer? Mein Kind ist noch zu jung und kann noch nicht sicher genug schreiben, um diese Antworten allein zu recherchieren. Ich auf der anderen Seite habe weder Zeit noch Nerven, ständig all diesen Fragen nachzugehen. Irgendwann kam ich auf die Idee, dass ein Instagram-Account eine gute Kompromisslösung sein könnte. Der Plan lautete, sich gemeinsam hinzusetzen und Interessengebiete abzuklappern. Es gibt Hunderte wunderbarer Illustrator*innen, die ihre Arbeiten, vor allem aber die einzelnen Arbeitsschritte auf Instagram festhalten. Genauso viele Tierfotograf*innen sind auf Instagram vertreten, und es gibt zahlreiche Accounts, die eine tolle Mischung aus Landschaften, Tieren und Menschen zeigen, unter anderem *National Geographic*. Instagram ist leicht zu bedienen und, was die selbst zusammengestellte Timeline angeht, kindersicherer als Ergebnisse der Google-Bildsuche.

Den Account lege ich auf meinen Namen an, bis das Kind alt genug ist, um laut AGB einen eigenen zu haben, und nach Rücksprache mit mir kann es dort auch eigene Kunstwerke hochladen. Und »nebenbei« sprechen wir über Bildrechte: Was und wer darf fotografiert werden? Was und wer nicht und warum?

Ähnlich funktioniert es bei uns mit *Minecraft*. Es ist unglaublich faszinierend, wie sehr solche Spiele die Kinder dazu motivieren, zu lernen. Welche Bauelemente gibt es? Haben sie Sonderfunktionen? Was kann man damit bauen?

Minecraft erklärt wenig, so dass im Grunde alles selbständig gelernt werden muss. Alles, was entsteht, erwächst der Fantasie und Kreativität des Kindes. Ist der Forschungsdrang erst mal geweckt, gibt es kaum noch ein Halten.

Das Internet bietet eine Menge Möglichkeiten, um aus konsumierenden Kindern produzierende Kinder zu machen:

- *Bloggen*
  So gibt es beispielsweise bloggende Kinder wie Johnny und Jojo Buddenbohm.[157] Warum die Kinder also nicht dazu ermutigen, zu bloggen?
- *Programmieren*
  Andere Kinder (vorausgesetzt, sie können sicher lesen und schreiben) sind ganz leicht fürs Programmieren zu begeistern. Eine Zeitlang habe ich bei einem IT-Dienstleister gearbeitet und den *Girls'Day* gestaltet. Ein Programmpunkt bestand darin, den Mädchen *Scratch* nahezubringen. Scratch ist eine visuelle Programmiersprache, die wirklich sehr schnell so zu erlernen ist, dass sich schon nach kurzer Zeit eigene Ideen umsetzen lassen. Für den Einstieg gibt es viele anschauliche Tutorials.

Wenn euren Kindern das ausschließliche Programmieren auf dem Bildschirm zu langweilig ist, schaut euch mal nach programmierbarem Spielzeug um. Das gibt es auch schon für kleinere Kinder, zum Beispiel *Ozobots*, die man mithilfe unterschiedlicher Farben programmiert: Man malt dem Miniroboter eine Fahrbahn auf Papier und setzt ihn auf die Linie. Er fährt los und befolgt die Befehle, die per Farbabfolge aufgezeichnet sind: »beschleunigen«, »rechts fahren« oder »drehen«.[158] Weitere Beispiele sind der »Minicomputer« *Calliope*[159], der etwas kostspielige *Dash*-Roboter und die vielseitig einsetzbaren *Lego-Mindstorm*-Roboter.

Es gibt wirklich unzählige Einstiegsmöglichkeiten in das Thema Programmieren, und (vielleicht noch wichtiger) nicht aus jedem Kind, das spielerisch ein paar Zeilen codet, muss ein/e

Software-Entwickler*in werden. Das ist auch gar nicht nötig! Programmieren hilft aber, ein grundlegendes Wirk- und Weltverständnis unseres digitalisierten Alltags zu erlangen. Menschen, die grundlegendes Programmierverständnis haben, fühlen sich der Digitalisierung nicht ausgeliefert, sondern können selbst mitgestalten und kompetent über Sinn und Unsinn bestimmter Anwendungen entscheiden.

Ich frage mich schon lange, warum Informatik nicht genau wie Deutsch, Mathe und Sachkunde ab der Grundschule unterrichtet wird. Wie sonst sollen die Kinder zu digitaler Mündigkeit erzogen werden? Selbst an den Schulen, die Computer-Unterricht bereits anbieten, handelt es sich zu 90 Prozent um eine Einweisung in gängige Windows-Produkte. Fragen Sie mal ein Grundschulkind, welche Betriebssysteme es kennt. Ich wette, dass die allermeisten passen müssen, weil sie entweder nicht wissen, was ein Betriebssystem ist, oder nicht wissen, dass es etwas anderes gibt als Windows.

Ein vorbildliches Projekt ist meiner Ansicht nach »Chaos macht Schule«, hier beschrieben von der Plattform *netzpolitik.org:*

»[Chaos macht Schule wirbt] für ein umfassendes Verständnis von Digitalbildung: Nicht nur grundlegende Anwendungs- und Programmierkenntnisse, sondern Mündigkeit müsse das Ziel der Schulen in Hinblick auf Medien- und Digitalkompetenz sein. Kinder und Jugendliche müssten die Technik, die sie täglich nutzen, verstehen und hinterfragen können. Dazu zähle der reflektierte Umgang mit der wachsenden Informationsflut. Nur so könnten Phänomene wie das ›Internet der Dinge‹ oder selbstfahrende Autos tatsächlich von der ganzen Gesellschaft anstatt von kleinen Expertenzirkeln diskutiert werden.«[160]

Ziel einer entsprechenden Bildungsinitiative muss es sein, die Medienkompetenz und das Technikverständnis von Kindern und Jugendlichen so zu stärken, dass sie Spaß an den unterschiedlichen digitalen Geräten haben und gleichzeitig um die Risiken wissen, die solche Technologien mit sich bringen können.

Zugegeben, man muss schon etwas technikaffin sein, um nicht mit dem Anspruch, Kindern das Programmieren beibringen zu müssen, obwohl man es selbst nicht kann, überfordert zu sein. Das Gefühl ist nachvollziehbar. Ich bin beispielsweise eine Art Musik-Analphabetin. Als mein Kind neulich mit seinen Musikhausaufgaben zu mir kam, verstand ich erst mal nur Bahnhof. Neun Aufgaben – und keine einzige hätte ich lösen können. Nicht mal im Ansatz. Ich hätte mich schon sehr aufwendig einarbeiten müssen, um meinem Kind ein kleines bisschen zu helfen. Zum Glück konnte ich die Aufgaben an jemand Kompetenteren in der Familie weiterreichen.

Wenn ihr euch also für das Thema Programmieren so wenig interessiert und auskennt wie ich mit Musik, dann empfehle ich euch Folgendes:

1. Schaut, welche Initiativen es in eurem Umfeld gibt, die eure Kinder nutzen können.
2. Schaut euch an, was Kinder erreichen, wenn sie den Einstieg in das Thema Programmieren gemeistert haben.

Initiativen, die Kindern helfen, Programmierlust zu entwickeln

- **jugendhackt.org**
  fördert Programmiernachwuchs im deutschsprachigen Raum. Unter dem Motto »Mit Code die Welt verbessern« tüfteln die Teilnehmer*innen gemeinsam mithilfe von Open Data an Prototypen, digitalen Werkzeugen und Konzepten für ihre Vision einer besseren Gesellschaft.
  Damit Kinder einschätzen können, ob sie bei *Jugend hackt* mitmachen können, gibt es eine umfangreiche Liste. Kann man bei mindestens drei Punkten ein Häkchen setzen, kann es losgehen:
  (Auszug)
  Ich habe schon mal ...

- elektrische Schaltungen gebaut.
- mit anderen zusammen an einem Programmier-Projekt gearbeitet.
- innerhalb von 24 Stunden etwas komplett Neues gelernt und bin bereit, das wieder zu tun.
- mich in der Freizeit mit Mathematik/Physik beschäftigt.
- einen 3-D-Drucker benutzt.

Besonders gut gefällt mir, dass Kindern durch die ebenso differenzierte wie konkrete Auflistung Mut gemacht wird, dass sie sich an eine Teilnahme im nächsten Jahr heranarbeiten können. *Jugend hackt* hat auch Hilfestellungen für den Weg dorthin zusammengetragen.

- **Junghackertag des *Chaos Communication Congress*:**
  Zusammen mit eurem Kind könnt ihr euch zum Junghackertag anmelden und dann kostenlos teilnehmen.
  Wir waren 2016 zum ersten Mal mit den Kindern dort, und das mittlere Kind, damals noch Grundschüler, hat dort einen Pentabug gelötet. Seitdem ist das Eis gebrochen. Immer wenn es etwas zu löten oder zu programmieren gibt, ist das Kind dabei.
  Zwar hatte ich schon früher versucht, das Kind per Scratch fürs Programmieren zu begeistern – allerdings hatte es nur mit den Augen gerollt, sich sozial erwünscht 15 Minuten lang damit beschäftigt, um mich dann zu fragen, ob es jetzt bitte endlich fertig sei.
  Aber auch den *Chaos Communication Congress* als Veranstaltung kann ich wärmstens empfehlen.
  Als wir unsere Kinder erstmals dorthin mitschleppten, waren wir skeptisch. Vier Tage von morgens bis abends? Hier ein O-Ton unseres damaligen Kindergartenkindes, nachdem wir um 11 Uhr gekommen waren und um 24 Uhr zum Aufbruch drängten: »Waaas? Warum denn jetzt schon???«

- **HABA Digitalwerkstätten**
  gibt es unter anderem in Berlin, Hamburg, München, Lippstadt und Frankfurt. Dort werden spannende Kurse angeboten, zum Beispiel Robotics, Creative Coding, *Minecraft* und Stop-Motion-Filme. Die Kurse finden entweder regelmäßig unter der Woche statt oder als kompakter Wochenendkurs. Es gibt sogar Kurse, die Eltern (oder Großeltern) und Kinder gemeinsam unterrichten.

Es gibt so viel zu entdecken: Schickt eure Mädchen zum Girls' Day, besucht gemeinsam mit euren Kindern das *Computerspielemuseum* in Berlin, das *Vintage Computing Festival* oder ein *Technik-Museum*.

Weitere Zusammenfassungen von Programmier- und Technikinitiativen findet ihr zum Beispiel bei *MINT Zukunft schaffen!*[161], Start Coding[162] und auf t3n[163], die u. a. Angebote nach Orten auflisten.

All die genannten Orte und Initiativen bringen euren Kindern nicht unbedingt ausschließlich das Programmieren bei, aber sie schaffen es zweifelsohne, Technikbegeisterung und -interesse zu wecken. Das ist der erste Schritt.

Was Kinder erreichen, wenn sie den Einstieg in das Thema Programmieren gemeistert haben

Für mich ist es jedes Mal aufs Neue erstaunlich, was Kinder erschaffen, sobald sie anfangen, sich mit Technik zu beschäftigen, und dann ihre eigenen Ideen umsetzen.

2018 war ich auf der Preisverleihung des *Deutschen Multimediapreises mb21*. Dort werden junge Menschen vom Vorschulalter bis zum Alter von 25 Jahren für ihre Projekte ausgezeichnet. Es ist wirklich unfassbar spannend, was dort erschaffen wird.

Meine Highlights waren *Minecraft* 4D und der Bügelperlenschallplattenspieler, basierend auf *Lego Mindstorms*. Für *Minecraft* 4D wurde ein Frisörstuhl umgebaut. Zum *Minecraft*-Spielen setzt man sich in den Stuhl, und je nach Umgebung in *Minecraft* reagiert der Stuhl: In der Wüste strahlt er Hitze ab, bei Regen bespritzt er den/die Spieler*in mit Wasser.

Das Projekt Bügelperlenschallplattenspieler ist nicht minder faszinierend, denn hier werden aus Bügelperlen Schallplatten zusammengesetzt, wobei die einzelnen Farben der Bügelperlen als Töne ausgelesen werden. Schaut euch die Projekte der Preisträger*innen mit euren Kindern an, oder geht auf die Preisverleihung. Für Kinder ist es sehr viel inspirierender zu sehen, was andere Kinder (er-)schaffen, als nur Erwachsene zum Vorbild zu haben.

Nicht zu vergessen: Beim Programmierenlernen werden auch andere Fähigkeiten und Stärken wie Problemlösungskompetenz, Frustrationstoleranz und Resilienz, Kreativität und Experimentierfreude, Teamfähigkeit und Kompromissbereitschaft vermittelt.

Wenn ihr euch also fragt, ob ein programmierbares Spielzeug ein sinnvolles Weihnachts- oder Geburtstagsgeschenk sein könnte, lautet die Antwort immer »Ja!«.

Was besonders gut passt, müsst ihr allerdings von den Interessen eures Kindes ableiten. Während sich unser jüngstes Kind überhaupt nicht für *Scratch* auf dem Bildschirm interessierte, war es sofort Feuer und Flamme für den *Dash*-Roboter, denn es möchte Ergebnisse in der analogen Welt sehen. Einen Roboter, der die Mutter per Bewegungssensor beim Betreten der Küche registriert und mit einem fröhlichen »Hallo, Mama« zu Tode erschreckt, findet es viel besser als ein *Pong*-Spiel, das es auf dem Rechner programmiert.

Fazit: Im Hinblick auf Kinder und digitale Medien spielt es keine Rolle, wie lange sie sich damit pro Tag beschäftigen, sondern mit was sie sich beschäftigen. Niemand ruft: *»Jetzt ist aber Schluss! Eine halbe Stunde Programmieren am Tag muss reichen!«*

Das Tolle an den meisten der oben genannten Initiativen ist, dass sie Kinder mit anderen Kindern zusammenbringen. Und spätestens wenn die Kinder die eigenen vier Wände verlassen und im Team Projekte umsetzen, sollten elterliche Vorbehalte gegen übermäßige Mediennutzung abgebaut sein, oder?

Ums ständige Aushandeln kommt ihr nicht herum!

Zeitliche Grenzen gibt es tatsächlich auch bei uns. Wann ich »Stopp!« sage, kommt auf das Gemüt und den Entwicklungsstand des Kindes, die Rahmenbedingungen des Tages, die Art der Mediennutzung und auf den Nutzungsgrad digitaler Medien aller anderen Familienmitglieder an.

Den größten Einfluss stellen die zeitlichen Limitierungen unseres Alltags dar. An einem durchschnittlichen Schultag ist die Freizeit der Kinder sehr begrenzt. Meistens sind sie erst nach 16 Uhr zu Hause und haben dann auch noch für die Schule zu tun. Manchmal stehen darüber hinaus Aufgaben wie Zimmer aufräumen und Altglas wegbringen an. Da bleibt wahrlich nicht viel frei verfügbare Zeit. Insofern können sie sich unter der Woche sowieso kaum länger als 30 (haha, welch Ironie!) bis 60 Minuten mit irgendwelchen digitalen Endgeräten beschäftigen. Am Wochenende und in den Ferien sieht das wiederum ganz anders aus. Da sind durchaus ein paar Stunden am Stück möglich. Doch selbst dann ist es von Kind zu Kind unterschiedlich. Wir haben zum Beispiel ein Kind, das unfassbar viel Energie hat. Wenn es die nicht in Form von Bewegung abbaut, ist das Kind abends wie ein Brummkreisel und findet nicht in den Schlaf.

Ein anderes Kind in unserem Haushalt verliert von selbst nach spätestens zwei Stunden die Lust an Was-auch-immer-Digitalem. Es hat schon lange ein Smartphone, das es in den ersten Jahren aber nur in Ausnahmefällen oder auf Zuruf in die Hand genommen hat. Auch das gibt es. Selbst wenn es sich mit Freund*innen trifft, lässt es manchmal das Smartphone zu Hause. Regelmäßig will ich hinterherrufen: »Nimm dein Telefon bitte mit, damit ich dich erreichen kann!«, lasse es dann aber doch. Zur eigenen Geburtstagsparty ruft es streng in die Runde: »Leute, kommt doch mal ins Real Life!« (womit es sich über die Erwachsenen lustig macht, die zwischen »Cyberspace« und »Real Life« unterscheiden).

Auch ich muss immer wieder in mich hineinhorchen und herausfinden, warum ich manche Sachen stundenlang bedenkenlos akzeptieren kann und bei anderen nach 15 Minuten entnervt mit den Augen rolle. Es ist wichtig, die eigenen Stellgrößen herauszufinden und daraus Lösungen für eure Bedenken abzuleiten.

Meine Überlegungen sahen beispielsweise so aus:

- Werbeunterbrechungen und In-App-Käufe nerven mich. Die Lösung: Wir haben den Kindern eine Konsole besorgt.
- Purer Konsum (Video-Streaming) macht mich nervöser als »Was mit digitalen Medien machen«. Die Lösung: Wir schleppen ständig Zeug an, das zusammengebaut bzw. entdeckt werden muss, und geben den Kindern Anregungen, indem wir zum Beispiel den Junghackertag oder Tinker-Workshops besuchen.
- Die Begeisterung für manche Aktivitäten kann ich nicht nachvollziehen. Die Lösung: die eigenen Maßstäbe hinterfragen und dann feststellen, dass meine humorästhetischen Einstellungen keine pädagogischen Richtlinien, sondern etwas Persönliches sind.
- Ich habe ein zunehmend flaues Gefühl, wenn ich nicht zumindest grob weiß, was die Kinder im Internet machen. Die Lösung: Ich lasse mir immer wieder Dinge zeigen und mir mögliche Konfliktszenarien und deren Lösung schildern. Mit dem jüngeren Kind habe ich nach stichprobenartiger Prüfung zum Beispiel eine Liste mit freigegebenen YouTube-Kanälen erstellt.

Unterm Strich bedeutet das fast jedes Mal schnell im Kopf folgende Fragen durchgehen und dann situativ entscheiden:

- Ich schaue auf das Kind. Wie weit ist es entwickelt? Was macht die Art der Mediennutzung mit ihm?
- Wie viel Zeit haben wir heute? Was muss erledigt werden, bevor Freizeit ansteht? Es andersherum zu machen ist wirklich nicht schlau. Wie motiviert ist man, mit einem Spiel aufzuhören, um eine Pflicht zu erledigen, auf die man keine Lust hat, wenn man ohnehin Probleme hat, Dinge zu begrenzen?
- Gibt es nicht doch irgendeinen für das Kind dringenden Grund, eine Ausnahme von bestehenden Regeln zu machen? (Die Regel lautet zum Beispiel: gemeinsames Abendessen um 18 Uhr. Julien Bam veröffentlicht aber genau um 18 Uhr ein heißersehntes neues Video. Man kann sich jetzt entscheiden, den Kindern zu erlauben, das zehnminütige Video zu schauen, oder 45 Minuten mit schlecht gelaunten Kindern am Abendbrottisch sitzen.)
- Wie ist das Wetter heute, und wo sind wir? Im Urlaub bei strahlendem Sonnenschein am Meer entscheide ich nämlich anders als an einem frostigen Februarwochenende.
- Was genau will das Kind machen?
- Wie sind meine eigenen Maßstäbe? Warum sind sie so? Sind sie argumentativ belegbar und relevant?
- Was leben wir Erwachsenen und ggf. ältere Geschwister den jüngeren vor? Was ist üblich in der Peergroup?

Wir verhandeln nahezu täglich, ob es gerade passt oder nicht. Das ist anstrengend und klappt auch nicht immer. Zu allem Überfluss sind meine Kinder selbstbewusst, scharfsinnig und spiegeln mir mein eigenes, bisweilen ausgedehntes Mediennutzungsverhalten.

Wenn ich meine Kinder frage: »Was mag die Mama am liebsten???« (als Mutter wird man leicht verrückt und spricht von sich selbst in der 3. Person), antworten sie im Kanon und mit rollenden Augen: »Selbständige Kinder!«

Darum ist es mir so wichtig, dass die Kinder eigene Entschei-

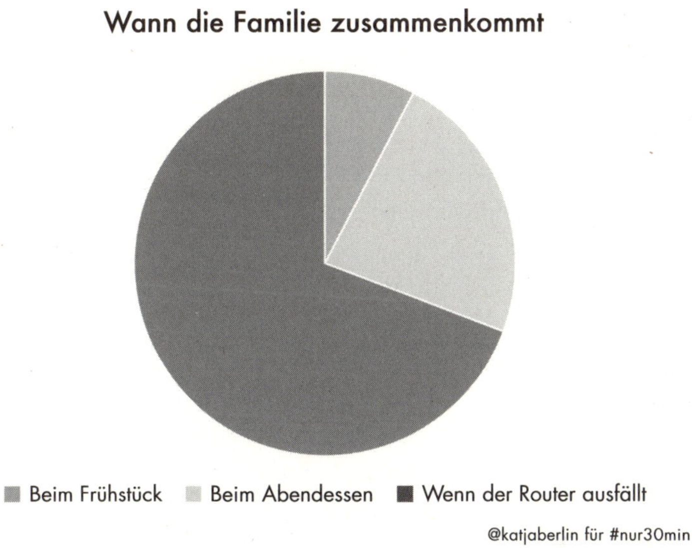

dungen treffen und wir gemeinsam den Handlungsrahmen besprechen. Das gilt für den Medienkonsum genauso wie für andere Themen. Insofern wäre es auch völlig unlogisch, festzulegen: Du darfst pro Tag 30 Minuten Computerspiele spielen/fernsehen/am Handy daddeln.

Vielmehr möchte ich, dass wir vereinbaren, wann die richtige Zeit für diese Tätigkeiten ist und wann nicht.

Starre Regeln finde ich unpassend. Auch mein Bücherwurm-Kind muss den Umgang mit seinem Lesedrang üben und lernen, dass es zum Beispiel unter der Woche wegen der Schulpflicht nicht okay ist, bis 22 Uhr zu lesen. In den Ferien hingegen kann es meinetwegen lesen, bis ihm die Augen zufallen. Oder das Buch auf den Kopf. (Das ist dem Kind mal passiert, weil es im Bett gerne das Buch über den Kopf haltend liest. Am nächsten Morgen hatte es ein Veilchen. So gefährlich ist Lesen im Bett, und ich hab's trotzdem nicht verboten!) Es soll aber verstehen, dass es risikoreich ist, auf dem Schulweg während des Gehens zu lesen, dass sich die Risiken beim U-Bahn-Lesen jedoch in Grenzen halten.

Regeln werden also ausgehandelt, diskutiert und ausprobiert

und gegebenenfalls später angepasst, sei es, weil das Kind älter geworden ist, weil es eine begründete Ausnahme gibt oder weil ein lang erwartetes Spiel herausgekommen ist, das unbedingt gespielt werden muss.

Ich bin der festen Überzeugung, dass Kinder Entscheidungen, die sie selbst treffen können, viel besser tragen als Entscheidungen, die ihnen vorgesetzt werden.

Empfehlenswert ist deswegen die Seite *mediennutzungsvertrag.de*. Der Vertrag stellt einen Leitfaden zur Verfügung, der dabei hilft, allgemeine Regeln zu erarbeiten (z. B. Verhalten gegenüber anderen, Umgang mit Hass und Cybermobbing), einen Zeitrahmen zu vereinbaren, Regeln im Hinblick auf die Endgeräte zu bestimmen (Entsperrcode festlegen oder Verhalten bei unbekannten Nummern), den Umgang mit persönlichen Daten zu definieren und den Rahmen für digitale Spiele festzulegen. Das Tolle daran: Es ist ein Vertrag auf Augenhöhe, der für die Kinder *und* für die Eltern gilt. Folglich gibt es darin Passagen für Erwachsene wie »Ich breche ein Bildschirmspiel nicht einfach ab, sondern gebe meinem Kind die Möglichkeit, vorher abzuspeichern« und »Ich überlege gemeinsam mit meinem Kind, in welchen Situationen die Handynutzung unhöflich ist. Zudem prüfe ich regelmäßig, ob ich mich selbst entsprechend verhalte«.

Das verhindert, dass der Vertrag missbraucht wird, um Regeln unter dem Deckmantel der Mitbestimmung einfach durchzudrücken, womit exakt gar nichts erreicht wäre, weil die Kinder oder Jugendlichen dann eben nicht hinter dem Vertrag stehen.

Geht gemeinsam alle Punkte durch, entscheidet, ob ihr sie in den Vertrag übernehmen oder anpassen möchtet. Am Ende unterschreiben alle Beteiligten den Vertrag.

Letztlich ist so ein Mediennutzungsvertrag auch eine super Checkliste, ob man an die wichtigsten Themen in Sachen Mediennutzung gedacht hat.

Da ich gerade von Regeln und deren Verhandelbarkeit gesprochen habe: Ich halte es bei aller Liebe zur Verhandlung für nötig, dass die Kinder wissen, dass es nicht nur Regeln, sondern auch Grenzen gibt. Grenzen sind für mich nicht verhandelbar. Grenzen müssen eingehalten werden. Wer zum Beispiel andere belästigt oder bedroht, überschreitet eine Grenze. Setzt euch deswegen auch damit auseinander, was verhandelbar ist und was nicht. Als Mutter finde ich verhandeln natürlich anstrengend. Wahrscheinlich auch deshalb, weil meine Kinder immer besser werden im Argumentieren, je älter sie werden, und weil ich viel seltener recht habe oder einfach bestimmen kann. Deswegen entlastet es mich seelisch, wenn wir festlegen, wo Grenzen sind und in welchen Bereichen wir nicht diskutieren.

Und wenn sich die Kinder nicht an Vereinbarungen halten?

Medienvertrag erstellt und unterschrieben. Regeln und Grenzen festgelegt. Stempel drauf, abgehakt! Klingt alles super, oder?

Klappt nur leider nicht immer …

Haben meine Kinder schon mal nach 21 Uhr gelesen, obwohl Schlafenszeit ist? Ja!

Haben meine Kinder schon mal nicht altersgemäße Computerspiele gespielt, obwohl wir die Vereinbarung haben, dass im Allgemeinen die USK-Altersvorgaben gelten? Ja.

Haben meine Kinder schon mal Handyspiele gespielt, bevor sie Hausaufgaben gemacht haben? Ja.

War ich schon mal genervt, weil ein Kind aufgrund hohen Spielkonsums Kacklaune hatte? Ja.

Folgt aus alledem, dass ich einschränke und verbiete?

In der Regel nicht.

Meistens bekommen die Kinder dann aber einen sicherlich ermüdenden Vortrag über unsere Vereinbarungen. Über das Thema Pflichten und Rechte – »Das eine geht nicht ohne das andere« –, und am Ende schauen wir, ob die jeweilige Vereinbarung noch aktuell ist oder aufgefrischt werden muss.

Zudem glaube ich, dass es für die Kinder elementar ist, zu wissen, dass es auch Ausnahmesituationen gibt, in denen der Konsum hochgefahren werden kann, wenn es dafür triftige Gründe gibt. Denn dann fällt es ihnen auch leichter, sich zu zügeln, wenn es eben nötig ist.

Regelmäßig an die eigene Nase packen: Fragt mal eure Kinder, wie sie euren Medienkonsum finden.

Meine Handynutzungszeiten wurden übrigens auch schon von meinen Kindern reguliert, weil ich beim Monopolyspielen aus lauter Langeweile ständig auf mein Handy geschaut hatte.

Die Kinder haben mir erklärt: »Wir wollen, dass du geistig bei uns bist, wenn wir spielen.« Daraufhin haben wir geklärt, dass Monopoly für mich das so ziemlich langweiligste Spiel auf der Erde ist, und uns darauf verständigt, dass wir es trotzdem einmal im Monat spielen und ich nicht auf mein Handy schaue. An allen anderen Spielenachmittagen spielen wir Spiele, die ich auch spannend finde.

Es fiel mir nicht schwer, einzusehen, dass die Kinder völlig recht haben. Genauso kritisch sehen die Kinder übrigens den Fernsehkonsum ihrer Großeltern. Jeden Abend schauen sie fern. Jeden. Auch wenn wir zu Besuch sind. Es ist nicht lange her, da berichtete mir der Großvater überglücklich, dass es jetzt auch ein Fernsehgerät auf der Terrasse gebe. Jetzt könne man bei schönem Wetter draußen sitzen und schauen.

Jede Generation scheint ein eigenes Suchtmedium zu haben; und 20 Jahre später schüttelt der allabendlich fernsehschauende Großvater den Kopf über den am Handy herumtippenden Enkel.

Was hat Medienerziehung mit Geld zu tun?

Ein Zitat, das fälschlicherweise Marie-Antoinette zugeschrieben wird, lautet: »Wenn sie kein Brot haben, sollen sie doch Kuchen essen.«* So hören sich vermutlich einige meiner Tipps im Buch an, wenn man nicht wie ich zu den Familien gehört, die keine Sekunde darüber nachdenken müssen, ob sie für einen datensensiblen E-Mail-Provider wie Posteo 12 Euro im Jahr ausgeben können, statt den kostenlosen Dienst von Google zu nutzen.

Dasselbe gilt, wenn ich empfehle, Threema statt WhatsApp zu verwenden. Es geht um kleine Beträge, die sich aber über das Jahr und die Anzahl der Familienmitglieder summieren – zumal wir hier nur von der Spitze des Eisbergs sprechen. Schließlich habe ich auch geschrieben: Gebt Kindern Geld für (hochwertige) Spiele.

Bei uns hat das hervorragend geklappt. Statt der kostenlosen Endlosrunner spielt eines der Kinder seit einem Jahr *The Legend of Zelda: Breath of the Wild* auf der Switch. Das Spiel kostet rund 60 Euro, und die Anschaffung der Switch schlägt mit 300 Euro zu Buche. Puh.

Kurzum: Geld spielt leider in sehr vielen gängigen Tipps eine Rolle, ob sie nun von Medienpädagog*innen oder von mir kommen.

Wenn man zum Beispiel möchte, dass Kinder in ihrer Freizeit nicht ausschließlich vor dem Bildschirm hängen, sollte man ihnen am besten schon im Grundschulalter alternative Freizeitangebote bieten. Viele Eltern finden es gut, wenn ihre Kinder in ihrer Freizeit Sport treiben oder ein Musikinstrument lernen (und spielen).

Meine Kinder haben da Glück: Ihre Ganztagsschulen bieten am Nachmittag zahlreiche kostenlose AGs. So können sie einmal in der Woche Handball, Fußball oder Basketball spielen. Sie können

---

* Im Original *»S'ils n'ont pas de pain, qu'ils mangent de la brioche.«* Tatsächlich aber ist das kein Zitat von Marie-Antoinette, sondern von Jean-Jaques Rousseau in: *Bekenntnisse*, Band VI.

im Schulgarten mitarbeiten, in der Chemie AG Seifen und Cremes herstellen und im Chor singen. Da es noch viel mehr Angebote gibt, können sie sogar jedes Jahr etwas Neues ausprobieren, bis sie etwas gefunden haben, das ihnen wirklich Spaß macht.

Diesen Luxus haben nicht viele Kinder – zumal diverse Angebote – so es sie gibt – kostenpflichtig sind. Klar kosten Sportvereine in der Regel nicht die Welt, aber manchmal interessieren sich Kinder eben für Sportarten wie Klettern und Yoga, die man nicht im Verein betreiben kann, und da zahlt man schnell mal 10 Euro aufwärts pro Woche. Beträge, die viele Familien nicht aus dem Ärmel schütteln können.

Genau für dieses Szenario wurde 2011 das *Bildungs- und Teilhabegesetz* verabschiedet, das verhindern soll, dass Kinder aufgrund ihrer finanziellen Situation benachteiligt werden. So werden zum Beispiel die Mitgliedschaft in Sportvereinen, der Besuch von Musikschulen oder vergleichbare angeleitete Aktivitäten, die zur kulturellen Bildung beitragen, sowie die Teilnahme an Jugendfreizeiten bezuschusst.

Theoretisch eine sehr gute Sache.

Praktisch wissen noch viel zu wenige Familien von diesen Möglichkeiten; andere wiederum schrecken vor den bürokratischen Hürden bei der Beantragung zurück.

Abgesehen davon sprechen wir hier von monatlich 15 Euro, die bewilligt werden können.[164] Ganz ehrlich: So richtig große Sprünge macht man damit nicht.

Daher möchte ich noch mal dazu ermuntern, in Erfahrung zu bringen, was die örtlichen Bibliotheken im Angebot haben. Neben Büchern und CDs gibt es oft auch Gesellschaftsspiele, Graphic Novels und (gute) Computerspiele. Die *onleihe.net* rundet das Angebot ab.

Aber auch diese Alternativen haben finanzielle Tücken. Bei uns kostet beispielsweise die Vorbestellung von Büchern einen Euro. Das spielt insbesondere dann eine Rolle, wenn das Kind gerne aktuelle Serien wie *Warrior Cats* liest und eine hohe Lesegeschwindigkeit hat. Ist das Buch spannend, reichen 300 Seiten genau für zwei Tage Unterhaltung. Wenn ich möchte, dass mein Kind viel liest (und da geht es ja nicht um *irgendwelche* Bücher, sondern um die Bücher, die es gerne lesen möchte), müssen wir sie vorbestellen oder (neu) kaufen.

Aber nicht immer ist nur das Geld ein Problem. Manchmal fehlt schlichtweg die Zeit. In Berlin kommt man zu jeder Tages- und Nachtzeit von A nach B. Sind die Kinder alt genug, können sie die allermeisten Freizeitangebote allein wahrnehmen. Das ist in anderen Städten und vor allem auf dem Land ein echter Luxus. Wer möchte, dass die Kinder regelmäßig Sport im Verein treiben, muss sie meistens einige Kilometer weit fahren. Zudem müssen Kinder bis zu einem bestimmten Alter ohnehin von Erwachsenen begleitet werden. Wer von früh bis spät arbeiten muss, kann über die Vorstellung, zwei Kinder zwei Mal in der Woche zu irgendwelchen Freizeitaktivitäten zu bringen, nur müde lächeln. Dieses Dilemma hat auch die *New York Times* im August 2019 aufgegriffen: »And so those who can afford it drive their children from one structured activity to another. Those who can't keep them inside.«*[165] Eltern müssen es sich also – finanziell und zeitlich – leisten können, Kindern Freizeitalternativen zu bieten.

Außerdem scheint es aus der Mode gekommen zu sein, dass Kinder außerhalb der eigenen vier Wände allein oder mit anderen Kindern unterwegs sind. »Den Kindern der westlichen Zivilisation wird heutzutage leider immer seltener zugestanden, draußen allein rumzustromern oder ein in den Augen von Erwachsenen ›gefährliches‹ Spiel zu spielen, also auf Bäume zu klettern, etwas mit dem Messer zu schnitzen«, so Katja Seide und Danielle Graf. »Das liegt zum einen daran, dass die Tage der Kinder [... durch-

* Übersetzung: Und die, die es sich leisten können, ihre Kinder von einer strukturierten Aktivität zur nächsten zu fahren. Wohingegen die, die es sich nicht leisten können, ihre Kinder in den eigenen vier Wänden behalten.

getaktet sind], zum anderen steigen die Sicherheitsbedenken der Erwachsenen stetig.«[166]

So bleiben viele Kinder zu Hause, und der Bildschirm wird manchmal zwangsweise eine Art Kindersitter. Nicht unbedingt »artgerecht« für die kindliche Entwicklung – insbesondere wenn es wenige bis keine Freizeitaktivitäten im sozialen und/oder körperlich-sportlichen Bereich gibt.

Leider habe ich keine Lösung für diese Probleme parat. Ich kann nur festhalten, dass es diese Zeit- und Geldengpässe gibt, und alle privilegierten Menschen dafür sensibilisieren und sie bitten, sich mit wertenden Kommentaren zurückzuhalten.

- Schmiedet Allianzen, um in den entsprechenden Einrichtungen und in der Politik Druck zu machen, damit alle Kinder – unabhängig von der finanziellen Situation ihrer Familie – die gleichen Voraussetzungen bekommen.
- Engagiert euch in den Fördervereinen der Schulen, unterstützt an Elternabenden die Forderung nach guter Nachmittagsbetreuung, und wählt die Parteien, die sich für diese Ziele einsetzen.
- Haltet Ausschau nach kostenlosen Freizeitangeboten – und teilt euer Wissen. Manchmal kann man mehrere Fliegen mit einer Klappe schlagen, denn die bereits genannten Initiativen wie *MINT Zukunft schaffen*[167] und Co. bieten nicht nur kostenlose Freizeitgestaltung, sondern auch die Möglichkeit, digitale Mündigkeit zu fördern.
- Pocht auf unser aller Recht auf kostenlosen Datenschutz. Es darf einfach nicht sein, dass Menschen, die nicht die finanziellen Möglichkeiten haben, auf Dienste angewiesen sind, die nicht mit Euro, sondern mit persönlichen Daten bezahlt werden.

Theorie und Praxis: Wie läuft es denn konkret?

Die wesentlichen Themen haben wir im Buch jetzt durch. Zum Abschluss möchte ich noch ein bisschen aus meinem Alltag berichten.

So sehe ich mich zum Beispiel immer wieder mit bestimmten Diskussionen mit anderen Eltern konfrontiert.

Ein Dauerbrenner ab einem gewissen Alter der Kinder ist deren Handykonsum. Plakativ gesagt, echauffieren sich Eltern, die ihren Kindern Handys komplett verboten haben, am liebsten über den Handykonsum anderer Kinder und sprechen sich für generelle Handyverbote (z. B. in der Schule) aus, um die eigenen Kinder weiterhin vom Handy fernzuhalten. Ich persönlich habe eher den Eindruck, dass sich Kinder, denen der Handykonsum sehr lange verboten wurde, danach sehr schlecht regulieren können, wenn sie mal ein Handy zur Verfügung haben; sie sind dann wirklich kaum ansprechbar und wie hypnotisiert.

Dieses Verhalten kenne ich von meinen Kindern kaum. Vor allem die älteren ziehen einen gemeinschaftlichen Familienausflug jedem 08/15-*Zelda*-Spiel vor. Sie wissen ja, dass sie das eine immer wieder dürfen, das andere aber nur heute an diesem Ort mit der fröhlichen Tante und ihrem Hund stattfindet.

Die jüngeren Kinder spielen gerne mal extensiv irgendwelche Computerspiele oder schauen drei Folgen *Dino Dana* am Stück – es kommt aber auch häufig vor, dass sie anfangen, sich zu langweilen, und dann lieber mit mir oder ihren Freund*innen spielen wollen.

Im Umgang mit den Medien hängt tatsächlich vieles vom Alter der Kinder ab. Inzwischen sind meine Kinder schon lange in der Schule. Als sie Babys waren, hatte ich zugegebenermaßen noch gar kein Smartphone, sondern nur einen stationären Rechner. Da stellte sich die Frage gar nicht, ob mein Zweijähriges mit einem Tablet spielen darf oder nicht. Meine Kinder sind daher tatsächlich die ersten Jahre ohne Touchscreens ausgekommen. Ich bin mir nicht sicher, ob das heute genauso wäre. Denn ich müsste viel mehr darauf achten, was ich vorlebe. So oft, wie ich heute ein Smartphone oder Tablet in der Hand habe und ihm Aufmerksamkeit schenke, würde mein Kleinkind höchstwahrscheinlich auch neugierig. Auf der anderen Seite kann man Babys und Kleinkinder sehr gut mit allem anderen beschäftigen. In den ersten Lebensjahren ist meines Erachtens das Be-*greifen* wichtig: anfassen und dadurch begreifen. Ein Smartphone ersetzt an dieser Stelle nicht unbedingt das klassische Klötzchenstapeln, Matschepampemachen und Ballspielen. Was aber nicht automatisch heißt, dass es schädlich ist, wenn Kleinkinder mit digitalen Geräten in Berührung kommen.*

Als meine Kinder dann in den Kindergarten kamen, habe ich ihren Medienkonsum begleitet. Auch hier waren die Themenfelder damals überschaubar. So wurden vor allem DVD-Filme und -Serien rauf und runter geschaut. Mein *Biene-Maja*-Trauma kennt ihr ja bereits. Ansonsten waren die Kinder vor allem an Fotos und Videofilmchen interessiert. In der Zwischenzeit hatte ich ein Smartphone. Stundenlang saßen wir auf dem Sofa und haben die Handyfotos angeschaut, die ich von den Kindern gemacht habe, oder die Kinder haben selber fotografiert. Ich habe eine Zeit lang gefühlt hundert verwackelt-verschwommene Fotos am Abend gelöscht. Irgendwann kamen die Spiele-Apps hinzu, aber auch da haben wir jahrelang nur etwa fünf Apps gespielt. Die Kinder spielen sie heute noch (z. B. *Hair Salon* und *Robot Lab* von Toca Boca). Das haben sie wohl von mir. Ich spiele nämlich seit acht Jahren *Monsters Ate My Condo* und habe bei jedem System-Update Angst, dass das Spiel nicht mehr funktioniert, weil es so alt ist.

Was ich sagen will: Die Kinder waren immer genügsam. Ich traf eine Vorauswahl, und die Kinder nahmen sie gerne an. Viele Eltern erliegen offenbar dem Irrglauben, Kinder bräuchten ständig

* Sucht auf YouTube den Song »Smith and Smart: Beides« und macht ihn zu eurer Hymne. Die Aussage stimmt nämlich immer.

etwas Neues. Brauchen sie aber nicht. Die eine App, die Tierlaute imitiert, unterhält gut ein Jahr. Denn Kinder haben noch keine konkrete Vorstellung von der Welt und wie sie funktioniert. Sie beobachten die Welt und leiten aus diesen Beobachtungen Vorhersagen ab. Treten die Vorhersagen ein, fühlen sich die Kinder gut. Ein stabiler Erwartungshorizont beruhigt sie und sorgt dafür, dass sie sich sicher fühlen. Deswegen stehen Kinder auf Wiederholungen. Was Erwachsenen dröge und blöd erscheint, ist für Kinder toll. Dieses psychologische Prinzip der beruhigenden Wiederholungen wurde zum Beispiel durch Erfindung der *Teletubbies* perfektioniert. Darin gibt es nur eine minimale Spannung (was passiert jetzt?), und dann verhalten sich Tinky Winky, Dipsy, Laa-Laa und Po komplett vorhersehbar, indem sie vor allem ihre Namen/Laute ständig wiederholen.

Darum sind Kleinkinder auch absolut zufrieden, wenn sie »Biene Maja bei den Ameisen« zum 199. Mal schauen.

Der Impuls, für Abwechslung und Spannung zu sorgen, kommt eher von den Erwachsenen. Probiert es aus: Euer Dreijähriges wird sich prächtig amüsieren, wenn ihr gemeinsam auf dem Bett hüpft und dabei »Miaumiau« schreit. Tagelang. Wochenlang. Eventuell jahrelang. Hab ich für euch erprobt!

Grundschulkinder wiederum können in einem definierten Setting allein bestimmte Dinge ausprobieren, allerdings würde ich den Computer dazu zum Beispiel ins Wohnzimmer (oder wo ich gerade bin) stellen. Ganz wichtig ist dabei auch das anschließende Teilen. Hat mein Kind zwei Stunden lang einen Film geschaut oder *Minecraft* gespielt, ist die mündliche Zusammenfassung zwar ungefähr genauso lang, aber Kinder brauchen diesen Dialog, um das Gesehene zu verarbeiten – und mir als Mutter hilft er zu verstehen, was das Kind aufregend findet. Das Gespräch verbindet uns.

Werden die Kinder älter, orientieren sie sich zunehmend an Gleichaltrigen, die Eltern verlieren (zunächst) an Bedeutung für die Kinder. Darum bin ich immer total dankbar, wenn mir meine Teenagerkinder weiterhin erzählen, was sie bewegt.

Irgendwann bin ich über die »3-6-9-12-Regel« gestolpert und fand, dass sie unsere Geschichte der digitalen Endgeräte sehr gut abbildet:

- Vor 3 keine digitalen Medien
- Keine eigene Spielkonsole unter 6
- Kein eigenes Handy unter 9
- Erst ab 12 allein ins Internet

Älteren Kindern erlaube ich deswegen, digitale Medien ohne meine Aufsicht zu benutzen. Denn bis es so weit ist, hat sich zwischen uns ein entsprechendes Verständnis entwickelt und Vertrauen aufgebaut. In der Vergangenheit hat sich oft genug gezeigt, dass die Kinder sich vertrauensvoll an uns Eltern wenden, wenn sie bestimmte Erfahrungen machen. So kam mein achtjähriges Kind eines Tages auf mich zu und erzählte mir, es habe bei einem Schulfreund ein Computerspiel gespielt, in dem es Menschen erschießen musste, Banken überfallen hat und mit Autos rumgefahren sei. Dabei habe es ein ungutes Gefühl gehabt und versucht, irgendwie weiterzukommen, ohne Leute zu töten, aber das sei nicht möglich gewesen. Wir haben länger über das Spiel gesprochen, und ich habe mich für das Vertrauen bedankt, dass es mir von dem Spiel erzählt hat, von dem es selbst sagte: »Ich glaube, das war noch gar nichts für mein Alter, und du hättest es wahrscheinlich nicht erlaubt.«

Wie ich anschließend mit der Situation umgegangen bin? Ich habe meinem Kind gesagt, dass es mit seiner Einschätzung richtiglag und ich wirklich nicht möchte, dass es in seinem Alter dieses Spiel spielt. Ich habe dann auch angekündigt, ich wolle mit der Mutter des Schulfreundes klären, um welches Spiel es sich handelte und dass ich das Spiel für unpassend halte. Mein Kind war zwar ein bisschen peinlich berührt, hat dann aber eingewilligt.

Bei dem Telefonat mit der Mutter stellte sich schnell heraus, dass die beiden Kinder *Grand Theft Auto* gespielt hatten. Ein Spiel, das laut USK »ab 16 Jahren« ist. Es sei eine ältere Version, ließ mich die andere Mutter wissen. So oder so. Ich war stinksauer.

Wie kommt man bitte auf die Idee, Achtjährige unbeaufsichtigt Spiele ab 16 spielen zu lassen? Ich habe der Mutter gesagt, dass ich das unmöglich finde, und wie sich schnell herausstellte, würden wir zu keiner einheitlichen Meinung kommen. Also bat ich darum, dieses Spiel (ebenso wie jedes andere, das nicht dem Alter der Kinder entsprach) nicht mehr zu spielen, wenn mein Kind zu Besuch sei.

Einige Wochen später waren die Kinder wieder miteinander verabredet, und ich erhielt einen Anruf der Mutter. Ob die Kinder das Spiel nicht doch spielen könnten. Ihr Kind hätte solche Lust darauf. Ich fiel aus allen Wolken. Natürlich nicht. Es gibt hundert andere Dinge, die zwei Achtjährige tun können.

Wieder einige Wochen später erzählte mir mein Kind, dass besagter Freund jetzt einen eigenen YouTube-Kanal habe. Ich habe ihm erklärt, dass das rechtlich nicht in Ordnung sei, weil man, das Einverständnis der Eltern vorausgesetzt, mindestens 13 Jahre alt sein müsse, um einen YouTube-Kanal anlegen zu dürfen. Als mein Kind das nächste Mal von dem Freund nach Hause kam, erfuhr ich, dass sie Videos gemacht hatten. Mein Kind: »Ich habe darauf geachtet, dass ich nicht komplett gefilmt wurde.« Das war der Moment, in dem mir innerlich der Kragen platzte. Nicht wegen meines Kindes, sondern wegen der Eltern, die sich in Sachen Medienerziehung so achtlos verhielten.

Meinem Kind erklärte ich kurz und knapp, es solle überhaupt nicht in YouTube-Videos in Erscheinung treten. Und dann führte ich ein wütendes Gespräch mit den Eltern. Sie fragten, wo denn das Problem sei, man würde von meinem Kind doch nicht das Gesicht sehen, lediglich die Stimme sei zu hören.

Ich verlangte, dass das Video umgehend gelöscht werde, und bestand darauf, dass die beiden Kinder sich in Zukunft nur noch bei uns treffen sollten.

Ja, meine Kinder machen manchmal Dinge, die ich nicht in Ordnung finde. Sie sprechen aber mit mir und hören mir auch zu, warum ich etwas möchte bzw. nicht möchte. Mir ist unsere Vertrauensbeziehung viel, viel wichtiger, als es mir Regeln und deren unbedingtes Einhalten je sein könnten. In Sachen Erziehung wird ja gerne die Konsequenz hochgehalten. Ich persönlich bin der Ansicht: Zu viel Konsequenz macht Kinder zu Prinzipienreitern. Mir ist die Einzelfallbetrachtung wichtiger. Es ist oft mühsam, aber durch gute Argumente meiner Kinder lasse ich mich überzeugen – auch was die Menge und Art des Medienkonsums angeht.

Internetverbot als Strafe gibt es bei uns übrigens nie*, denn das entspricht dem, was früher Hausarrest war. Nimmt man dem Kind die Internetverbindung weg, nimmt man ihnen die Verbindung zu den Freund*innen weg. Das ist in meinen Augen eine drakonische Strafe, und dass Jugendliche auf diese Art Strafe oft heftig reagieren, kann ich nachvollziehen. Als Teenager hatte ich gefühlt 50 Prozent der Zeit Hausarrest. Ich erinnere mich gut daran, wie schlimm ich es fand und wie wütend und einsam mich das machte.

Letztlich vertraue ich auf die Selbstregulierungsfähigkeiten meiner Kinder, *nachdem* wir alle Inhalte ausführlich besprochen und diskutiert haben. Das hat Jahre gedauert. Und unserer Bindung.

»Medienerziehung leicht gemacht«? Das gibt es nicht, aber drei Faustregeln, die vieles erleichtern!

- Mit der Medienerziehung so früh wie möglich anfangen – nicht erst im Teenageralter.
- Die Eltern-Kind-Beziehung stabil, offen und vertrauensvoll gestalten, denn sie ist der beste Schutz. Selbst vor den Gefahren des Internets.
- Auch Scheitern und Fehler zulassen, aber immer dazulernen.

* Kompromat muss man immer selbst bekanntgeben: In insgesamt 15 Jahren habe ich zweimal Internetverbot verhängt und mich dann sehr geschämt und es auch rasch wieder aufgehoben.

Nachdem ihr das Buch gelesen habt …

… beantwortet nun erneut die Situationen in den Fallbeispielen, die ihr bereits zu Beginn des Buches gelesen und für euch gedanklich gelöst habt.

…

Und? Hat sich etwas verändert?

Da bekanntlich viele Wege nach Rom führen, habe ich drei Familien gebeten, uns ihre persönliche Lösung der gleichen Beispielsituationen mitzuteilen. Hier im Buch findet ihr je eine Antwort pro Situation. Alle anderen Antworten gibt es in meinem Blog unter *dasnuf.de/fallbeispiele*.

Familie A hat zwei Töchter (11 und 14). Die ältere Tochter hat mit 13 Jahren ein eigenes Smartphone bekommen, die jüngere hat noch keins. Auf dem Smartphone der älteren Tochter ist *Google Family Link* installiert, damit Apps nicht eigenständig installiert werden können. Nachts liegt das Smartphone nicht in ihrem Zimmer.

Die jüngere Tochter darf ein ausrangiertes Smartphone ohne SIM-Karte nutzen, um Musik zu hören und zu fotografieren.

In dem Haushalt gibt es keine Spielkonsolen, aber für den *Amazon Fire TV-Stick* hat ein Elternteil einen Controller angeschafft, der unregelmäßig für Auto- oder Jump-'n'-Run-Spiele eingesetzt wird. Es gibt im Haushalt einen PC, einen Laptop und ein Tablet. Diese Geräte dürfen von allen Familienmitgliedern genutzt werden, PC und Laptop nach Rücksprache mit den Eltern, das Tablet einfach so.

Explizite Mediennutzungszeiten sind überflüssig, weil der Alltag eher von Offline-Aktivitäten bestimmt ist.

Familie B hat zwei Söhne (10 und 12). Der ältere Sohn hat gegen Ende der vierten Klasse ein eigenes Smartphone bekommen, der jüngere hat noch keins. In Kürze wird eine Switch gekauft; außerdem gibt es einen Nintendo Classic Mini, zwei Notebooks und ein Tablet. Die Mediennutzungszeiten und Vereinbarungen sehen wie folgt aus: Drei Tage in der Woche sind medienfrei (die Familie stellt fest: »Damit übrigens auch streitfrei, das war die beste Entscheidung ever«). An den anderen Tagen liegt die Medienzeit zwischen dem Ende der Ganztagsschule, kleineren Pflichten und dem Abendbrot. Viel Zeit bleibt also nicht, aber die Zeit wird auch nicht gestoppt, und das Abendbrot ist mal früher, mal später fertig. Am Wochenende ist im Grunde alles möglich, es kommt auf die aktuelle Planung und die Vorhaben an. Aber die Jungs müssen ja auch mal ein paar Level schaffen oder einen Film zu Ende sehen können.

Familie C hat zwei Töchter (9 und 8) und einen Sohn (5). Beide Töchter haben zum Schulanfang ein altes Smartphone bekommen, da sie allein mit Bus und Bahn fahren. Es gibt etliche Spielkonsolen im Haus: Die Töchter haben mit jeweils fünf Jahren einen Nintendo 3DS XL bekommen, der Sohn bereits mit drei. Es gibt außerdem eine Wii, ein NES Mini und ein Super-NES Mini, die den Eltern gehören, aber von den Kindern bespielt werden können. Ein Elternteil besitzt eine Switch, die jedoch vor allem der kleine Sohn nutzt. Die größere Tochter hat ebenfalls eine Switch, die jüngere möchte keine. Außerdem gibt es zwei Tablets, die der gesamten Familie gehören und die vor allem zum YouTube-Gucken und *Minecraft*-Spielen genutzt werden. Selbst die Großeltern (beide 70) spielen digital: Der Großvater besitzt einen Gamecube, eine Wii, eine Switch und einen Nintendo 3DS; die Großmutter spielt vor allem auf dem iPad und ihrem Nintendo 3DS XL. Die Großeltern probieren alle Spiele, von denen die Enkel erzählen, selbst aus und erspielen – da sie als Rentner mehr Zeit haben – für die Kinder Bonus-Items. Beide haben eine hohe Spielkompetenz und können den Enkeln beim gemeinsamen Gamen noch viel beibringen. Die Eltern haben jeweils einen Laptop, auch die ältere Tochter hat einen, den sie zum Schreiben nutzt. Alle drei Kinder haben einen iPod Touch, auf dem vor allem Hörspiele zu finden sind, aber auch Spiele-Apps und YouTube.

Da die Kinder auf eine Freie Schule gehen und dort tagsüber meist draußen sind, auf Bäume klettern und spielen, dürfen sie den restlichen Teil des Tages frei über ihre digitalen Endgeräte verfügen. Es gibt nur wenige Einschränkungen: Am Abendbrottisch werden alle Geräte weggelegt, auch die der Erwachsenen. Sollten die Kinder abends im Bett noch etwas auf ihren iPods oder den Tablets gucken wollen, dürfen sie keine Kopfhörer mit Kabeln nutzen. Sind Freunde zu Besuch, wird ohne Medien gespielt, da die Beschränkungen der anderen Familien nicht untergraben werden sollen. In den Ferien ist medienfreie Zeit für alle (auch für die Erwachsenen), Ausnahme: »Wenn wir in der schulfreien Zeit wegfahren, dürfen alle Endgeräte benutzt werden.«

1. Euer Sohn (7) sagt, dass alle seine Freunde schon ein richtiges Smartphone haben und dass sie sich damit per Sprachnachricht zum Fußballspielen verabreden. Er fühlt sich total abgeschnitten und hätte deshalb auch gern eins.

   Familie B
   »Das lösen wir ziemlich einfach, denn das erste Smartphone gibt es nämlich kategorisch dann, wenn etwa die Hälfte der Klasse schon eines hat. Das muss beim zweiten Kind natürlich nicht der gleiche Zeitpunkt wie beim ersten Kind sein, aber es ist einer, der uns ungefähr richtig vorkommt. Das Kind muss weder als Erstes ein Handy haben noch als Schlusslicht – etwa die Mitte, das muss okay sein. Und fair kommt es uns auch vor.«

2. Es ist 18 Uhr. Ihr ruft eure 14-jährige Tochter zum Abendessen. Vor einer Stunde habt ihr ausgemacht, dass es um 18 Uhr Abendessen gibt. Sie aber spielt gerade *League of Legends*

und kommt nicht. Der Deal ist jedoch: Es wird gemeinsam gegessen. Erst reagiert sie gar nicht, und als ihr noch mal ruft, knallt sie ihre Zimmertür zu.

Familie C

»Uns Eltern ist gemeinsame Essenszeit sehr wichtig, weil da die Familie zusammenkommt und wir uns über den Tag unterhalten können. Das ist immer sehr schön und entspannt. Heiliger ist in unserer Familie allerdings noch das kindliche Spiel, weil Kinder übers Spielen nachhaltig lernen. Unsere Regel lautet also: Spiel geht vor! Wenn wir zum Essen rufen, kommen die Kinder meist. Ist jedoch eins von ihnen gerade im Flow und spielt vertieft, dann kommt es eben später. Ob das jetzt Spiel mit Bausteinen ist oder an der Konsole, macht keinen Unterschied. Flow ist Flow. Unser Abendessen dauert meist über eine Stunde, da wir Erwachsenen gerne noch beieinandersitzen, erzählen, planen usw., so dass das spielende Kind immer Zeit hat, von selbst aus dem Flow aufzutauchen und zum Essen zu kommen. Sollte es zu lange dauern, erinnern wir es, aber gezwungen wird hier niemand an den Abendbrottisch. In dem Fallbeispiel würden wir Eltern vermutlich einen Teller mit Broten und Obst zurechtmachen und der Tochter ins Zimmer stellen, denn offenbar ist ihr das, was sie gerade macht, ja extrem wichtig. Vielleicht hat sie Lust, uns darüber beim Frühstück zu erzählen.«

3. Freitag erscheint der langersehnte Teil 2 des Lieblingscomputerspiels eurer Tochter (12). Sie ist schon total aufgeregt. Am kommenden Montag schreibt sie allerdings eine wichtige NaWi-Arbeit.

Familie A

»Ein eher theoretisches Szenario für uns, weil hier keine Computerspiele ›ersehnt‹ werden, aber ich sehe grundsätzlich keinen Widerspruch. Sofern das erforderliche Lernpensum bis zur Arbeit erledigt wird, spricht aus meiner Sicht nichts gegen wie auch immer geartete Freizeitbeschäftigungen.«

4. Euer Sohn (13) geht eigentlich immer pünktlich und ohne Widerspruch um 20 Uhr Zähne putzen und schläft dann spätestens um 22 Uhr. Trotzdem kommt er morgens total schwer in die Gänge. Er ist supermüde, und immer öfter verschläft er. In der Schule ist er gereizt, und seine Noten haben sich im vergangenen Halbjahr kontinuierlich verschlechtert. Nicht dramatisch, aber die Vieren kommen jetzt nicht mehr nur sporadisch.

Familie C

»Das Fallbeispiel klingt nicht so, als würde der Junge übermäßig spielen. Ich würde also eher den Eisenstatus seines Blutes checken lassen, oder vielleicht hat er was mit der Schilddrüse? Vermutlich würde ich ›Kind immer müde, welche Gründe?‹ googeln und dann noch herausfinden, dass er eine unerkannte Diabetes haben könnte oder vielleicht zu wenig Wasser trinkt usw. Dementsprechend würde ich ihn zum Arzt schicken. Wenn das alles ausgeschlossen worden ist, würde ich mit ihm besprechen, warum sich die Noten vermutlich verschlechtert haben und wie wir Eltern ihm helfen können. Vielleicht kann er den Stoff ja besser über Tutorials auf YouTube verstehen, davon gibt es ja eine Menge sehr gute.«

5. Urlaub! Ihr habt einen tollen Ausflug ans Meer geplant. Der Picknickkorb ist gepackt. Als es losgehen soll, haben eure Kinder (9 und 14) keine Lust mitzukommen und wollen lieber YouTube schauen.

Familie B

»Das kommt bei uns so nicht mehr vor, weil wir meilenweit vorher festlegen und besprechen, wer wann wie zu seinem Recht und zu seinem Spaß kommen kann und was vielleicht für wen unter Pflicht fällt und ob das richtig so ist. Das war eine größere Umstellung, immer alles zu planen, aber es hat sich gelohnt. Und natürlich halten nicht alle Pläne der anstürmenden Wirklichkeit stand, ganz und gar nicht, aber allein die Tatsache, dass man einmal gesprochen hat, schafft schon viel mehr Klärungsmöglichkeiten.«

6. Die Mutter einer Klassenkameradin eurer elfjährigen Tochter ruft euch an und berichtet, dass eure Tochter einen TikTok-Account hat, von dem ihr bislang nichts wusstet.

Familie A

»Ich würde nachschauen, was TikTok ist. Dann würde ich meine Tochter fragen, was TikTok ist, und ihr dann klarmachen, dass ich nicht verstehe, warum sie sich über die medienpädagogischen Anweisungen der Schule und unsere Vorgaben hinwegsetzt. Ich würde verdeutlichen, warum ich und viele andere die Veröffentlichung von Videos im Internet durch Kinder für keine gute Idee halte. Aber wie gesagt, nur theoretisch, denn unsere elfjährige Tochter hat gar kein Smartphone. Unsere ältere Tochter hat keine Zeit für (und kein Interesse an) solche(r) Art der Freizeitgestaltung. Und zu guter Letzt wäre die Installation der App dank *Family Link* gar nicht möglich gewesen ...«

7. Ihr bekommt mit, dass durch den Klassenchat eures 17-jährigen Kindes das Foto eines euch unbekannten Mädchens geistert. Das Mädchen ist oben ohne.

Familie C

»Ich würde sowohl mit meinem Kind reden als auch eine Projektreihe an der Schule des Kindes anleiern. Es ginge mir darum, dass die Teenager sich in die Situation dieses Mädchens hineinversetzen. Wie fühlt sie sich vermutlich, wenn sie erfährt, dass ihr Nacktbild herumgeschickt wird? Wie sieht es aus, wenn sie es nie erfährt – ist das Herumschicken dann okay? Woher stammt das Bild vermutlich? Ist es günstig, Nacktbilder an einen Schwarm oder seinen festen Freund zu schicken? Wie sieht es denn mit Dickpics aus? Ist es okay, einer Wildfremden im Internet seine intimen Teile per Foto zuzuschicken? Warum machen das einige? Wie fühlen die Empfängerinnen und Empfänger sich vermutlich? Kurz: Empathie und Moralentwicklung sollte das Projekt fördern, und es müsste dann auch über die DSGVO und die Rechte am eigenen Bild gesprochen werden. Das, was die Teenies da gemacht haben, ist ja klar gegen das Gesetz. Ich denke, das war ihnen nicht bewusst. Sollte es aber.«

8. Dein Sohn (9) will das Spiel spielen, das sein Bruder (14) spielt. Das Spiel hat eine USK-Empfehlung von 16 Jahren.

Familie A

»Ich habe mir das Spiel schon angeschaut, weil ich es dem großen Bruder ja schon erlaubt habe. Jetzt nehme ich noch mal eine eigenständige Bewertung vor, ob das Spiel auch noch für ein neunjähriges Kind in Ordnung ist oder nicht.«

9. Euer Kind (6) hat eine App heruntergeladen, über die ihr just am nächsten Tag zufällig lest. Die App sammelt exzessiv Daten und steht im Verdacht, auf Systeme zuzugreifen, auf die sie eigentlich keinen Zugriff haben darf. Allerdings sind im Moment alle Jugendlichen ganz verrückt nach ihr. Die App verfügt nämlich über eine Greenscreen-Funktion, mit deren Hilfe man sich an die verrücktesten Orte bringen kann. Zumindest auf dem Foto.

Familie B

»Man kann all diese Sachen schon einem Sechsjährigen erklären, das würden wir also angehen. Und außerdem hoffen, dass bei *Logo* etc. schon etwas dazu zu finden ist.«

10. Es ist 20 Uhr. Zusammen mit eurem Kind (4) habt ihr gerade auf Netflix eine Folge *Dino Dana* geschaut. Jetzt soll es eigentlich ins Bett gehen. Euer Kind will aber noch eine Folge gucken. Unbedingt. Als ihr verneint, bekommt es einen Wutanfall.

Familie A
»Grundsätzlich haben unsere Kinder mit 4 Jahren um 20 Uhr bereits geschlafen; zudem haben sie nur in Ausnahmefällen (z. B. die Jüngere, weil die Ältere schon etwas schauen durfte) ferngesehen. Ansonsten bin ich ein großer Freund von Transparenz und Konsequenz: Wenn es so vereinbart ist und keine ernstzunehmenden Argumente für eine Abweichung vorgebracht werden können, wird es so gemacht. In dem Fall: Kind in Kinderzimmer bringen, Wutanfall aushalten, mit etwas ablenken und dann ins Bett legen.«

11. Euer Kind (10) hat über einen Messenger-Dienst einen Drohbrief bekommen: »Leite diese Nachricht an fünf Kontakte weiter, oder deine beste Freundin stirbt.« Ihr löscht den Brief. Daraufhin rastet euer Kind fast aus, weil es ihn jetzt nicht weiterleiten kann.

Familie C
»Meine Kinder haben diesen einen typischen Messenger-Dienst aus guten Gründen nicht auf ihrem Handy. Aber nehmen wir an, sie hätten trotzdem so einen Droh-Kettenbrief bekommen. Ich kenne die meisten dieser Briefe schon und habe auch schon oft Gespräche darüber geführt. Vor allem erzähle ich, dass es diese Art von Kettenbriefen bereits in meiner Kindheit gab, da eben noch als Papiervariante, und dass niemandem, der das nicht weitergeleitet hat, je etwas passiert ist, inklusive mir selbst. Hilfreich sind für solche Gespräche auch Seiten wie *Mimikama.at*, die herausfinden, woher der Brief stammt, was das gruselige Foto wirklich zeigt usw. Ein

klitzekleines bisschen bleiben Kinder nach einem Gespräch meist noch beunruhigt, aber wenn dann der in dem Brief beschriebene Zeitraum herum ist, ohne dass etwas passiert, sind sie überzeugt. Und dann sind sie entspannt, wenn sie einen zweiten, dritten oder vierten solchen Drohbrief erhalten.«

12. Es war wirklich keine Absicht, aber ihr habt mitbekommen, dass euer Kind (12) auf seinem Smartphone einen knapp dreiminütigen Hardcore-Porno-Clip hat.

Familie C

»Das arme Kind, jetzt muss es mit einem Elternteil leider über die Darstellung von Sexualität, die Pornoindustrie und über Consent reden. Sex ist super, aber ein Hardcore-Porno ist für jemanden unter 18 nicht das richtige Anschauungsmaterial. Da formen sich ja total überzogene Vorstellungen von der Größe und Standfestigkeit von Penissen und der Willigkeit von Frauen. Das Video muss das Kind selbstverständlich löschen. Vielleicht findet es ja etwas weniger Krasses, mit dem es seine ... äh ... Neugier befriedigen kann. Hat die Zeitschrift *Bravo* eigentlich mittlerweile eine Dr.-Sommer-App?«

Kindermund und digitale Medien*

Kind 1: »Warum räumst du nur die eine Zimmerecke auf? Skypen wir gleich mit deiner Mutter?«

Der Kindkumpel lebt quasi seit Sonntag hier. Ich dachte, er mag uns und mein Selbstgekochtes. Heute erfuhr ich, dass daheim der WLAN-Router kaputt ist.

(Twitter.com/twielerin)

Im dunklen Flur begegnet mir Kind 2: »Es wäre schön, wenn mich ab morgen ein Computer weckt, Mama. Das vertrage ich besser als deine Stimme.«

Mein kleiner Bruder sucht online mit dem Laptop meiner Eltern immer kurz vor seinem Geburtstag nach tollen Sachen, die er sich zum Geburtstag wünscht, damit sie überall Werbung von diesen tollen Sachen angezeigt bekommen. Was ein Fuchs!

(Twitter.com/Shiny1jux)

Kind 2 stellt eine Frage. Ich antworte. Kind 2: »Interessant. Kann ich zur Sicherheit noch mal Siri fragen, bitte?«

* Ganz herzlichen Dank an @der_Luebeck, @mama2punkt0, @MaxineMuemmel, @Nerdator, @prouschdavid, @Shiny1jux und @twielerin, die mir ihre Tweets überlassen haben.

Kind mit Salamibrot und Touchscreen.
Beziehungsstatus: Es ist schmierig.
(Twitter.com/MaxineMuemmel)

In der Arztpraxis auf der Toilette mit Kind 2, dreht Siri plötzlich durch: »ICH HABE DICH LEIDER NICHT VERSTANDEN. SOLL ICH NACH KACKA IM INTERNET SUCHEN?«

Kind (5) nimmt sich ein Lexikon aus dem Bücherregal und sagt: »Ich googel mal Käferarten.« Digital Native.
(Twitter.com/mama2punkt0)

Komme aus meinem Zimmer. Kind 3 begeistert: »Ist der Computer aus, kommt die Mama raus.« Hmmmm …

Kind macht im Zoo an der Scheibe vom Tiergehege die iPhone Fingerspreiz-Geste, um sich das Tier näher anzusehen. Ein wahrer Digital Native!
(Twitter.com/Nerdator)

Kind 3 wünscht sich zu Weihnachten ein eigenes Passwort.

In der 3. Klasse kommt die Frage auf, mit welchen Programmen Seiten im Internet betrachtet werden können. Schüler: Dafür brauchst du den Mozzarella Firefox.
(Twitter.com/prouschdavid)

Kind 2 lässt einen offenen Joghurt fallen: »Willst du daraus was fürs Blog machen, oder soll ich's aufwischen?«

Habe meinem Sohn (7) erzählt, dass wir früher auf den Handys noch keine Spiele hatten. Er dann irritiert: »Und was habt ihr dann mit denen gemacht?!«
(Twitter.com/der_Luebeck_)

Ich hab Kind 1 vor 20 Sekunden eine Nachricht geschrieben, und es hat noch nicht geantwortet. Wo ist die internetsüchtige Jugend, wenn man sie braucht?!

Kind 3 war ein paar Tage krank. Dank diverser Netflix-Naturdokus beherrscht es nun die Balzrufe von 57 verschiedenen Vogelarten.

Kind 2 kommt ins Zimmer und erwischt mich beim Sortieren der Nikolausgeschenke: »Keine Sorge, Mama, ich weiß schon, dass du der Nikolaus bist.« Ich: »WAS? Seit wann?« Kind 2: »Seit ich YouTube gucke.«

»Zimmer aufräumen!« Kind 3: »So schlimm wie auf deinem Desktop sieht es noch lange nicht aus!«

Glossar

Zahlen

404-Seite würde bei der Post »Adresse konnte nicht ermittelt werden« lauten. Ruft man in einem existierenden Internetangebot eine Seite auf, die es nicht (mehr) gibt, oder folgt einem fehlerhaften Link, gibt das System »404, Page not found« aus und leitet (meistens) auf eine eigens dafür gestaltete Fehlerseite weiter.

Sonderzeichen

<3 stellt ein umgekipptes Herz dar und steht für Liebe.

¯_(ツ)_/¯ ist der sogenannte Shruggie, vom englischen »to shrug«, was »mit den Achseln zucken« bedeutet. Man wendet es an, wenn man sagen will: »Joa, dann ist das eben so.« Da der Shruggie lächelt, drückt er eine gewisse Fröhlichkeit und Gelassenheit aus.

!eins11!! wird in verschiedenen Variationen dafür verwendet, ironische Übertreibung auszudrücken. Man will eigentlich viele Ausrufezeichen tippen, kommt aber von der Shift-Taste ab, und dann wird statt des »!« eine »1« getippt. Eine weitere ironische Steigerung von »!!1!11« stellt das Ausschreiben der »11« als »ELF« oder der »1« als »eins« dar.

A

AAA-Computerspiel ausgesprochen »Triple-A«-Computerspiel – ist eine informelle Klassifikation, die Spiele mit sehr hohen Entwicklungs- und Marketingbudgets bezeichnet.

AGB ist die Abkürzung von *Allgemeine Geschäftsbedingungen* (das Kleingedruckte, das mindestens 90 Prozent der Menschen mit »Ja, ja, gelesen« wegklicken).

B

BASIC steht für *Beginner's Allpurpose Symbolic Instruction Code*, was so viel bedeutet wie »symbolische Allzweck-Programmiersprache für Anfänger«. BASIC wurde schon Mitte der 1960er entwickelt. Um in den 1980ern seinen Heimcomputer zu starten, brauchte man mindestens Grundkenntnisse in BASIC, da die meisten Rechner beim Einschalten den BASIC-Interpreter starteten, der das Laden weiterer Programme nur unter Verwendung von BASIC-Befehlen erlaubte.

Bingewatchen vom englischen »binge« (Fressgelage) und »watch« (schauen). Eine Serie zu bingewatchen bedeutet, dass man nicht jede Woche eine Folge schaut, sondern einfach alle (oder sehr viele) Folgen hintereinander.

Blog ist eine Art regelmäßig geführte, öffentlich zugängliche Webseite. Die Einträge sind chronologisch geordnet. Neuste Einträge stehen an erster Stelle. Es gibt eine erbitterte Diskussion darüber, ob es der oder das Blog heißt. Es heißt natürlich »das Blog«.

C

C16 steht für *Commodore 16* und ist ein 8-Bit-Heimcomputer der Firma Commodore, der 1985 auf den Markt kam.

Challenges sind Herausforderungen oder Mutproben, die man sich gegenseitig stellt.

Chat vom englischen »to chat« (plaudern/sich unterhalten) bezeichnet die elektronische Kommunikation mittels eines geschriebenen Textes in Echtzeit, meist über das Internet.

Consent vom englischen »consent« (Einverständnis). Im Zusammenhang mit Sex ist die bewusste und mündige Zustimmung zum Sex gemeint.

Controller, eigentlich *Gamecontroller*; ist eine Bedieneinheit für Spielkonsolen. Synonym: Gamepad.

Cybergrooming vom englischen »groom« (anbahnen, vorbereiten) ist der Fachausdruck für Handlungen, die einen sexuellen Missbrauch vorbereiten. Die Vorsilbe »Cyber« bedeutet, dass diese Anbahnungsversuche im Internet stattfinden, z. B. auf sozialen Plattformen oder in Videospielen, die über das Internet gemeinsam mit anderen gespielt werden können.

D

Dickpic wörtlich: Penisfoto. So etwas bekommt man als Frau im Internet gelegentlich ungefragt zugesendet. Bevor ich das erste bekommen habe, dachte ich, man erhielte nur Fotos von normschönen erigierten Penissen – in der Zwischenzeit weiß ich, dass man Dickpic auch mit »schlaffe Würstchenfotos« übersetzen kann. Mich beschäftigt seit Jahren die Frage, ob die Absender wirklich denken, dass eine Frau daraufhin begeistert antwortet, weil sie denkt: »Cool, der Typ schickt mir ungefragt ein Foto seines schrumpeligen Geschlechtsteils. Der scheint nett zu sein, mit dem würde ich mich gerne mal treffen.«

Digital Immigrants So nennt man Menschen, die geboren wurden, bevor es das Internet gab, bzw. die erst im Erwachsenenalter damit begonnen haben, das Internet in irgendeiner Form zu nutzen.

Digital Natives So nennt man Menschen, die von klein auf mit Informationstechnologien und dem Internet aufgewachsen sind und eine Welt ohne digitale Medien gar nicht kennen.

DSGVO ist die Abkürzung für *Datenschutz-Grundverordnung*. Sie regelt innerhalb der Europäischen Union die Verarbeitung personenbezogener Daten und trat im Mai 2018 in Kraft.

E

Ende-zu-Ende-Verschlüsselung Damit ist stark vereinfacht gemeint, dass eine Nachricht (oder Daten) auf dem Weg von A nach B gesichert sind. Nur die Kommunikationspartner können die Nachricht entschlüsseln. Damit wird das Abhören der Nachrichten unterbunden. Für Messenger-Dienste ist die Ende-zu-Ende-Verschlüsselung mittlerweile Standard. Auch im Hinblick auf E-Mails hat sich die Situation seit dem NSA-Skandal verbessert, wenngleich es nach wie vor große Qualitätsunterschiede bei der Umsetzung gibt.

Ego-Shooter vom lateinischen *»ego«* (ich) und dem englischen *»shooter«* (Schießspiel). Das Wort bezeichnet eine Kategorie von Computerspielen, bei der der/die Spieler*in aus der Egoperspektive andere Spieler*innen oder computergesteuerte Gegner*innen mit Waffen bekämpft. Das Wort *Ego-Shooter* wird nur im deutschen Raum verwendet. Im englischsprachigen Raum spricht man von *First-Person-Shootern*.

Emotes Mit Emotes können Gefühle oder Aktionen ausgedrückt werden. Emotes können auch spezielle (Chat-)Befehle sein, mit denen ein Spielcharakter eine Animation ausführt. Die einfachste Form ist es, in einem Text zwischen zwei Sternchen ein Gefühl zu beschreiben, z. B. *ist traurig*. Heutzutage handelt es sich oft um kurze Tanzsequenzen in Spielen.

F

Filterbubble ist ein Begriff, der im Zusammenhang mit dem Internet ausdrückt, dass man sich immer in einer bestimmten Gesellschaft von Menschen aufhält, die ähnlich denken wie man selbst. Auch außerhalb des Internets gibt es Filterbubbles, z. B. die der Eltern, wenn man selbst Kinder hat. Sind die Kinder groß, wächst man aus der Filterbubble heraus und versteht bestimmte Dinge plötzlich nicht mehr. Beispielsweise wie nervig es ist, genau um 20 Uhr (wenn die meisten ihre Kinder ins Bett bringen) angerufen zu werden.

G

Greenscreen ist ein visueller Effekt, um Hintergründe in Fotos oder Videos auszutauschen. Es gibt auch einen *Bluescreen*. Beide Farben werden verwendet, weil sie sich farblich von Hauttönen abheben sollen.

H

Hashtag setzt sich zusammen aus dem englischen »hash« für das Schriftzeichen Doppelkreuz »#« und dem englischen »tag« für Markierung. Im Internet werden Hashtags verwendet, um Inhalte in sozialen Netzwerken Kategorien oder Themen zuzuordnen und sie so leichter auffindbar zu machen. #glossar #erklärung #besserkeineUmlauteverwenden

Haul heißt wörtlich übersetzt: ein Fang. In einem Haul-Video werden kürzlich gekaufte Produkte vorgestellt. Man unterscheidet hauptsächlich Fashion- und Food-Hauls (also Mode- und Esseneinkäufe). Doch, doch, das ist tatsächlich ein eigenes YouTube-Genre!

Hoax vom englischen »hoax« (Scherz). Es wird oft synonym mit Falschmeldung verwendet. In den 1980ern hätte man vielleicht noch »Zeitungsente« gesagt. Hoaxes werden in Büchern, Zeitschriften, Zeitungen, per E-Mail, Messenger-Diensten oder sonst wie verbreitet, von vielen für wahr gehalten und daher an Freund*innen und andere Menschen weitergeleitet.

Honk abfälliges Wort, das »Idiot« oder »Depp« meint.

I

In-App-Käufe ist der Begriff für alle Arten von Käufen, die man innerhalb einer App tätigen kann. Ist die App ein Spiel, verwendet man auch den Begriff → In-Game-Käufe (oder In-Game-Purchases).

In-Game-Käufe ist der Begriff für alle Arten von Käufen, die man innerhalb eines Spiels tätigen kann. Manchmal sind diese Käufe nur kosmetischer Natur, verändern also die Optik. In *Fortnite: Battle Royale* z. B. die Tänze (→ Emotes) oder → Skins.
Manchmal sind die Dinge, die man kauft, aber nötig, um im Spiel weiterzukommen (»pay to win«). Das kann Druck auf Kinder ausüben und Unmengen an (Taschen-)Geld verschlingen.

ICD-11 steht für *International Statistical Classification of Diseases and Related Health Problems.* Dabei handelt es sich um das wichtigste, weltweit anerkannte Klassifikationssystem für medizinische Diagnosen.

iOS ist das Betriebssystem des iPhones und steht für *Internetwork Operating System.*

IoT ist die Abkürzung von *Internet of Things* (Internet der Dinge) und umfasst alle Geräte, die irgendwie mit dem Internet verbunden sind. Als Beispiel wird meist der Kühlschrank genannt, der seinen Befüllungszustand selbst erfasst und dann die fehlende Milch nachbestellt. Seltsam, denn niemand hat so einen Kühlschrank. Alexa und Co. sind IoT-Geräte, und weit verbreitet sind in der Zwischenzeit auch Brandschutzmelder, die eine Nachricht auf eine App schicken, wenn es zur Rauchentwicklung kommt. Leider lässt das Thema IT-Sicherheit bei der Entwicklung dieser IoT-Technologien oft zu wünschen übrig, so dass, was so schön praktisch ist, zum Einstiegstor für Hacker und Kriminelle werden kann. Ganz zu schweigen davon, was die Anbieter dieser IoT-Technologien mit den erfassten Daten machen können.

M

MAC-Adresse ist die eindeutige physikalische Adresse eines elektronischen Gerätes an einer Netzwerkschnittstelle. Anhand der MAC-Adresse ist jedes Gerät auf der Welt genau identifizierbar. Es liegt nicht im Sinne des Herstellers, aber eine MAC-Adresse kann mit verschiedenen Tools oder Programmen geändert werden.

m(ist das Symbol für *Facepalm*. Es setzt sich aus dem englischen »face« (Gesicht) und »palm« (Handfläche) zusammen und wird benutzt, um Fremdscham über die »Dummheit« oder Ungeschicklichkeit einer Person oder Tat auszudrücken: Man schlägt sich mit der flachen Hand auf die Stirn.

Messenger-Dienste ist ein Sammelbegriff für alle Apps, mit denen man sich Nachrichten schicken kann (z. B. iMessages, Threema, Wire, Signal, WhatsApp).

Mogwais sind dem Menschen feindlich gesinnte Dämonen. Der Mogwai in dem Film *Gremlins* heißt Gizmo und ist sehr süß. Erst wenn er nach Mitternacht etwas isst oder Wasser trinkt, vermehrt er sich durch Sprösslinge – und die sind dann nicht mehr süß.

N

Netiquette bezeichnet einen Verhaltenskodex im Netz.

O

OMG ist die Abkürzung für »Oh, mein Gott!« bzw. »Oh My God!«

Open Source bedeutet, dass der Quellcode einer Software offen und frei zugänglich ist, sprich von Dritten eingesehen und weiterentwickelt werden kann, sofern er zusätzlich einer offenen Lizenz unterliegt. Offener Quellcode garantiert ein Höchstmaß an Transparenz in die Software. Die Qualität von Open-Source-Software ist nachweisbar. Open-Source-Software ist (so die idealistische Idee) sehr gut dokumentiert, schafft Innovation und Standards.

P

Panel wird umgangssprachlich für Podiumsdiskussion verwendet.

Peergroup bezeichnet die Bezugsgruppe bei Jugendlichen, also die Jugendlichen, mit denen er oder sie z. B. seine Freizeit verbringt.

Pentabug ist ein Projekt, das traditionell in Lötworkshops für Kinder angeboten wird. Die gelötete Platine sieht aus wie ein Käfer (englisch: »bug«).

Prank nannte Oma noch »Streich«. Ein Prank ist z. B., jemandem 40 handtellergroße Spinnen unter die Bettdecke zu legen.

Q

Quest vom englischen »quest« (Suche). In Computerspielen sind Quests Aufträge, die normalerweise von computergesteuerten Figuren erteilt werden. Manche Quests muss man abschließen, damit die Handlung im Spiel weitergeht, andere sind optional. Unterschieden wird dementsprechend zwischen Haupt- bzw. Mainquests und Neben- bzw. Sidequests, wobei die Hauptquests in der Regel die Geschichte vorantreiben und die Nebenquests eher dazu dienen, Charakterwerte und Ausrüstung zu verbessern, Schätze zu finden oder kleine Geschichten zu erleben, die der Spielwelt zusätzliche Tiefe verleihen.

S

Screenshot ist das digitale Foto der Oberfläche eines Bildschirms.

Skins vom englischen »skin« (Haut). In Computerspielen sind damit das Aussehen des Spielcharakters oder dessen Ausstattung/Waffen gemeint. In vielen Spielen können weitere Skins freigespielt oder gekauft werden. In der Regel wirken sich die optischen Veränderungen nicht auf die Spielmechanik aus. Erwachsene haben manchmal kein Verständnis für den Wunsch von Kindern/Jugendlichen, Taschengeld in das Aussehen von Computerspielfiguren zu investieren. Mein Kind hat mich mal gefragt: »Mama, warum gibst du eigentlich Geld für Schminke aus? Du siehst geschminkt ja nicht anders aus, sondern nur bunter …«

Switch ist eine portable Spielkonsole aus dem Hause Nintendo, die aber auch am heimischen Bildausgabegerät betrieben werden kann.

T

Tethering bezeichnet die Verbindung eines Smartphones mit einem weiteren Gerät, um diesem eine Internetverbindung über das Mobilfunknetz zu ermöglichen. Das heißt, man braucht mit Empfang und

Datenvolumen kein WLAN, um beispielsweise mit einem Computer ins Internet zu kommen.

Timeline Damit meine ich im Zusammenhang mit sozialen Netzwerken die Ansicht, die durch die Beiträge der Accounts, denen man folgt, entsteht. Sie kann chronologisch sein, aber auch anderen Logiken folgen, indem z. B. das, was viel gelikt wurde, ganz oben steht. Meine Timeline auf Twitter ist somit eine andere als eure.

Tinkern bedeutet hier »basteln«. So kann man z. B. aus Technikschrott und altem Spielzeug Roboter bauen, oder man baut mit selbstklebendem Kupferband und LEDs leuchtende Motive auf Papier.

tl;dr ist die Abkürzung für *too long; didn't read* und bedeutet so viel wie: zu lang, deswegen habe ich es nicht gelesen! tl;dr stellt daher die wesentlichen Punkte eines Textes zusammen, damit die Leser*innen auf einen Blick wissen, worum es geht, ohne den gesamten Text gelesen zu haben. Ihr lest den Text natürlich trotzdem.

Token ist – im Kontext der Zwei-Faktor-Authentifizierung – eine Hardwarekomponente zur Identifizierung und Authentifizierung von Benutzern, z. B. das Smartphone. Es gibt aber auch eigenständige Token.

Turtleneck wörtlich »Schildkrötennacken«. Hier: Heidi Klum sagt das, damit »ihre Mädchen« für Fotos den Hals schön strecken, um schlank und rank auszusehen und keine Halsfalten zu haben. Schultern runter, Kinn nach vorne.

Tutorial Das englische »tutorial« bedeutet Lernprogramm. Spiele-Tutorials sind integraler Bestandteil eines Computerspiels und führen an das Spiel heran. Man lernt die einzelnen Aktionen kennen und übt sie auf dem jeweiligen Controller ein.

U

URL steht für *Uniform Resource Locator* und meint meist die Adresse einer Website. Sie beginnt z. B. mit https:// ...

USK ist die Abkürzung für Unterhaltungssoftware-Selbstkontrolle. In Deutschland prüft die USK jedes neue Videospiel, das in den Handel kommt, und spricht eine Altersfreigabe hierfür aus. Onlinespiele werden nicht von der USK bewertet.

Quellen

[0] Ihr lest wirklich Endnoten? Toll. Schickt mir eine E-Mail an endnote@dasnuf.de, und ich schicke euch mein Lieblingszitat von Niklas Luhmann!

[1] Danielle Graf und Katja Seide: Das gewünschteste Wunschkind aller Zeiten treibt mich in den Wahnsinn, 2019

[2] Philippe Wampfler: Generation »Social Media«. Wie digitale Kommunikation Leben, Beziehungen und Lernen Jugendlicher verändert, 2014

[3] Lukas Wagner: Die Generation Digital. Heranwachsen in einer vernetzten Welt, 2019

[4] zitiert nach Danielle Graf und Katja Seide: Das gewünschteste Wunschkind aller Zeiten treibt mich in den Wahnsinn, 2019 (S. 88)

[5] Danielle Graf und Katja Seide: Das gewünschteste Wunschkind aller Zeiten treibt mich in den Wahnsinn, 2019 (S. 91)

[6] https://www.divsi.de/publikationen/studien/divsi-u25-studie-kinder-jugendliche-und-junge-erwachsene-in-der-digitalen-welt/5-internet-nutzung-im-ueberblick-wie-junge-menschen-in-digitale-alltagsstrukturen-hineinwachsen/5-5-die-eltern-kind-beziehung-bei-digitalen-themen/

[7] https://killscreen.com/articles/review-ready-steady-bang/

[8] https://de.statista.com/statistik/daten/studie/1365/umfrage/bevoelkerung-deutschlands-nach-altersgruppen/

[9] https://youtu.be/3x-RgfGNZT4

[10] https://julia-karnick.de/jungs-und-computer-spiele/

[11] Lukas Wagner: Die Generation Digital. Heranwachsen in einer vernetzten Welt, 2019

[12] https://de.statista.com/statistik/daten/studie/209329/umfrage/fuehrende-videoportale-in-deutschland-nach-nutzeranteil/

[13] https://www.mpfs.de/fileadmin/files/Studien/JIM/2018/Studie/JIM_2018_Gesamt.pdf

[14] https://malisastiftung.org/wp-content/uploads/Selbstinszenierung-in-den-neuen-Medien.pdf

[15] https://www.deutschlandfunkkultur.de/10-dinge-die-an-maedchen-nerven-geschlechterklischees-in.3720.de.html?dram:article_id=383646

[16] https://www.youtube.com/watch?v=dmVMrwAvefY&feature=youtu.be

[17] https://www.youtube.com/watch?v=zqOHHXY9s-Q

[18] https://www.youtube.com/user/HoneyballLP

[19] https://www.youtube.com/channel/UC3KEoMzNz8eYnwBC34RaKCQ

[20] https://www.youtube.com/channel/UCxSz6JVYmzVhtkraHWZC7HQ

[21] JIM-Studie 2018: https://www.mpfs.de/studien/jim-studie/2018/

[22] https://www.youtube.com/channel/UCLoWcRy-ZjA-Erh0p_VDLjQ

[23] https://www.youtube.com/channel/UCUueEx_ceEQrjlR9ctPNKyg
[24] https://www.youtube.com/channel/UCAg2STE06k5ibYTPvD2UaiQ
[25] https://www.youtube.com/channel/UCmiQ_T2HNcsP1k1ydNZ-JKA
[26] https://www.youtube.com/channel/UCyHDQ5C6z1NDmJ4g6SerW8g
[27] https://www.youtube.com/user/DorFuchs
[28] https://www.youtube.com/playlist?list=PLOt42OV4iUDKlQd-wlGhppekXZsV3TkQ_Z
[29] https://medially.podigee.io/17-genderstereotype
[30] https://www.youtube.com/channel/UC-be6zeJzhz-bnv-PIxCemg
[31] https://www.tubefilter.com/2015/07/26/youtube-400-hours-content-every-minute/
[32] https://www.forbes.com/sites/natalierobehmed/2018/12/03/highest-paid-youtube-stars-2018-markiplier-jake-paul-pewdiepie-and-more/#34c74bd909ac
[33] https://www.youtube.com/channel/UChGJGhZ9SOOHvBB0Y4DOO_w
[34] https://www.deutschlandfunkkultur.de/10-dinge-die-an-maedchen-nerven-geschlechterklischees-in.3720.de.html?dram:article_id=383646
[35] https://2j39y52a62gm1afygb3g1xbu-wpengine.netdna-ssl.com/wp-content/uploads/2019/03/MOMO-Online-Safety-Guide-for-Parents-February-2019.pdf
[36] https://www.bmfsfj.de/blob/93926/a21d212ef3d0bc9e24d6a1a40ed318d5/geflimmer-im-zimmer-data.pdf
[37] https://www.medienanstalt-nrw.de/fileadmin/user_upload/lfm-nrw/Foerderung/Forschung/Dateien_Forschung/forsaHate_Speech_2018_Ergebnisbericht_LFM_NRW.PDF
[38] https://www.mpfs.de/studien/jim-studie/2018/
[39] https://demokratiezentrum-bw.de/demokratiezentrum/vorfall-melden/#respect
[40] https://t3n.de/news/WhatsApp-nutzerdaten-facebook-1082133/
[41] https://www.sueddeutsche.de/digital/silicon-valley-WhatsApp-gruender-verlaesst-facebook-1.3962648
[42] https://www.WhatsApp.com/legal/#terms-of-service
[43] https://www.klicksafe.de/fileadmin/media/documents/pdf/klicksafe_Materialien/Lehrer_Allgemein/UE_Klassenchat_Plakat.pdf
[44] https://www.saferinternet.at/fileadmin/categorized/Materialien/Aktiv_gegen_Cyber_Mobbing.pdf
[45] http://www.du-doof.org/#mobbing
[46] https://www.bpb.de/shop/lernen/entscheidung-im-unterricht/176096/cybermobbing-ignorieren-oder-anzeigen
[47] https://www.zeit.de/2014/26/cybermobbing-pubertaet-erotikvideo/komplettansicht
[48] https://www.saferinternet.at/fileadmin/categorized/Materialien/Aktiv_gegen_Cyber_Mobbing.pdf

[49] https://www.klicksafe.de/themen/kommunizieren/cyber-mobbing/tipps-fuer-paedagogen-und-jugendliche/

[50] https://eltern.bke-beratung.de/views/home/index.html

[51] https://www.nummergegenkummer.de/elterntelefon.html

[52] https://jugend.bke-beratung.de/views/home/index.html

[53] https://www.nummergegenkummer.de/kinder-und-jugendtelefon.html

[54] https://weisser-ring.de/mobbing

[55] https://play.google.com/store/apps/details?id=de.teamdna.cybermobbing&hl=de (Android) und https://apps.apple.com/de/app/cyber-mobbing-erste-hilfe-app/id1090734113 (iOS)

[56] https://www.polizei-beratung.de/themen-und-tipps/gefahren-im-internet/cybermobbing/folgen-fuer-opfer/

[57] Manfred Spitzer, Vorsicht Bildschirm, Ernst Klett Verlag, Stuttgart 2005

[58] https://www.t-online.de/leben/familie/erziehung/id_59917854/verbloedung-durch-digitale-medien-manfred-spitzer-im-interview.html

[59] https://www.wechat.com/en/

[60] https://www.theguardian.com/technology/2019/sep/26/tiktoks-local-moderation-guidelines-ban-pro-lgbt-content

[61] https://mobilsicher.de/apps/archiv-musical-ly

[62] https://beauftragter-missbrauch.de/praevention/sexuelle-gewalt-mittels-digitaler-medien/Cyber-Grooming

[63] https://www.dgfpi.de/files/homepage/Aktuelles/News%202018/2018-06-05_Forderungen_UBSKM_Bekaempfung_Cyber-Grooming_und_sex_Gewalt_im_Netz.pdf

[64] https://www.daserste.de/unterhaltung/film/themenabend-cyber-grooming/interviews/das-weisse-kaninchen-interview-kriminologe-thomas-gabriel-ruediger-100.html

[65] https://www.rataufdraht.at/getmedia/82826fed-018f-4126-8f0b-5f443254b117/Studie-Sexuelle-Belastigung-im-Internet

[66] https://www.dgfpi.de/files/homepage/Aktuelles/News%202018/2018-06-05_Forderungen_UBSKM_Bekaempfung_Cyber-Grooming_und_sex_Gewalt_im_Netz.pdf

[67] https://www.daserste.de/unterhaltung/film/themenabend-cyber-grooming/interviews/das-weisse-kaninchen-interview-kriminologe-thomas-gabriel-ruediger-100.html

[68] https://mobilsicher.de/ratgeber/cyber-grooming-was-tun-bei-sexuellen-uebergriffen-im-netz

[69] https://archive.org/web/

[70] https://www.ma-hsh.de

[71] https://www.hopperhq.com/blog/instagram-rich-list/

[72] https://www.influencer-secrets.com

[73] Boris A. Kühnle, Burkard Michel, Lars Rinsdorf und Magdalena Ciepluch: Kommunikationswissenschaftliches Gutachten zu direkten Kaufappellen

bei Kindern und Jugendlichen in Sozialen Medien, Hochschule der Medien, 2018

[74] https://www.crowdmedia.de/instagram-nutzerzahlen-in-deutschland-2018/

[75] https://www.mpfs.de/studien/jim-studie/2018/

[76] https://www.sueddeutsche.de/wirtschaft/instagram-schoenheit-stresst-1.3931066

[77] https://www.instagram.com/celestebarber/?hl=de

[78] http://www.journelle.de

[79] https://www.instagram.com/jamie_jetaime/

[80] https://www.instagram.com/melodie_michelberger/

[81] https://www.instagram.com/tessholliday/

[82] https://www.instagram.com/roblympian/

[83] https://www.instagram.com/schwesterewald/

[84] https://www.instagram.com/ninialagrande/

[85] https://www.grimme-online-award.de/archiv/2018/preistraeger/p/d/maedelsabende-1/

[86] https://www.fastcompany.com/90315706/kids-parents-social-media-sharing

[87] https://www.facebook.com/dkhw.de/photos/a.155441421176693/1463877780333044/?type=3&theater

[88] https://www.leitmedium.de

[89] https://www.schau-hin.info/fileadmin/content/Downloads/Infografiken/Fotoguide_Eltern.pdf

[90] http://www.gesetze-im-internet.de/kunsturhg/index.html

[91] https://www.gesetze-im-internet.de/bgb/__106.html

[92] https://www.gesetze-im-internet.de/stgb/__201a.html

[93] https://www.game.de/wp-content/uploads/2018/08/Jahresreport-der-deutschen-Games-Branche-2018.pdf

[94] Verena Gonsch: Digitale Intelligenz. Warum die Generation Smartphone kein Problem, sondern unsere Rettung ist, 2017

[95] https://youtu.be/rlAzfn5wTLI

[96] https://www.pcgames.de/Spiele-Thema-239104/News/DFB-schaltet-Internet-ab-Fussballer-WM-gezockt-1260615/

[97] Lukas Wagner, Die Generation Digital. Heranwachsen in einer vernetzten Welt, 2019

[98] https://usk.de/die-usk/arbeit-der-usk/welche-alterskennzeichen-gibt-es/

[99] http://www.usk.de/pruefverfahren/statistik/jahresstatistik-2018/

[100] http://www.usk.de/pruefverfahren/pruefverfahren/

[101] https://www.sueddeutsche.de/panorama/zehn-jahre-nach-dem-amoklauf-in-erfurt-was-sich-seit-dem-schulmassaker-veraendert-hat-1.1342486-2

[102] http://www.medienzentrum-korbach.de/kompetenz/guf.htm

[103] http://www.elternbildung-tirol.at/joomla/attachments/article/80/computerundgewalt.pdf

[104] Kevin Recher: Tod in Games: Wenn Sterben keine Bedeutung hat. In: DerStandard.at, 1.11.2016

[105] http://www.simulationsraum.de/blog/2011/03/31/river-raid-rage/

[106] https://www.leitmedium.de

[107] https://www.dji.de/themen/jugend/taschengeld.html

[108] http://www.mpfs.de/fileadmin/files/Studien/JIM/2016/JIM_Studie_2016.pdf

[109] https://www.handysektor.de/artikel/app-test-clash-of-clans/

[110] https://www.klicksafe.de/service/aktuelles/news/detail/was-eltern-ueber-beliebte-online-strategiespiele-wie-clash-royale-wissen-sollten/

[111] https://www.mdr.de/tweens/

[112] https://www.pcwelt.de/a/16-jaehrige-beklaut-mutter-und-beschenkt-streaming-stars,3449412

[113] https://netzrechtliches.de/2019/04/23/app-kaeufe-durch-kinder-rechtliche-tipps-gegen-ungewollte-rechnungen/

[114] https://www.schau-hin.info/sicherheit-risiken/online-kaeufe-durch-kinder-koennen-teuer-werden/

[115] https://www.heise.de/newsticker/meldung/Belgien-stuft-Lootboxen-in-FIFA-18-Overwatch-und-CS-GO-als-Gluecksspiel-ein-4035181.html

[116] https://www.ins-netz-gehen.de/check-dich-selbst/bin-ich-suechtig

[117] https://www.vox.com/science-and-health/2019/2/20/18210498/smartphones-tech-social-media-teens-depression-anxiety-research

[118] https://www.childtrends.org/high-school-aged-youth-considering-and-committing-suicide-among-female-students

[119] https://icd.who.int/dev11/l-m/en#/http%3a%2f%2fid.who.int%2ficd%2fentity%2f1448597234

[120] Studie 2015 A. Eichenbaun ed al «Role-Playing and Real-Time Strategy Games Associated with Greater Probability of Internet Gaming Disorder« https://learningtransferlab.wiscweb.wisc.edu/wp-content/uploads/sites/280/2017/07/Eichenbaum2015CybBehSocNet_final.pdf

[121] https://mein-mmo.de/warum-machen-mmorpgs-suchtig/

[122] https://awayout.org/video-game-addiction-is-real-rare-and-poorly-understood/

[123] https://www.vox.com/science-and-health/2018/12/6/18050680/video-game-addiction-gaming-disorder-who

[124] http://www.fv-medienabhaengigkeit.de/hilfe-finden.html

[125] https://www.onlinesucht-ambulanz.de

[126] https://medially.podigee.io

[127] Werner Stangl, Online Lexikon für Psychologie und Pädagogik, Stichwort: ›*fear of missing out*‹ (https://lexikon.stangl.eu/14716/fear-of-missing-out/, 23.8.2019)

[128] http://content.time.com/time/magazine/article/0,9171,2048363,00.html

[129] https://www.auerbach-stiftung.de/handybett

[130] http://www.flowseeker.de/was-ist-flow/

[131] https://geborgen-wachsen.de/2014/02/27/warum-kinder-in-ihr-spiel-versunken-sein-sollen-ein-bisschen-flow-fuer-den-alltag/

[132] https://www.dkhw.de/schwerpunkte/medienkompetenz/studie-kinder-bilderrechte/

[133] unter anderem nachzulesen in https://www.zeit.de/digital/datenschutz/2013-04/videoueberwachung-panopticon

[134] https://www.mpfs.de/studien/jim-studie/2018/

[135] https://allfacebook.de/zahlen_fakten/offiziell-facebook-nutzerzahlen-deutschland

[136] http://www.ard-zdf-onlinestudie.de/WhatsApponlinecommunities/

[137] Thorsten Quandt/Jens Vogelgesang: Jugend, Internet und Pornografie: Eine repräsentative Befragungsstudie zu individuellen und sozialen Kontexten der Nutzung sexuell expliziter Inhalte im Jugendalter, in: Patrick Rössler/Constanze Rossmann (Hrsg.): Kumulierte Evidenzen. Replikationsstudien in der empirischen Kommunikationsforschung, Springer VS 2018, X, Seite 91–118 (DOI 10.1007/978-3-658-18859-7_5)

[138] Klicksafe-Broschüre «Let's talk about Porno! Jugendsexualität, Internet und Pornographie« (https://www.klicksafe.de/service/schule-und-unterricht/zusatzmodule-zum-lehrerhandbuch/#c1520)

[139] https://www.mdr.de/nachrichten/panorama/kinderpornos-mehr-ermittlungen-gegen-kinder-jugendliche-100.html

[140] https://www.welt.de/vermischtes/article198720521/Kinderpornos-im-Klassenchat-Mehr-Ermittlungen-gegen-Minderjaehrige.html

[141] Birgit Kimmel et al.: Let's talk about Porno. Jugendsexualität, Internet und Pornografie. Arbeitsmaterialien für Schule und Jugendarbeit, 2011 (S. 76)

[142] https://beauftragter-missbrauch.de/praevention/praeventive-erziehung

[143] https://www.tiefdurchatmen.com/2015/02/13/wie-sag-ich-s-meinem-kind-sex-porno/

[144] Klicksafe-Broschüre «Let's talk about Porno! Jugendsexualität, Internet und Pornographie«, S. 78

[145] https://www.tiefdurchatmen.com/2015/02/13/wie-sag-ich-s-meinem-kind-sex-porno/

[146] https://www.makelovenotporn.com, die Seite ist allerdings ab 18

[147] Eine Zusammenfassung gibt es als TED Talk (2009): https://youtu.be/FV8n_E_6Tpc

[148] https://www.kakadu.de

[149] https://www.ndr.de/info/sendungen/mikado/Radio-zum-Mitnehmen-Unsere-Mikado-Podcasts,mikadopodcasts100.html

[150] https://viertausendhertz.de/weisstdusschon/

[151] https://www.instagram.com/Hombre_McSteez/

[152] https://www.bitkom.org/Presse/Presseinformation/Mit-10-Jahren-haben-die-meisten-Kinder-ein-eigenes-Smartphone

[153] schau-hin.info

154 https://www.schau-hin.info/fileadmin/content/Downloads/Infografiken/Checkliste_Erstes_Smartphone.pdf

155 https://apps.who.int/iris/bitstream/handle/10665/311664/9789241550536-eng.pdf?sequence=1&isAllowed=y

156 Amy Orben and Andrew K. Przybylski, The association between adolescent well-being and digital technology use, Nature Human Behaviour, Volume 3, S. 173–182 (2019)

157 http://buddenbohm-und-soehne.de

158 https://files.ozobot.com/stem-education/ozobot-color-codes.pdf

159 https://calliope.cc
https://media.ccc.de/v/33c3-8262-zwischen_technikbegeisterung_und_kritischer_reflexion_chaos_macht_schule

160 https://netzpolitik.org/2017/chaos-macht-schule-wie-hacker-sich-die-digitalbildung-wuenschen/

161 https://mintzukunftschaffen.de/category/zielgruppe/jugendliche/

162 https://start-coding.de/lernen

163 https://t3n.de/news/kinder-programmieren-lernen-845055/

164 https://www.bmas.de/DE/Themen/Arbeitsmarkt/Grundsicherung/Leistungen-zur-Sicherung-des-Lebensunterhalts/Bildungspaket/leistungen-bildungspaket.html;jsessionid=E999F4B6407DF3FCC2A52699590077CC

165 https://www.nytimes.com/2019/08/17/opinion/sunday/childhood-suicide-depression-anxiety.html

166 Danielle Graf und Katja Seide: Das gewünschteste Wunschkind aller Zeiten treibt mich in den Wahnsinn, 2019

167 https://mintzukunftschaffen.de/category/zielgruppe/jugendliche/

168 MKL.wtf

Ein paar Worte zum Schluss

Kinder halten jung. Kalenderspruch, aber es ist so. Egal, wie technikaffin ich auch bin, meine Kinder sind immer wieder Anlass für mich, Neues zu lernen. Dafür möchte ich ihnen danken, denn ohne sie hätte ich mir schon längst ein Kissen zugelegt, es auf die Fensterbank gelegt und würde aus dem Fenster schimpfen, wenn Jugendliche *Flunkyball* vor unserem Haus spielen.

Liebe Kinder, danke, dass ihr mich vor dieser und ähnlich verschrobenen Entwicklungen bewahrt. Ich liebe euch und finde euch toll. Ich verspreche außerdem, dass ich meinen Enthusiasmus bremsen und nicht alles, was ihr ins Netz schreibt, einzeln liken und kommentieren werde. Nur bitte blockt mich nicht.

Ich danke außerdem von Herzen meinem Partner Marcus Richter, der sich als Radiojournalist und Moderator bestens in Sachen digitaler Wandel und seinen politischen, kulturellen und sozialen Auswirkungen auf unsere Gesellschaft auskennt. Als er mein Manuskript gegenlas, bildete sich manchmal eine strenge Falte auf seiner Stirn. An einigen Stellen zu Recht. An anderen Stellen wiederum fand ich: Ich habe recht. Immerhin hat er mir aber in jahrelanger Vorbildarbeit das wichtigste Fehlverhalten wie Kundenkarten, Gmail und WhatsApp ausgetrieben – und es ist mir immer wieder eine Freude, an der Kasse folgenden Dialog zu führen:

»Payback-Karte?«

»Nein.«

»Wollen Sie eine haben?«

»Auf *keinen* Fall!«

Besonderen Dank auch an Caspar Clemens Mierau, mit dem ich in unserem gemeinsamen Podcast *Mit Kindern leben*[168] immer wieder Themen und das Elternsein reflektieren kann.

Ich danke außerdem Tanja und Johnny Haeusler, die nicht nur das wegweisende Kinder- und Medienbuch *Netzgemüse* geschrieben haben, sondern auch mit Veranstaltungen wie der *Tincon* Jugendlichen immer wieder eine Stimme geben. Denn viel zu oft wird über und nicht *mit* Jugendlichen gesprochen.

Liebe und Flausch zudem für meine Twitter-Community, die mir 24 Stunden am Tag mit Rat und Tat zur Seite steht.

Last, but not least: herzlichen Dank an Betina Benke, die mir durch die Genehmigung meines Sabbaticals das Schreiben dieses Buches ermöglicht hat.

Ich hoffe sehr, dass mein Buch (verunsicherten) Eltern hilft. Ich hoffe, dass es sie ermutigt, die Beziehung zu ihrem Kind in den Vordergrund zu stellen, um die Medienwelt auf dieser Basis gemeinsam zu erkunden. Wie bei vielen anderen Themen auch erschließt sich der Nutzen bei digitalen Medien erst durch den intensiven Gebrauch. Wem die Zeit dafür fehlt, den möchte ich ermutigen, den pragmatischen Weg zu gehen und sich zumindest über die wichtigsten Aspekte zu informieren. Oft hilft es schon, Newsletter zu abonnieren. Seiten wie *klicksafe.de* und das Initiativbüro *Gutes Aufwachsen mit Medien* sind hervorragende Anlaufstellen.

Aus dem Blog bin ich (kritisches) Feedback gewöhnt. Wer von euch was loswerden möchte, der kann mich gerne unter *medienbuch@dasnuf.de* kontaktieren.

»Bitte nur noch 5 Minuten!« – Warum Medienzeitbegrenzungen unseren Kindern die Zukunft rauben

Bucht mich für einen Vortrag!

Erziehende sehnen sich nach einfachen Regeln. Praktischerweise gibt es in Sachen digitale Medien ausreichend Ratgeberseiten, die genau wissen: 30 Minuten Medienzeit pro Tag – das muss reichen. Diese Dosierung bekommen viele Kinder und Jugendliche relativ unreflektiert vorgesetzt. An Schulen soll das Internet am besten gleich ganz draußen bleiben.

In meinem Vortrag mache ich deutlich, was Kinder und Jugendliche durch digitale Medien lernen können und warum es für ihre Zukunft so wichtig ist, dass sie ausreichend Zeit haben, die Facetten des Internets kennenzulernen.

Gerne spreche ich zu einem Thema eurer Wahl. Mir geht es vor allem darum, eine gute Balance zwischen Theorie und Praxis zu finden. Mögliche Themen:

- Warum Eltern Computerspiele nicht verteufeln sollten
- Was man über Plattformen wie YouTube und Co. wissen muss
- Warum sind Apps wie TikTok so attraktiv für Kinder, und wie lernt man Apps bzw. soziale Plattformen einschätzen, ohne selbst Teil davon zu sein?
- Wie erlangt man digitale Mündigkeit?
- Warum Grundkenntnisse des Programmierens zur Allgemeinbildung gehören sollten
- Mit Kindern über Datenschutz sprechen, geht das?
- (Cyber-)Mobbing – was für die Prävention wichtig ist und was getan werden muss, wenn es zu Mobbing kommt
- Elternängste – welche sind begründet und welche lassen sich per Aufklärung auflösen?
- »Gute« und »schlechte« Computerspiele – gibt es die?
- Alexa in der Küche, aber den Kindern das Smartphone verbieten?

Ihr habt ein anderes Wunschthema?

Dann schreibt mir: patricia.cammarata@dasnuf.de